济南市技师学院一体化教材

学习、创新、外语应用
能力训练

杜喜亮 主编

Xuexi Chuangxin Waiyuyingyong
Nengli Xunlian

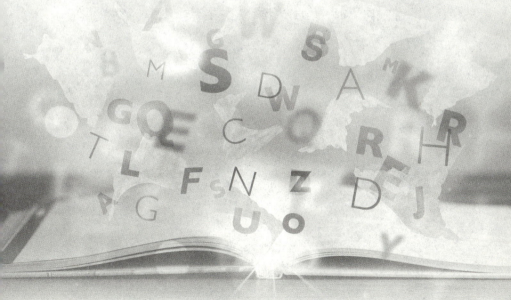

山东人民出版社

国家一级出版社 全国百佳图书出版单位

编委会成员名单

前 言

　　本书根据当前新经济时代的特殊背景,提出了一整套的学习、创新与外语应用能力的训练方法。

　　第一部分是自我学习能力。自我学习是由学习者的态度、能力和学习策略等因素综合而成的一种主导学习的内在机制,也就是学习者指导和控制自己的一种能力。它也是一种学习模式,即学习者在总体教学目标的宏观调控下,在教师的指导下,根据自身的条件和需要制定并完成具体学习目标的模式。

　　我们主要从以下几个方面掌握自我学习能力:

　　确定学习目标,制订学习计划:树立自主学习的观念和正确的学习目标,掌握正确的学习方法,制订合理的自学计划。

　　提高学习能力,合理安排时间:培养良好的学习习惯,强化课堂45分钟的学习效率,合理安排学习时间。

　　落实计划,高效学习:爱迪生说:"成功的第一要素是,能够将身体与心智的能量锲而不舍地运用在同一个问题上而不会厌倦。"学会排除外界和内心的干扰,节奏分明地处理学习与休息的关系,做一个"算计"时间的高手。

　　选择正确方式,积极主动学习:养成良好的预习、复习的习惯,培养学习的兴趣和积极性,学会自我调控,认识自我,主动、创新地学习,创造性学习的主体意识策略。

　　学会学习,方法多样:掌握基本的学习方法,如阅读法、做笔记法和记忆法,并掌握和利用行动导向学习法进行学习,来提高我们的技能。

　　第二部分是创新思维的训练方法。创新思维是指以新颖独创的方法解决问题的思维过程,通过这种思维能突破常规思维的界限,以超常规甚至反常规的方法、视角去思考问题,提出与众不同的解决方案,从而产生新颖的、独到的、有社会意义的思维成果。

　　我们主要从以下几个方面来掌握创新思维及其方法:

　　创新能力:运用知识和理论,在科学、艺术、技术和各种实践活动领域中不断提供具有经济价值、社会价值、生态价值的新思想、新理论、新方法和新发明的能力。创新能力是民族进步的灵魂、经济竞争的核心，当今社会的竞争，与其说是人才的竞争，不如说是人的创造力的竞争。

创新思维：一种具有开创意义的思维活动，即开拓人类认识新领域、开创人类认识新成果的思维活动。创造性思维是以感知、记忆、思考、联想、理解等能力为基础，以综合性、探索性和求新性特征的高级心理活动，需要人们付出艰苦的脑力劳动。

创新思维训练：一项创造性思维成果往往要经过长期的探索、刻苦的钻研、甚至多次的挫折方能取得，而创造性思维能力也要经过长期的知识积累、素质磨砺才能具备，至于创造性思维的过程，则离不开繁多的推理、想象、联想、直觉等思维。

创新的方法：创新是人类社会发展的助推器，也是改变历史进程和世界格局的主要动力。创新技法是从创造技法中套用过来的，是创造学家根据创造性思维发展规律和大量成功的创造与创新的实例总结出来的一些原理、技巧和方法。

第三部分是外语应用能力的训练方法。外语应用能力的培养是指在专业英语的教学过程中充分培养学生听、说、读、写、译等综合应用英语的能力。把训练语言技能与传授相关专业知识相结合，把相关专业知识作为语言技能训练的素材，又把语言技能训练作为学习专业知识的途径，如此交叉与融合，实现专业英语应用能力培养的目标。

本书采用实际的案例分析和任务驱动的训练，力求使学习者学到自我学习和运用创新思维的常用方法，提高个人的外语应用能力。通过训练，将提高学习者的学习能力，培养创新思维的能力，提升职业技能和全面素养，特别是在学习、创新和外语应用方面的能力。

目　录

第二部分　创新思维

第三部分　英语能力

第一部分

自我学习能力

第一单元　确立目标　制订计划

第一章　确立目标　制订计划

课程目标:能根据不同阶段的不同需要明确理解学习的动机,确定自我学习的目标和内容。能运用各种有效的学习方法,培养自己良好的学习习惯,并不断提高和改进学习方法,树立自我学习的理念,以达到终生学习的目标。

课程的整体能力目标：

能明确学习的动机和目标,并具备自我学习的基本能力。能在常规的条件下运用基本的学习能力,来适应学习和工作的需要。

能根据学习的要求,运用理解式、发现式的学习方法,掌握学习的知识和信息,以此来制订相应的可执行的学习计划。

能运用各种有效的学习方法,实施、调整学习计划,以达到或完成预期的学习效果和任务要求。

能对自己的学习进行自我评估,并分析影响学习效果的因素,提出进一步改进学习方法和提高学习水平的设想。

课程的单项能力指标：

能客观地认识和评价自己,明确自我学习的动机。

能根据自我的需要,制订适合自己的学习计划。

能使用不同的学习方法修改学习计划,并分析和检查自己的学习效果。

学会用收集和整理的方法,并克服影响学习的因素,明确自己的学习目标。

能管理好自己的时间,主动、高效地学习。

能及时总结、分析自己工作学习中的经验与得失,不断改进学习的方式。

能根据自身发展的需要,设计个人发展的目标,制订终生学习计划。

　　能积极寻求支持,果断处理面临的任何困难,能根据环境的变化及时修正学习计划,并进行创造性的学习,按时完成学习计划。

　　能全面评估自己的学习效果,提出自己的观点;听取他人的意见,进一步提高自己的学习、工作能力,不断完善学习的效果。

　　课程的知识目标:

　　理解自我学习能力训练的重要性和对个人发展的重要意义。

　　能掌握编写学习计划的基本方法,了解并掌握实施学习计划的方法和具体步骤。

　　掌握自我学习的方法和手段,能通过有效的学习方法的运用,完成人生发展的不同阶段的目标。

　　掌握反馈和评估学习效果的方法,总结分析不同阶段中学习的经验与得失,不断提高自己的学习效果。

第一节　确定学习目标　制订学习计划

一、什么是学习

　　以下哪些情况属于学习:

　　(1)小丽很认真地背诵多篇英文的优秀文章,一年后她的听、说、读、写水平有所提高。

　　(2)小军在两三岁时被父母要求每日背诵唐诗,不过其父母并未向其解释相应含义,没几天他就忘了。

　　(3)小华发现在晚上上网速度太慢,所以她现在都是上午上网。

　　1.定义:学习是人们在实践过程中自觉地、不断地通过多种途径、手段、方法获取知识并内化为自身素质和能力的人的自我发展、提高、完善和改造的过程。

　　它包含两层含义:

　　(1)人获取知识的过程。

　　(2)人将知识内化为素质和能力的过程。

　　2.学习的意义与作用:

　　(1)获取知识与技能的作用。

　　(2)能增长智慧,发展自己的各种能力。

　　(3)能加强自身的修养,学会做人做事。

（4）能提高我们应对日新月异的环境、解决新问题的能力。

（5）使我们始终保持先进性，是人类生存与发展的需要。

学习是进步的根基。"少壮不努力，老大徒伤悲"的古训尽人皆知。古今中外，一切有作为、有成就的人无不得益于他的勤奋学习。当今世界科技进步日新月异，知识的更新不断加快。在这样的关键时期，一定要珍惜大好时光，发愤学习，刻苦钻研，打牢人生成长的根基。——胡锦涛在《同团中央新一届领导班子成员和团十五大部分代表座谈时的讲话》

"立身百行，以学为基"一个人能有多大发展，能为社会做出多大贡献很大程度上取决于这个人学习抓得紧不紧、知识基础打得牢不牢。当今世界，科学技术日新月异，知识更新步伐加快。我国现代化建设呼唤大批高素质人才。因此，学习比以往任何时候都显得更加需要和紧迫……只要大家都勤于学习、敏于求知，不断积累新知识、增加新本领，就一定能奠定人类进步的根基，成为国家建设需要的有用人才。——胡锦涛《在同中国农业大学师生代表座谈时的讲话》

二、树立自主学习的学习观

1. 自主学习：主动地、有主见的学习。

2. 特征：主动性、能动性、独立性。

学生是认知的主体，古之学者必有师。师者，所以传道授业解惑也。从根本上讲，一个人的成长成才主要是靠自己。未来的学校必须把教育的对象变成自己教育的主体，受教育的人必须成为教育他自己的人，别人的教育必须成为他个人自己的教育。（《学会生存》）

树立自主学习的观念就是要从根本上认识到学习成长是自己的事情，并彻底地：

变"被动"为"主动"；

变"客体"为"主体"；

变"要我学"为"我要学"。

3. 树立自主的学习观要注意的问题：

（1）不要漫无目的地学习。

（2）要对自己与他人负责任地学习。

（3）自主学习并不贬低老师的作用。

（4）要善于和同学们合作交流的学习。

（5）主动积极地品味"学而时习之"的快乐。

三、树立正确的学习目标

1.目标:个人或组织所期望的成果。

目标非常重要,它能给我们指引方向,而且是我们的动力之源。没有目标是茫然和可怕的。学习作为一种社会实践活动和特殊的认识活动,当然也一样应该有目标。

一个人一生中要学习很多知识,但在特定的时间内究竟要学些什么,为什么要学它,要学到什么程度,这些问题往往困扰着许多人。你是否也有相同的烦恼?请你先通过如下几个问题来作一次自我检查:

(1)你是否有时学了不少东西,却并不十分清楚为什么要学它?

(2)你是否有时这也想学那也想学,却什么也学不好?

(3)你是否有时觉得自己该学的没学好,却把时间耗费在一些不太要紧的事情上?

(4)你是否有时对自己的学习目标是什么并不十分清楚?

(5)你是否有时对自己的学习效果如何不甚了然?

(6)你是否……

产生这些问题的一个主要原因就是:你没有明确的学习目标。

2.如何制定学习目标呢?

制定目标看似是一件简单的事情,每个人都有过制定目标的经历,但是如果要上升到一个高的层面,就必须学习并掌握几个原则:

(1)目标必须是具体的,不能笼统。

(2)目标必须是可以衡量的、数量化或者行为化的。

(3)目标必须是可以达到的,避免过高或过低。

(4)目标必须和其他的目标具有相关性。

(5)目标必须具有特定的期限。

首先,要有明确的学习目标。目标是行动的向导,有了明确的行动目标才能克服盲目性,增强学习的自觉性,从而取得良好的行动效果。因此,我们每做一件事,首先要明确"为什么做"。学习也是如此,也就是要明确你"为什么学"。学习的目的就是为了满足学习的实际需要。人的学习需要有多种多样,美国教育心理学家奥苏贝尔认为,学生的学习动机不外是为了满足三种需要:一是认知需要(称为"认知内驱力"),二是自我提高需要(称为"自我提高内驱力"),三是获取赞许的需要(称为"附属内驱力")。

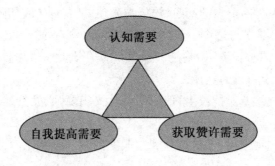

认知需要：指获得知识的欲望与动机，与通常所说的好奇心、求知欲大致同义，是一种内在的学习动机。由于有意义学习的结果就是对学习者的一种激励，因此奥苏贝尔认为，这是"有意义学习中的一种最重要的动机"。例如，你是一名汽车维修工，是对汽车的钣金喷漆很在行，除此之外还在空余时间学些汽车的电路知识。当你能得心应手地运用这些技术来修理好一部汽车时，你就会从中得到无限的满足。这种满足感又会进一步强化你的求知欲，即增强你学习的内驱力。（注："有意义学习"是指在良好的教学条件下，学习者能够理解符号所能代表的知识，并能融会贯通，从而发展智力、培养能力的学习。这是一种以思维为核心的理解性学习，可以使学者获得真正的知识。）

自我提高需要：指学习者希望通过取得好成绩、获得好成就来提高自己在家庭和学校乃至社会中地位的学习动机。随着年龄的增长，学习者的自我意识增强，他们希望在家庭和学校乃至社会中受到尊重。这种愿望也可以推动学习者努力学习，争取好成绩，获得好成就，以赢得与其成绩相当的地位，从而有种满足的成就感。自我提高内驱力强的学习者，所追求的不是知识本身，而是知识之外的地位的满足（受人敬重、有社会地位等），所以这是一种外在的学习动机。

获得赞许需要：指学习者为了获得老师、家长等的赞许与认可而努力学习，从而获得派生地位的一种动机。这种动机既不是追求知识本身，也不是追求成就与地位，而是追求知识与成就以外的一种自尊与满足。虽然他人的赞许不同于实实在在的成就与地位，但与成就和地位有一定的关系，因而被称为派生的地位。这种需要尤其在儿童身上体现得最为突出。

上述三种不同的需要，每个人都可能具备，但因年龄、性别、文化、社会地位和人格特征等因素的不同而有所不同。在童年时期，获得赞许的需要是取得良好学业成绩的主要动力。到了青年期和成人期，自我提高的需要逐渐成为主要动力，特别是在个人的学术生涯和职业生涯中，自我提高的需要是一种可以长期起作用的强大动力。这是因为，与其他需要相比，这种需要包含更为强烈的情感因素：既有对成功和随之而来的声誉的期盼、渴望与激动,又有对失败和随之而来的地位、自尊丧失的焦虑、不安与恐惧。至于认知的需要,则存在于人的一生,无论是少年、青年还是成人,"求知欲"始终是一种强大的学习动力。

例如:王笑的学习目的是什么?

王笑是一名汽修专业技校生,他聪明好学又很要强,尤其是汽车维修专业的知识掌握得很棒。但当与同学们在一起谈论有关文学的知识时,他就插不上嘴了。这时他就感到很郁闷,于是打算利用假期的时间学些东西,下决心改变这种尴尬的局面。

分析:王笑的问题在于,他虽然专业知识很棒,但在文学艺术等方面的知识欠缺,这是由于他兴趣爱好所引起的常见的偏科现象。王笑也意识到了这一点,因为他不甘落后,希望能得到同学们的尊重。这就是"自我提高的需要"。根据这种需要,王笑的学习目的应该确定为:获取人文知识,提高人文素养。

通过以上例子你应该明白:学习首先要回答"为什么学"的问题,这就是明确学习目的。

3.制定学习目标应注意的问题:

(1)制定目标要兼顾社会需要与个人情况。

(2)不存在一成不变的适合所有人的目标。

(3)目标的建立是一个创造性的过程。

(4)目标要随着情况的变化而进行修正与调整。

(5)应该通过阶段性的目标,实现自己的理想。

(6)应该在人生的大志向下不断破浪前进。

4.制定学习任务。

明确了为什么学,紧接着就是要弄清楚学什么,这就是制定学习任务。要制定学习任务,你应当做好三件事:一是圈定学习的内容范围,二是确定学习的难易程度,三是分清轻重缓急。

(1)圈定学习的内容范围。

制定学习任务,首先要明确学习的对象,即你要学习哪些东西。内容范围的圈定,取决于学习目的。目的不同,学习的内容范围自然也就不同。

例如:王笑怎样确定自己的学习内容?

王笑要想提高自己的人文素养就得加强人文知识的学习。他的暑假学习的内容就是根据这一学习目的确定。他可以从文学(中国文学、外国文学)、艺术(书法绘画、音乐舞蹈)、历史(中国历史、外国历史)等方面去学习。

圈定学习的内容范围一定要明确具体、落到实处。上面只是说明了王笑的大体范围,这是远远不够的。仅文学一项,还应当进一步明确是中国古代文学还是外国古代文学,是中国现代文学还是外国现代文学,是哪些作家作品或文学现象,等等,因为只有明确具体的内容才具有可操作性。

(2)确定难易程度。

学习内容的难易程度对学习的动力有着直接的影响,进而影响到学习的效果。因此,制定自己的学习任务,在圈定学习的内容范围后,还要确定其难易。对一些学习者而言,学习任务过难,超越了学习者的能力或自信心,学习者会因为不能成功或自认为不可能成功而逐渐丧失学习的动力;相反,如果学习任务过易,轻而易举就能完成,久而久之,学习者也会因为缺乏挑战性而丧失学习的动力。那么,怎样的难易才是恰当的呢? 有人作过一个形象的比喻,那就是"篮球筐"的高度。

确定学习任务难易度的"篮球筐"原理:喜欢篮球的人大概都知道,篮球筐高3.05米,这个高度不是随意确定的,而是有科学道理的。这是一个所谓"跳一跳,就够得着"的高度。这样的一个高度,人们在投篮时如果不"跳一跳"就够不着,因而不能轻易地进球,而如果"跳一跳"经过努力又能够进球。篮筐太低,缺乏挑战性,会使人失去投篮的兴趣;篮筐太高,可望而不可即,会使人丧失投篮的信心。可见,只有高低适当才能激发人们的投篮欲望。这就是确定学习任务的"篮球筐"原理。

(3)分清轻重缓急。

制定学习任务,不光要确定学习内容范围和难易程度,还要分清轻重缓急。学习任务的轻重缓急同样也由自己的学习目的而定的。根据学习目的,急重的要先学,轻缓的要后学;急重的要多投入精力,轻缓的则可少投入精力。

例如:王笑应当先学什么呢?

王笑要想提高人文素养,而人文知识包括的范围很广,内容很多,并且可用的业余时间又有限,这就要求他做出选择:作什么,不学什么;先学什么,后学什么。王笑发现,每次跟同学聊天时,谈论最多的是文学和历史方面的问题,诸如哪首诗是谁写的,哪句话是出自哪篇文章,哪个历史事件发生在哪个朝代等等,而且多是中国古代的内容。因此他决定先重点学习中国古代文学和中国历史的有关内容,其他的待以后再学。

通过以上例子你应该明白:要学习,其次要回答"学什么"的问题,这就是制定学习任务。

(4)量化预期效果。

明确了学习目标,除了要弄清楚为什么学和学什么外,还应当弄清楚学到什么程度,这就是量化学习的预期效果。心理学认为,清晰的、具体的、可以操作的学习目标,比模糊的、难于操作的学习目标更能够引发学习的动力。因此,在确定学习的目标和任务时,不能只局限于定性的"明确、具体",而应当使之量化,这就是要规定具体的数量标准。

例如:王笑应当怎样量化自己学习的预期效果呢?

他经过思考,决定先重点学习中国古代文学和中国历史的有关内容。那么到底要学习哪几个作家的哪些作品,了解哪几个历史人物和历史事件呢?根据与同学聊天的具体情况,他决定学习如下内容:首先要粗读《论语》,重点记住其中的一些名言。其次通读《中国古代史常识读本》,重点了解老子、王维、纪晓岚等历史人物和中国朝代更替的基本脉络。最后粗读《古典诗词简易读本》,重点记住其中的一些名句。

通过以上例子你应该明白:要学习,再次要回答"学到什么程度"的问题,这就是量化预期效果。

四、掌握正确的学习方法

1.学习方法:学会学习的关键之所在,指人们在学习过程中为达到一定的学习的总目标或具体的目的,根据学习的规律作用于学习客体而采取的步骤、程序、途径、手段等。

法国杰出的哲学家、数学家笛卡儿有句名言:"最有价值的知识是方法的知识。"爱因斯坦的成功公式:成功=勤奋+方法+少说空话。

2.学习方法的作用:

(1)能提高学习的效率。

(2)能提高学习的质量。

(3)能提高生活的品质。

3.掌握学习方法应遵循的几个原则:

(1)研究学习的规律,掌握科学的学习方法。

(2)要重视借鉴前人的学习经验。

(3)注重联系实际,研究具有不同针对性的学习方法。

(4)从个人实际出发,扬长避短,建立适合自己特点的而又比较科学的学习方法。

(5)研究探索适应新的技术发展要求的新的学习方法。

(6)务必要学会并善于自学。

读书是学习,使用也是学习,而且是更主要的学习。——毛泽东

社会是学校；一切在工作中学习。学习的书有两种：有字的讲义是书，社会上的一切也是书——"无字天书"。——毛泽东

广大青年要在学习上下更大的气力，只争朝夕地学习，如饥似渴地学习，持之以恒地学习——把"读万卷书"与"行万里路"结合起来，自觉地向实践学习，在实践中汲取丰富营养、提高综合素质，真正成为既学识广博又能干实事的新一代建设人才——胡锦涛

第二节　明确自学目标　制订相应计划

放暑假了，紧张了一学期的同学们都准备好好放松一下自己，然而，小丽却不这样想。小丽是一名出生在农村的学生。她聪明好学，从小学到初中，学习成绩一直都很优秀，凭着优异的成绩，她考入了城里一所不错的高中。然而，由于农村教学条件的限制，她的英语成绩一直不好，尤其是到城里上学后，更感到自己的英语学起来非常吃力。于是，她下决心要把自己的英语成绩赶上来。"现在放了暑假，正是可利用的大好时机。"小丽想，"可我该从哪里入手呢？"

你是否也曾遇到过类似的情况？假如遇到类似的情况，你该怎么办呢？

小丽现在面临的问题就是一个"自学"的问题。自学，不同于有老师指导的学习，它要靠学习者自主安排自己的学习。自主学习，离开了老师的指导，怎样才能获得满意的自学效果呢？这就是小丽所遇到的问题。要想获得满意的自学效果，你首先应当制订一个可行的自学计划；而在制订计划时，你必须明确一下问题：

我的自学目标是什么？

我要学习哪些内容？

我如何分配自学的时间？

我应当采取哪些学习方法和措施？

目标是行动的航标，行动如果没有了目标，就如同航海时没有了灯塔，是很容易迷失方向的。确定明确的行动目标是行动获得成功的重要前提，没有明确的学习目标，就不会有好的学习效果。

有了明确的自学目标，还应有可行的自学计划，这样才能有助于自学目标的顺利实现。要明确自学的目标和计划，有两点必须注意：一是要了解确定目标的原则，二是要掌握制订计划的方法。这是明确目标与计划的关键。它包括如下四个要点：

(1)明确确定自学目标的依据。

(2)了解确定自学目标的原则。

(3)掌握制订自学计划的方法。

(4)清楚制订自学计划的要求。

一、确定自学目标

确定自学目标,应当着重考虑如下几个问题:

1.明确确定自学目标的依据。

自学是一种自主学习行为,它不同于在教师指导下的学校学习。学校学习是按照学校统一的教学计划进行的,其学习目标根据学校的培养目标而确定,是既定的。学习活动又有教师的指导,因而学生在一定程度上显得有些被动。而自学则完全是学习者的自主学习,其学习目标要由自己来确定。那么我们要根据什么来确定自己的自学目标呢?那就是"需要",就是工作或生活的实际需要。如小丽要利用假期提高英语学习成绩,自学英语,就要根据她英语的实际水平来确定。

2.掌握确定自学目标的原则。

自学目标的确定,要考虑较多的因素并遵循一定的原则。

(1)明确具体。目标要做到明确具体,就要将目标细化,将总目标层层分解成多级分目标。通过层层分解,就可以得到具体明确的自学目标。

(2)定性定量结合。通过量化,可以使目标更加具体;通过定性,可以使目标更加明确。

(3)大小适中。自学目标必须是可以实现的,目标的确定必须切合实际,既不可谨小细微,缩手缩脚;又不可贪大求全,不着边际。因此,自学目标的确定一定要综合考虑各方面的因素,既要考虑主观因素,分析自身的条件,又要考虑客观因素,分析实际情况,这样才能确定出大小适中的自学目标。

(4)考虑相互关系。确定自学目标时应当充分考虑该目标与其他目标的相互关系,不可顾此失彼。因为,在一定时期内,要实现的自学目标可能不止一个,而这些目标之间往往又存在某种关系。因此,在确定一个自学目标时,还应当考虑它与其他相关目标的联系。

(5)规定时间期限。目标的确定必须要有明确的时间观念,合理分配时间,科学利用时间,规定明确的时间限制。

例如:小丽怎样确定自己的自学目标?

"从哪儿入手呢?"小丽想,"我应该首先确定自己具体的学习目标。"因为英语知识要学的有很多,哪些该学,哪些可不学?哪些必须学,哪些可以以后再学?

这些都是她必须首先解决的问题。那么小丽到底应该怎么做呢？小丽应该首先确定自己自学的总目标:提高英语学习的成绩。其次,分解总目标使之具体明确:有关语法知识,有关常用单词,听说会话能力。再次,定性定量目标使之可以衡量:掌握十种语法,记住两百个单词,提高听说能力。最后,规定完成时间使之期限明确:共用40天,每天5个小时。8月20日完成。

这个例子表明,确定自学目标有两个要点:一是要以实际需要为依据,二是要掌握目标确定的基本原则。

3. 明确自学计划。

学习计划是人的主体性、意识性的体现。具体讲,学习计划对于学习主要有以下四方面的作用:

(1)把学习任务分解量化,使每周、每日、每时都有压力、有动力,使学习目标更加明确具体。明确具体的目标可以调动起学习者的潜能和积极性,使之保持旺盛的学习精力,从而保证学习目标的顺利实现。

(2)学习计划的制订是学习者的一种自主行为,长期坚持形成习惯,就能培养一种很强的自我管理能力,使学习者成为一个主动的、自律的人,从而使学习由被动变为主动。

(3)学习计划的制订要考虑方方面面的相互关系,有利于学习者的全面协调发展,有利于养成良好的学习习惯,使学习自然而然地成为生活的必要组成部分,成为乐趣。

(4)有利于科学地分配时间和投入精力,提高学习效率和学习质量。

学习计划如此重要,那么,怎样才能制订出一份好的自学计划呢?

二、制订自学计划的方法

1. 自学计划的基本内容。

一份计划,应当明确回答三个问题,即做什么?怎么做?何时做?这就相应地形成了计划的三大基本内容:任务、措施、步骤。人们把这三大内容称为计划的三要素。在自学计划中,这三要素就是:自学的具体任务、自学的措施方法、自学的时间安排。

(1)确定自学的具体任务:自学任务也就是自学的具体内容,它与自学目标有着密切的联系。可以说,自学任务就是自学目标的具体化。离开了具体的自学内容,自学的目标就会被架空。因此,制订自学计划,必须确定具体的自学内容。这样,才有助于自学目标的顺利实现。

(2)选择自学的措施方法:措施方法是自学任务得以顺利完成的重要保证。

因此,制订自学计划,必须要有可行的措施方法,只有任务没有方法,任务也就成了一句空话,因而自学目标也就难以实现。

(3)安排自学的时间步骤:任何学习活动都要在一定的时间内开展,因此,制订自学计划,必须充分考虑时间因素,要科学地利用时间,合理的分配时间。这样,你的学习活动才能够有条不紊地开展。因此,时间的科学利用和合理分配,是自学任务得以顺利完成的重要因素。

2. 自学计划的基本形式。

由于自学任务的多少和自学时间的长短不同,自学活动也有大有小。与此相应,自学计划也就有大有小之分。大的如整个学习阶段或整年的自学计划,如小强制订的"五年读书计划";小的如一天的自学安排、一篇文章的阅读等。当然,还有一些介于二者之间的中型自学计划。因而,自学计划也就有不同的形式。

3. 制订自学计划的基本步骤。

自学计划由于有大有小,所以制订的步骤也就不太一样,一般制订大计划的步骤较复杂一些,而制订小计划的步骤较简单一些。

(1)制订较大计划的一般步骤是:

第一步:情况分析,包括你的理想目标,你的长处与不足,对自己有利的条件和不利的条件等。这些情况是你制订学习计划的前提。

第二步:确定学习任务与内容,并进行时间安排,使两方面的情况相平衡,即任务量不能超出时间的可能性。

第三步:制订完成学习任务的条件、策略、方法和具体措施。

(2)制订较具体计划的一般步骤:

第一步:分析学习任务与学习材料,包括数量多少、难度大小、材料性质等。

第二步:分析自身条件,包括你的学习特点、学习风格,是否具备与学习材料相关的原有知识或经验等。

第三步:制定相应地学习策略,包括时间安排(总共花多少时间),效率预期(比如每小时阅读多少页),结果预期(比如能背诵下来)等等。

三、制订自学计划的基本要求

1. 符合自身的实际情况。

人与人之间有着各种各样的差别,就学习而言,每个人的具体情况也是各不相同的。制订适合自己的自学计划,首先要充分考虑自身的具体情况,如分析自己的优点和弱点,明确自己的长处和短处等等。

2. 目标任务的确定要从实际出发,切实可行。

学习的难易程度要适中,学习的任务量也要适中,不能过难过重,也不能过易过轻。目标任务定得过高,不但完不成,久而久之还会挫伤学习的积极性,因而,制订计划时一定要留有余地;相反,计划订得过低,不但起不到激励作用,反而会拉自己的后腿。

3. 学习内容的确定要具体,尽可能量化。

定量的学习任务可以产生压力,起到督促的作用,从而提高学习效率。任务如何量化,则要根据自己的学习经验和学习能力来决定,如每天记几个单词、背几首古诗、熟记几个数学公式等。

4. 学习任务的安排,既要考虑全面周到,又要保证重点。

学习的目的是使自己得到全面发展,因此安排任务时,相关的活动如集体活动、文体活动、休息等都要考虑进去,各种不同的学习内容也要均衡考虑。但由于我们可用的时间是有限的,精力也是有限的,什么都平均用力,结果就会什么都学不好。因此,制订计划时还要突出学习的重点。

5. 时间的安排要科学合理。

时间安排是制订学习计划的一个重要内容。时间安排得科学合理,就可以充分利用可用的时间,在同样的时间内学更多的东西。

在安排时间时,既要考虑到学习,也要考虑到休息;既要考虑到集中学习,也要考虑到分散学习。除此之外,还要考虑到不同学习内容的时间搭配,自己各时间段学习能力的搭配等等。要想将自己的时间安排得合理,并不是件很容易的事情。大体讲:学习的内容要交叉安排,使大脑的不同部位交替兴奋,以防产生学习疲劳;在效率比较高的时间段里安排比较复杂的学习任务,在效率比较低的时间段里安排比较简单的学习任务,等等。

6. 长计划与短安排相结合。

学习计划有长有短,长计划可以给你规定长远的学习目标,使每一天的学习安排有依据;而短安排可以使长计划具体化并得到落实。两种计划各有侧重、各有作用,只有把两者结合起来,才能达到理想的学习效果。在制订自学计划时,应当将长期目标分解到短期目标内,通过自己的努力,一步步实现自己的短期目标,并通过短期目标的积累,进而实现长期目标。

7. 寻求支持,请人指导。

制订自学计划虽然是自己的事,但要想使计划切实可行,需要寻求他人的帮助和指导。因为个人的视野往往会受到这样那样的局限,因此会考虑不周全。如果在制订自学计划时能够得到有经验者的指导,将会大有裨益。

8. 注重行动。

计划是行动的向导,学习计划制订之后,就要付诸行动,就要坚决执行;否则计划就失去了意义。行动是完成计划、达成目标、获得成功的保证。执行自学计划,首先应该形成一种习惯,形成习惯的关键是开好头,保证第一天第一次的成功;其次是持之以恒,不可半途而废,要尽可能排除各种干扰,始终坚持。当然,计划是事先制订的,本身可能不周到,再加上实际情况往往会有变化,所以,"坚决执行"并不是"绝对不变",如果情况发生了重大变化,就要根据实际对计划作出相应地调整,以保证自学的效果。

例如:小丽怎样制订自学计划?

她首先确定自学目标:掌握有关语法知识,熟记常用单词,了解对译技巧。为了顺利实现这些目标,小丽制订了暑期英语自学计划。为了弥补自己英语学习的不足,根据自己的具体情况,制订暑期英语学习计划如下:

一是分析优劣:英语学习上的弱点,英语学习上的长处。

二是确定目标:切实掌握10种常用语法规范,熟记200个单词,努力提高听说会话能力。通过40天的强化学习,加上下学期的努力,争取使自己的英语成绩由原来的80分提高到110分,名次由原来的班级30名提高到前20名内。

三是明确任务:(1)熟练掌握10种常用语法的使用规范,平均每4天一种。(2)熟记200个单词,平均每天5个。这些单词从课本中选取,根据具体情况,每篇课文选择10到15个单词。(3)听读、跟读20篇课文,平均每两天1篇。

四是安排时间:从7月11日到8月20日共40天时间,具体时间安排如下:早上一个半小时的时间读、记单词,上午两小时的时间听读、跟读课文,下午用两小时的时间学习语法知识。

五是采取措施:(1)根据学习内容和自己的特点采用相应的学习方法。记单词采用诵读记忆与书写记忆相结合的方法,边读边写边记;语法学习采用例句分析与规则记忆相结合的方法,通过例句分析熟练掌握相关语法规范;听说会话采取听读、跟读同步录音复读的方法,边听边读。(2)坚决执行计划。如果没有非常特殊的原因,必须完成每天的学习任务。为保证计划的落实,此计划一式两份,交父母一份,请父母监督支持。(3)合理安排作息时间,充分休息,并加强体育锻炼,保证有充足的精力投入学习。

第二章 提高学习能力 合理安排时间

第一节 掌握方法 提高能力

一、学习能力的含义

所谓学习能力,通俗地讲,就是获取知识、增长才干的本领。

第一,要强化的学习意识,切实做到想学、真学、能学。第二,要掌握学习的方法,切实做到会学、学好。第三,要善于挤时间学。要克服"工作忙没时间学"的错误观念。在学习的过程中"绝不找借口",不能强调忙而不学。学与干是一对矛盾,两者关系处理得好,就会做到"两促进""两不误"。第四,要重视知识的更新。目前,随着知识更新速度的加快,"知识的保鲜期"相应缩短。对于学习来说也应与时俱进,既要强化继续学习的理念,树立终身学习的意识,自觉地增长知识,又要不断更新知识,创新学习。

二、如何提高学习能力

首先要具备读有字之书的能力,要善于阅读书本。有字之书,是我们平常说的用文字记载的知识。书是人类进步的阶梯,书本上记载着人类丰富的历史经验,认真学习书本知识,可以使我们少走弯路。要在阅读有字之书的过程中,能够准确理解所阅读材料的内容,了解其内涵,把握其真谛、精髓、实质,这是提高学习能力的前提。

其次,要具备读无字之书的能力,在实践中学习。无字之书主要指实践。实践是学习的重要内容,也是学习的重要途径。有字之书要读,善于学习前人的经验。无字之书更要读,善于学习今人的经验。一要自觉地向实践学习,自觉了解实践,尊重实践,总结实践,从实践中获得真知。二要自觉地学习他人的经验。善于运用"他山之石""攻玉"。

再次，要在读书的过程中打造钻进去、跳出来的能力。一方面，要专心致志，用功夫去阅读书本知识，寻求"真知"。学习不能"撒芝麻盐"，要"打深水井"，切实深入进去，甘心在浩瀚的知识海洋里徜徉，并能够去粗存精，去伪存真，真正消化吸收，变"他知"为"我知"。要在学习掌握丰富知识的基础上，善于通过外部特征和表面联系，挖掘反映对象的本质，乃至形成自己的理性认识。另一方面，要在了解、读懂的基础上，跳出书本，把所学的知识运用到具体的实际工作中去。另外，要善于理论创新。在运用所学知识指导实践的同时，善于做"结合"的文章。运用所学知识不是照抄照搬，须具体问题具体分析，具体把握，灵活运用，并从中不断总结新鲜经验，进行理论创新，形成新的理论，不断完善知识体系，从而不断使自身的工作得以提高和升华。

当然，学习的目的主要在于运用。学习运用与运用学习则是最为重要的学习能力。学习以及提高学习能力，重要的在于理论联系实际，学以致用和用功学习。当前，最重要的是以所学专业急需的内容为中心，按照"需什么、学什么，缺什么、补什么"的原则，着眼于新的实践和发展，切实解决本专业存在的实际问题。这样，才能学得生动、学得深入、学得有效。

三、学习的方法

1. 改进学法，培养良好的学习习惯。

不同学习能力的学生有不同的学法，应尽量学习比较成功的同学的学习方法。改进学法是一个长期性的系统积累过程，一个人不断接受新知识，不断遭遇挫折产生疑问，不断地总结，才有不断地提高。"不会总结的同学，他的能力就不会提高，挫折经验是成功的基石。"自然界适者生存的生物进化过程便是最好的例证。学习要经常总结规律，目的就是为了进一步的发展。通过与老师、同学平时的接触交流，逐步总结出一般性的学习步骤，它包括：制订计划、课前自学、专心上课、及时复习、独立作业、解决疑难、系统小结和课外学习几个方面，简单概括为四个环节（预习、上课、整理、作业）和一个步骤（复习总结）。每一个环节都有较深刻的内容，带有较强的目的性、针对性，要落实到位。

在课堂教学中培养听课习惯。听是主要的，听能使注意力集中，把老师讲的关键性部分听懂、听会，听的时候注意思考、分析问题，但是光听不记，或光记不听必然顾此失彼，课堂效率低下，因此应适当地笔记，领会课上老师的主要精神与意图，五官能协调活动是最好的习惯。在课堂、课外练习中培养作业习惯，在做作业时不但做得整齐、清洁，培养一种美感，还要有条理，这是培养逻辑能力，必须独立完成。可以培养一种独立思考和解题正确的责任感。在做作业时要提倡效率,应该十分钟完成的作业,不拖到半小时完成,拖拖拉拉的作业习惯使思维松散、精力不集中,这对培养学习能力是有害而无益的,抓学习习惯必须从基础抓起,无论从年龄增长的心理特征上讲,还是从学习的不同阶段的要求上讲都应该进行学习习惯的指导。

2. 加强 45 分钟课堂效益。

要提高学习效益,当然最主要的是通过课堂。要充分利用好这块阵地。

(1)抓教材处理。学习的过程是活的,老师教学的对象也是活的,都在随着教学过程的发展而变化,尤其是当老师注重能力教学的时候,教材是反映不出来的。学习能力是随着知识的发生而同时形成的,无论是形成一个概念,掌握一条法则,会做一个习题,都应该从不同的能力角度来培养和提高。通过老师的教学,理解所学内容在教材中的地位,弄清与前后知识的联系等,只有把握住教材,才能掌握学习的主动。

(2)抓知识形成。教材所讲的都是些基础知识,这些知识的形成过程容易被忽视。事实上,这些知识的形成过程正是学习能力的培养过程。一个知识原理的说明,往往是新知识的发现过程,在掌握知识的过程中,就培养了大家的学习能力。因此,要改变重结论轻过程的教学方法,就要把知识形成过程看作是学习能力培养的过程。

(3)抓学习节奏。学习没有一定的速度是无效学习,慢腾腾的学习是训练不出思维速度,训练不出思维的敏捷性,是培养不出学习能力的。这就要求在学习中一定要有节奏,这样久而久之,思维的敏捷性和学习能力就会逐步提高。

(4)抓问题暴露。在教学课堂中,老师一般少不了提问与板演,有时还伴随着问题讨论,因此可以听到许多的信息,对于那些典型问题,带有普遍性的问题都必须及时解决,不能把问题的症结遗留下来,甚至沉淀下来。遗留问题要有针对性地解决,注重实效。

(5)抓课堂练习、抓好练习课、复习课、测试分析课的教学。各课的课堂练习时间占 1/4～1/3 ,有时超过 1/3 ,这是对所学知识记忆、理解、掌握的重要手段,要坚持不懈,这既是一种速度训练,又是对能力的检测。哪些知识需要补救、巩固、提高,哪些知识、能力需要培养、加强应用。上课应有针对性。

3. 体验成功,发展学习兴趣。

"兴趣是最好的老师",而学习兴趣总是和成功的喜悦紧密相连的。如听懂一节课,掌握一种学习方法,解出一道难题,测验得到好成绩,平时老师对自己的鼓励与赞赏等,都能使自己从这些"成功"中体验到成功的喜悦,激发起更高的学习热情。因此,在平时学习中,要多体会、多总结,不断从成功(哪怕是微不足道的成绩)中获得愉悦,从而激发学习的热情,提高学习的兴趣。

第二节　制订计划　合理安排

一、如何合理的安排时间

时间就是生命,时间就是效率,时间就是成功之母,时间也是实现自己梦想的前提。要想实现自己的学习目标,自己就要逼自己,要给自己压力,假想明天就要考这本书上的内容,找出考试前那种复习紧张的感觉,带着这种感觉去读书,效果绝对好。你可以试试晚上读书,睡觉前(最佳),因为这时候比较静,人的心也很平静,记忆力会好些。要相信自己。先要给自己订个目标,然后根据老师的进度来复习,这样是最有效的。晚上不能一回家就睡觉,但也不一定要熬到凌晨,至少要撑到自己非常想睡才可以哦。时间是很紧迫的,建议时刻提醒自己抓紧时间。对于理论课来说,就一个诀窍,一定要认真听课,老师复习时给的重点就是拼了命都要记下来。先把课本认真读看一遍,边读边理解,再去听课.连小字部分也要看噢,这样回答问题就有东西可以写了。另外,一定不能着急,记不下来就先休息一下,首先自己不要觉得记不下来,要相信自己一定能行的。

1.学习时间的安排要服从内容。

学习内容有主次、详略之分,因此,在安排的学习时间上要根据学习的内容合理地安排时间,才不会浪费时间。比如,每天回家先把当天的作业完成,再利用剩下的时间复习、预习。

2.充分利用零星时间。

零星时间看似很小很小,但能集腋成裘,聚沙成塔。将零星时间集合起来,就是宝贵的整段时间。

3.提高时间的利用效率。

一天的时间里,人的精力不可能从始到终都保持同样的旺盛。根据自己的特点,分出轻重缓急,合理分配时间,可获得事半功倍的效果。比如,早上起来利用洗漱时间听听英语,晚上睡觉前看一看有意义的课外书。另外,要注意劳逸结合,这也是保证时间利用效率的一个重要方面。就像橡皮筋,老是拉扯它就会失去弹力,只有适当的放松,弹力才不会失效。实际上大脑也一样,只有会休息的人才会学习。

二、如何提高学习成绩

1. 认真安排好你的时间。

首先你要清楚一周内所要做的事情,然后制订一张作息时间表。在表上填上那些非花不可的时间,如吃饭、睡觉、上课、娱乐等。安排这些时间之后,选定合适的、固定的时间用于学习,必须留出足够的时间来完成正常的阅读和课后作业。当然,学习不应该占据作息时间表上全部的空闲时间,总得给休息、业余爱好、娱乐留出一些时间,这一点对学习很重要。一张作息时间表也许不能解决你所有的问题,但是它能让你了解如何支配你这一周的时间,从而使你有充足的时间学习和娱乐。

2. 学习前先预习。

这就意味着在你认真投入学习之前,先把要学习的内容快速浏览一遍,了解将要学习的大致内容及结构,以便能及时理解和消化学习内容。当然,你要注意轻重详略,在不太重要的地方你可以花少点时间,在重要的地方,你可以稍微放慢学习进程。

3. 充分利用课堂时间。

学习成绩好的学生很大程度上得益于在课堂上充分利用时间,这也意味着在课后少花些工夫。课堂上要及时配合老师,做好笔记来帮助自己记住老师讲授的内容,尤其重要的是要积极地独立思考,跟上老师的思维。

4. 学习要有合理的规律。

课堂上做的笔记你要在课后及时复习,不仅要复习老师在课堂上讲授的重要内容,还要复习那些你仍感模糊的知识。如果你坚持定期复习笔记和课本,并做一些相关的习题,你定能更深刻地理解这些内容,你的记忆也会保持更久。定期复习能有效地提高你的考试成绩。

5. 有可能的话,找一个安静的、舒适的地方学习。

选择某个地方作为你的学习之处,这一点很重要。它可以是你的单间书房或教室或图书馆,但是它必须是舒适的,安静而没有干扰。当你开始学习时,你应该全神贯注于你的功课,切忌"身在曹营心在汉"。

6. 树立正确的考试观。

平时测验的目的主要看你掌握功课程度如何,所以你不要弄虚作假,而应心平气和地对待它。或许,你有一两次考试成绩不尽如人意,但是这不要紧,只要学习扎实,认真对待,下一次一定会考出好成绩来。通过测验,可让你了解下一步学习更需要用功夫的地方,更有助于你把新学的知识记得牢固。

三、详细计划 合作学习

长期看,制订学习计划的周期一个学期、一个学年都可,但一般以一学期为宜。计划的内容可以包括以下两个方面:1. 打算考到的名次,包括保位名次或超出几个名次;2. 对总分及各科分数的阶段性要求。这就使你在短期内有了目标,在每次小测验、单元考中向所定的目标靠拢,但切记目标不可定得太高,否则结果如果离目标太远会十分打击自信心。

从短期看,做出一周至一天的计划来,可以使自己对学过的东西有一个更好的掌握。对于一周的计划,每周可以有一至两个重点科目,如果你对知识的渴望超过对升学的热衷,计划中的自由时间可以多一些,反之可以少一些。对于一天的计划来说,要注意对老师所讲内容消化时间的安排,并留出适当的时间以备调整。对于新生来说,全面掌握是十分重要的。总之,远期与近期计划都应符合自身情况,并要结合学习情况进行调整,才能达到它的效果。

下面是复习计划的制订问题。复习计划的制订已是完全针对所学的课程有计划地、有目的做好针对的复习。学完所有的内容后,老师一般会按他出的计划带领同学们复习,而对同学来说,课余时间没有必要按老师的思路做。

首先,计划书中要有充足的时间留给基础知识,无论哪一科,基础知识往往被学生忽视,实际上,这才是学习的基石,必须踏实。

其次,考试专业训练,熟悉专业的特点,消除手生的感觉,做到反复的训练和熟中生巧。

第三,留出时间放松心情,这对考前的学生来说必不可少,很多考生就是在冲刺阶段搞坏了身体,以致无法正常发挥的。最后,在临近考试时,回顾基础知识与计划的主要内容,这时计划不要过紧,养足精神备考。

当然,最重要的不是制订而是执行,只要持之以恒,相信你们都可以考出个好成绩。

例如:学习计划的制订。

(1) 每天早上6:20起床,用10分钟将头天要背的课程温习1~2遍,从家出发。

(2)上课认真听讲,积极发言,认真仔细写作业,不对答案,认真对待每一门课。写完作业后,复习当天的内容并预习第二天上课的内容。

(3) 对于专业课程记住原理、概念、程序和操作的方法。每学完后,要用心去作自我的分析和理解。不看书,凭借自己所学的去做。如果遇到不会问题,要虚心地请教他人。

（4）对于数学、语文、英语，每学完一单元或一课时，要对比《优化设计》的讲解部分进行进一步的加深理解和巩固，并要做练习题，写时仍不能抄答案，写完后可交老师批改或对照答案，找出错误及时纠正。

（5）遇到不懂的要及时问老师或问同学，弄明白。

（6）每天晚上听30分钟英语，训练自己的听力。

【数学的学习】数学考察的主要还是基础知识，难题也不过是在简单题的基础上加以综合。所以课本上的内容很重要的，如果课本上的知识都不能掌握，就没有触类旁通的资本。对课本上的内容，上课之前最好能够首先预习一下，否则上课时有一个知识点没有跟上老师的步骤，下面的就不知所以然了，如此恶性循环，就会开始厌烦数学。对学习来说，兴趣是很重要的。课后针对性的练习题一定要认真做，不能偷懒，也可以在课后复习时把课堂例题反复演算几遍，毕竟上课的时候，是老师在进行题目的演算和讲解，学生在听，这是一个比较机械、比较被动地接受知识的过程。也许你认为自己在课堂上听懂了，但实际上对于解题方法的理解还没有达到一个比较深入的程度，并且非常容易忽视一些真正的解题过程中必定遇到的难点。"好脑子不如烂笔头"。对于数理化题目的解法，光靠脑子里的大致想法是不够的，一定要经过周密的笔头计算才能够发现其中的难点并且掌握化解方法，最终得到正确的计算结果。

其次是要善于总结归类，寻找不同的题型、不同的知识点之间的共性和联系，把学过的知识系统化。举个具体的例子：高一代数的函数部分，我们学习了指数函数、对数函数、幂函数、三角函数等好几种不同类型的函数。但是把它们对比着总结一下，你就会发现无论哪种函数，我们需要掌握的都是它的表达式、图像形状、奇偶性、增减性和对称性。那么你可以将这些函数的上述内容制作在一张大表格中，对比着进行理解记忆。在解题时注意函数表达式与图形结合使用，必定会收到好得多的效果。

最后就是要加强课后练习，除了作业外，找一本好的参考书，尽量多做一下书上的练习题（尤其是综合题和应用题）。熟能生巧，这样才能巩固课堂学习的效果，使你的解题速度越来越快。

【英语的学习】英语作为一种语言，和汉语一样，学习它需要大量的阅读、大量的写作、大量的听力和口语训练，将自己置身于一个英语的环境中，提高自己的听、说、写、读能力，培养好语感。从总体上说，英语学习可以分为语音、词汇、语法三大块，它们互相联系、交织在一起。

语音主要通过结合词汇牢记一些普遍规律，平时练习中注意随时记下那些特殊的不规则的发音，对基本词汇能正确拼写出国际音标，尤其是一些特别的元音和辅音。词汇,重点是课本词汇,在此基础上再进行扩展。记一个单词,可想想这个单词的其他各种形式,也可把发音规则相同或读音有某种联系的一组单词联系起来记忆。对单词,尤其是动词的掌握,应在句子中、课文中,以词组或句子为单位来记。

语法要结合大量阅读和习题来进行,尤其要熟读课文和各种句型的例句,并尽可能地多背课文和例句,这样应试就能触类旁通,许多似曾相识的题都能迎刃而解。同时大量阅读能扩充词汇量,训练阅读速度,适应考试需要。

其实掌握学习方法很重要,有兴趣就更好。如果没什么兴趣的话,就要有好的学习方法,勤奋学习,因为勤能补拙,相信自己。正确的学习方法:上课认真听讲,有了疑问要及时提出并解决。每天有一定的时间去做题,做题不要逼自己去做,要适当地去做,做不下去就换别的自己喜欢的科目。复习的方法:不一定要看完整本书才是复习,因为时间不足,唯一的方法就是挑自己不太熟练的去看,多做关于这个部分的题。把常出现的题看熟。

下面是科学的学习方法:

(1)课前预习不可少:所谓预习,就是了解教材的大体内容和难易程度。预习时注意把握教材的总体思想:这节主要讲些什么物质? 各物质之间有何联系(如物理性质、化学反应)? 重点物质是什么? 这些都是预习时有要有一定印象的。预习时遇到疑难点,而自己又一时解决不了,应把它们集中起来用笔记本记录下来,以增强听课的针对性。另外,也可以通过相应的参考学习书,解决这些问题,以提高自己的自学能力,同时为预习了解更多的知识。

(2)巧妙听课,主动思考:课堂上以听老师讲授为主,基本循着老师的思路去听。同时要动脑子主动思考,力争得到"接受—思考—理解"的最佳综合效益。抓住基本概念,领会主要精神。老师讲课有不同的"松紧度",学生听讲也应有不同的"响应度"。在预习中已懂的部分就不必多花力气。

(3)巩固课堂成果:每次下课时不要急于使自己的思想一下子松开,而要用几分钟时间静静思考一下本堂课的基本内容、中心要旨。这虽是几分钟工夫,效果却是不可低估的。因为遗忘的过程总是先快后慢,记忆后的最初遗忘得最快。这样,课后一定要及时安排复习,整理自己的知识体系,使知识化归自己所有,从而大大提高智力素质水平。总之,只要你掌握了听课,也就拥有了学习的大部分。剩下的工作,就要靠大家自己去开拓、去完善。

同学们要树立信心,只要你花时间去学,你的学习成绩肯定会提高的。除此之外,还有一个因素,即兴趣。有些同学也许会说:"我掌握了科学的学习方法,学习成绩一定会提高,但是我就是不感兴趣,不想去学。"那么请记住,兴趣也是培养出来的,爱因斯坦也不是一生下来就对物理感兴趣的。同学,当你学了一段时间后,你会体验到学习成功的喜悦,你会认识到学习的规律,那是一个奇妙的世界啊!同学,相信你一定会对学习感兴趣的。相信你自己,明天的天空定能增添几分蔚蓝!

第二单元　落实计划　高效学习

第三章　有效实施学习计划

　　耶稣带着他的门徒彼得远行,途中发现一块破烂的马蹄铁,耶稣希望彼得捡起来,不料彼得懒得弯腰,假装没听见。耶稣自己弯腰捡起马蹄铁,用它在铁匠那儿换来三文钱,又用这些钱买了十几颗樱桃。出了城,两人继续前行,经过茫茫荒野,耶稣猜到彼得渴得厉害,就让藏在袖子里的樱桃悄悄掉出一颗,彼得一见,赶紧捡起来吃。耶稣边走边丢,彼得也就狼狈地弯了十七八次腰。于是耶稣笑着对他说:"要是按我说的做,你就开始弯一次腰,我也就不用一次又一次重复地扔樱桃,你也就不会在后来没完没了地弯腰。"

　　这个圣经故事告诉我们:如果不能按计划行动,那么就只能像彼得那样"狼狈地弯十七八次腰"去一次又一次地重复做工作。

　　要合理运用时间,达到良好效果。

第一节　遵守时间　落实任务

　　爱迪生说:"成功的第一要素是,能够将身体与心智的能量锲而不舍地运用在同一个问题上而不会厌倦。"具体到计划执行上,就是全身心地向着自己预定的目标,严格按计划向前推进自己的工作。在这个过程中,你的专注与排除干扰的能力将起决定性的作用。因此,目标是按时落实任务的关键,而专注与排除外界干扰是按时落实任务的要务。

　　同学们,读了爱迪生的这段话你有何感悟? 在日常生活中,你是否掌握了一些专注做事的技巧? 在计划执行中,你又精通哪些排除外界干扰的策略? 本节课我们重点来学习和训练这几个问题。

一、请你远离"蜗牛"

许多人善于作计划,但总是不能按计划执行。他们看似目标明确,计划周密,但行动上总是磨磨蹭蹭,最终依然毫无建树。你是否有这种"蜗牛"般的"磨蹭"行为呢? 下面我们就一起来对你的"磨蹭度"作一个客观的评定。请你对如下 20 个问题作出"是"或"否"的回答:

1. 从学生时代起就是迟到瘾君子。

2. 一经诱惑,难以启齿说"不"。

3. 属熬夜型而非早起型。

4. 不自觉地抱怨"忙、忙"。

5. 在你眼中周围人总是"忙、忙"。

6. 午饭总是在 12 点以后才吃。

7. 无能为力的事也应允"OK"。

8. 绝对不在无人监督的情况下借机疯狂玩耍。

9. 进入正题前耽于闲聊。

10. 曾被别人评为"喋喋不休"型。

11. 对上司的指示绝不说"NO"。

12. 从不速决速断。

13. 处事圆滑,避免摩擦。

14. 总是乘坐同一辆电车。

15. 优先做"想做的事"而非"必须做的事"。

16. 优先做"难事"而非"易事"。

17. 优先做"费时的工作"而非"马到成功的工作"。

18. 优先处理"紧急事项"而非"重要工作"。

19. 在许多事情上不规定期限。

20. 完美主义。

这是日本时间专家中岛孝志的一份"磨蹭度"检测表,请将你的回答对照如下标准进行判定:

——全部回答"是"者,无论在什么人眼中都是名副其实的"蜗牛"。

——回答 12 项以上"是"者,是将来有可能发展成为"蜗牛"的人。

——回答 6 项至 10 项"是"者,经过训练可摆脱"蜗牛"的雅号。

——回答 2 项到 5 项"是"者,只需时常提醒自己即可。

——全部回答"否"者,恭喜你与"蜗牛"无缘。

对自己执行计划的行为有了一个基本判定以后,如果你像"蜗牛"般有"磨磨蹭蹭"的行为,那么你一定要认真学习本节内容,并在现实中严格按要求训练自己的行为;如果你像"蜜蜂"般勤奋,那么你一定要坚持不懈,成功已离你不远了。所以说,成功的关键在于向着自己的目标坚持不懈!

二、完成任务的两大法宝

(一)学会专注

"专注"就是把意识集中在某个特定的欲望上的行为,并要一直集中到已经找出实现这项欲望的方法,而且成功地将之付诸实际行动为止。

把意识"集中"在一个特定"欲望"上的行为,有两项重要的法则,这就是拿破仑·希尔所说的"自我暗示"和"习惯"。

1. 积极的自我暗示。

暗示是在无对抗的情况下,通过议论、行动、表情、服饰或环境氛围,对人的心理和行为产生影响,使其接受有暗示作用的方向去行动。自我暗示是依靠思想、言语或符号,自己向自己发出刺激,以影响自己的情绪、意志和行动的暗示。它又分积极自我暗示和消极自我暗示。前者是指受暗示着的行为达到暗示着预期目的的暗示。后者则是受暗示者对暗示产生一种抵触或逆反心理。暗示是用含蓄、间接的方式对人的心理和行为产生影响,从而使人按一定的方式去行动或接受一定的意见,使他的思想、行为与自己的意愿相符合。

暗示分为他人暗示、自我暗示、行为暗示、环境暗示、言语暗示等。从作用上讲,有积极暗示与消极暗示之分。如孩子上床睡觉前,母亲关照他:"玩了一天,当心尿床。"果然被母亲说中了。这属于消极的言语暗示。有个人特别怕下水井的盖子,生怕掉下去。后来心理指导者让他在接近井盖时用"男子汉区区井盖何以害怕!"的话语鼓励自己,然后站在井盖上讲十遍,跳十次,结果这种紧张消失了。这就是积极的自我暗示。

自我暗示对人的心理作用很大,有时甚至会创造奇迹。二战时苏联一位天才的演员 N. H. 毕甫佐夫,平时老是口吃,但是当他演出时克服了这个缺陷。所用的办法就是利用积极的自我暗示,暗示自己在舞台上讲话和做动作的不是他,而完全是另一个人—剧中的角色,这个人是不口吃的。

在自我暗示的作用下,一个人可以突然变得耳聋眼瞎。这种视力的丧失不是因为视神经受损,而仅仅是由于大脑管理视觉的那个区域的机能受到扰乱。对这种病人的治疗也可以用暗示的方法。

当我们要参加某种活动前或面临竞争之时,注意不要受到消极的环境暗示、言语暗示和他人的行为暗示,而应适当用积极的自我暗示的方法使自己产生勇气,产生自信,争取意想不到的效果。

【案例】

四十多年前,有一个十多岁的穷小子生长在贫民窟里,身体非常瘦弱,却立志长大后要做美国总统。如何实现这样的抱负呢? 年纪轻轻的他,经过几天几夜的思索,拟定了这样一系列的连锁目标:

做美国总统首先要做美国州长——要竞选州长必须得到雄厚的财力支持——要获得财团的支持就一定得融入财团——要融入财团就需要娶一位豪门千金——要娶一位豪门千金必须成为名人——成为名人的快速方法就是做电影明星——做电影明星前得练好身体,练出阳刚之气。

按照这样的思路,他开始步步为营。一天,当他看到著名的体操运动主席库尔后,他相信练健美是强身健体的好办法,因而有了练健美的兴趣。他开始刻苦而持之以恒地练习健美,他渴望成为世界上最结实的男人。三年后,凭着发达的肌肉和健壮的体格,他成为健美先生。

在以后的几年中,他成了欧洲乃至世界健美先生。22岁时,他进入了美国好莱坞。在好莱坞,他花了十年时间,利用自己在体育方面的成就,一心塑造坚强不屈、百折不挠的硬汉形象。终于,他在演艺界声名鹊起。当他的电影事业如日中天时,女友的家庭在他们相恋九年后,终于接纳了他这位"黑脸庄稼人"。他的女友就是赫赫有名的肯尼迪总统的侄女。

婚姻生活过了十几个春秋,他与太太生育了四个孩子,建立了一个"五好"家庭。2003年,年逾57岁的他,告老退出了影坛,转而从政,并成功地竞选成为美国加州州长。

他就是阿诺德·施瓦辛格。他的经历让人们记住了这样一句话:思想有多远,我们就能走多远。

2.养成良好的习惯。

良好的习惯是成功的金钥匙。在目标实现的道路上,良好的习惯同样能够帮助你专注于自己的工作。

有一首名为《钉子》的小诗:

丢失一个钉子,坏了一只蹄铁;

坏了一只蹄铁,折了一匹战马;

折了一匹战马,伤了一位骑士;

伤了一位骑士，输了一场战斗；

输了一场战斗，亡了一个国家。

没读过这首小诗，没人觉得一个钉子能与一个国家有什么关系，再仔细阅读，才发现诗里寓意着一个宏大的哲理，那就是：要想成功必须从小事做起，而良好习惯的养成也是这样。唯有从小事做起，才能养成良好的习惯，而良好的习惯会让我们受益一生，因为习惯决定命运。可能有的同学会说："我也知道随地丢弃废物、吐痰不好，可就是改不了。"其实，这位同学已经养成了随地吐痰、丢弃废物的坏习惯，要想改就不那么容易了。所以说要想使坏习惯变成好习惯不仅要从小事做起，还要有毅力。当吃了食品之后，先不要那么着急把包装袋扔掉，走上几步，看见了果皮箱再扔；随身带上卫生纸，如果想吐痰，就让它派上用场或直接吐在痰盂中。过一段时间后，你就会惊奇地发现，即使手里拿着废弃物也绝不会乱扔了，口中有痰也不会乱吐了，这样，良好的习惯就养成了。

人们渴求上天赋予自己高智商，喜欢拥有大智慧，却往往忽略了最大的智慧恰恰是貌似不起眼的良好习惯。

兴趣是最好的老师，但兴趣把我们领进门后，能够让我们继续前进的就是习惯。我们常常强调"坚强的意志""坚韧不拔的毅力"是多么的重要，其实"意志""毅力"所含的潜台词就是"艰难困苦的环境"，这往往是令人生畏的。但人们对困境的理解带有强烈的主观色彩，被一个人视为无法忍受的"困境"，另一个人却常常可以过得心安理得。中央电视台教育频道曾经采访四位诺贝尔奖获得者：朱棣文、康奈尔、霍夫特、劳夫林。他们轻松而自然地回答着主持人和观众提出的凝重的问题，在提问者看来，那富于挑战性的夜以继日的工作是常常难以忍受的，而在科学家们看来，那仅仅是他们习以为常的工作状态，在提问者看来那是要付出巨大代价的，而在科学家们看来都是习惯后的乐在其中。

平时，我们身边有类似的情况，对绝大多数学生来说，上课认真听讲，自修课安静作业，及时复习回顾已是一种习惯。但少数学生并没有这样的习惯。开学第一个星期，不管是学校、年级组还是班主任、任课老师，强调最多的是什么？是听课的方法效率，是自修课的安静与高效，为的是养成一个好习惯。

良好的行为习惯是对成就事业有着极其重要的作用，"习惯是伟大行动的指南"。一个人习惯于懒惰，他就会无所事事地到处溜达；一个人习惯于勤奋，他就会孜孜以求，克服一切困难，做好每一件事情。

良好的行为习惯并非天生具有的，完全可以通过后天来培养。让我们牢记著名心理学家威廉·詹姆士的一段话："播下一个行动，你将收获一种习惯；播下一种习惯；你将收获一种性格；播下一种性格，你将收获一种命运。"好的习惯对于今后是十分重要的,它可以让人的一生发生重大变化。满身恶习的人,是成不了大气候的;唯有有良好习惯的人,才能实现自己的目标。

卡耐基提出了如下四种工作习惯:

(1)消除你桌上的纸张,只留下与你正要处理的事物有关的纸张。这是提高工作效率的第一步。

(2)按事情的重要程度来做事。在现实中,一个人不可能总按事情的重要程度来决定做事情的先后顺序,可是按计划做事绝对要比随心所欲做事好得多。

(3)当你碰到问题时,如果必须作决定,就当场解决,不要迟疑不决。

(4)学会如何组织、分层负责和监督。很多人因为不懂得怎样把工作分摊给其他人,而坚持事必躬亲,其结果是:很多枝枝节节的小事使他非常混乱,因此他经常觉得匆忙、忧虑、焦急和紧张。

(二)学会排除外界干扰

方法之一:运用积极目标的力量。

这种方法的含义是什么？就是当你给自己设定了一个要自觉提高自己注意力和专心能力的目标时,你就会发现,你在非常短的时间内,集中注意力这种能力有了迅速的发展和变化。

要在训练中完成这个进步。要有一个目标,就是从现在开始我比过去善于集中注意力。不论做任何事情,一旦进入,能够迅速地不受干扰。这是非常重要的。比如,你今天如果对自己有这个要求,我要在注意力高度集中的情况下,将这一讲的内容基本上一次都记忆下来。当你有了这样一个训练目标时,你的注意力本身就会高度集中,你就会排除干扰。

我们知道,在军事上把兵力漫无目的地分散开,被敌人各个围歼,是败军之将。这与我们在学习、工作和事业中一样,将自己的精力漫无目标地散漫一片,永远是一个失败的人。学会在需要的任何时候将自己的力量集中起来,注意力集中起来,这是一个成功者的天才品质。培养这种品质的第一个方法,是要有这样的目标。

方法之二:培养对专心素质的兴趣。

有了这种兴趣,你们就会给自己设置很多训练的科目,训练的方式,训练的手段。你们就会在很短的时间内,甚至完全有可能通过一个暑期的自我训练,发现自己和书上所赞扬的那些大科学家、大思想家、大文学家、大政治家、大军事家一样,有了令人称赞的集中注意力的能力。

在休息和玩耍中可以散漫自在,一旦开始做一件事情,如何迅速集中自己的注意力,这是一个才能。就像一个军事家迅速集中自己的兵力,在一个点上歼灭敌人,这是军事天才。我们知道,在军事上,要集中自己的兵力而不被敌人觉察,要战胜各种空间、时间的困难,要战胜军队的疲劳状态,要调动方方面面的因素,需要各种集中兵力的具体手段。集中自己的精力,注意力,也要掌握各种各样的手段。这些都值得探讨,是很有兴趣的事情。

方法之三:要有对专心素质的自信。

千万不要受自己和他人的不良暗示。有的家长习惯于这样说孩子:我的孩子注意力不集中。在很多场合都听到家长说:我的孩子上课时精力不集中。有的同学自己可能也这样认为。不要这样认为,因为这种状态可以改变。

如果你现在比较善于集中注意力,那么,肯定那些天才的科学家、思想家、艺术家在这方面还有值得你学习的地方,你还有不及他们的差距,你就要想办法超过他们。

对于绝大多数同学来说,只要你有这个自信心,相信自己可以具备迅速提高集中注意力的能力,能够掌握专心这样一种方法,你就能具备这种素质。我们都是正常人、健康人,只要我们下定决心,排除干扰,不受干扰,我们肯定可以做到注意力的高度集中。希望同学们对自己实行训练。经过这样的训练,能够发生一个飞跃。

方法之四:善于排除外界干扰。

要在排除干扰中训练排除干扰的能力。毛泽东在年轻的时候为了训练自己集中注意力的能力,曾经给自己立下这样一个训练科目,到城门洞里、车水马龙之处读书。为了什么？就是为了训练自己的抗干扰能力。大家一定知道,一些优秀的军事家在炮火连天的情况下,依然能够非常沉静地、注意力高度集中地在指挥中心判断战略战术的选择和取向。生死的危险就悬在头上,可是还要能够排除这种威胁对你的干扰,来判断军事上如何部署。同时,能否排除外界干扰,也是落实任务、实现目标的关键。那么如何排除外界干扰呢？

1. 避开浪费时间的聚会或会议。时间管理专家建议:尽量避免浪费时间的会议、约会及社交活动。

2. 不要随便接手别人想给你的问题或责任。哈佛大学有一句学习格言:"如果一个人只满足于完成别人所要求的事情,那么,他只能是一个奴隶。只有当他超越了这个限度,才能成为一个自由人。"

3. 懂得说"不"。假如是朋友对你作出了你不感兴趣的工作的邀请,你可以作出如下回应:"对不起,我现在没有办法帮你。"如果对方是你的领导或主管,你应该使用恰当的措辞:"我正在写一份我们讨论过的报告,我也很想参加那个会议,您觉得哪一个比较好？"

4.掌握一些提醒时间的技巧。

（1）时间限制暗示

这个信息应该在交谈一开始就传递出来。比如："抱歉！我需要先告诉你,我有一篇重要的报告需要在4点钟之前赶写出来。请问您有什么事情?"

这种时间限制暗示目的很明确地告诉对方,他们对你很重要,你很想听他们有什么话要说,但迫于时间希望对方直接切入主题。假如需要谈论的话题较长则需另约时间。

（2）肢体暗示

你可以开始收拾文件,好像准备离开办公室一样。最明显的肢体语言就是站起来。

（3）停顿与沉默

持续拉长两次回答之间的沉默的时间。

（4）加速暗示

比如在打电话时说:"你好,在开会之前有个问题必须问你……"等。

（5）找东西

有的成功人士在发现对方是来找自己闲聊而自己又时间紧张时,就开始在办公室找东西,一般这时访客就会结束会谈。

（6）结语

结束谈话的时间应该快速而且有礼貌:"好了,张先生,我会再跟你联络。多谢了。"然后你就可以离开。

方法之五:善于排除内心的干扰。

在这里要排除的不是环境的干扰,而是内心的干扰。环境可能很安静,在课堂上,周围的同学都坐得很好,但是,自己内心可能有一种骚动,有一种干扰自己的情绪活动,有一种与这个学习不相关的兴奋。对各种各样的情绪活动,要善于将它们放下来,予以排除。这时候,同学们要学会将自己的身体坐端正,将身体放松下来,将整个面部表情放松下来,也就是将内心各种情绪的干扰随同这个身体的放松都放到一边。常常内心的干扰比环境的干扰更严重。

大家可以想一下,在课堂上,为什么有的同学能够始终注意力集中呢? 为什么有的同学注意力不能集中呢? 除了有没有学习的目标、兴趣和自信外,还有一个就是善于不善于排除自己内心的干扰。有的时候并不是周围的同学在骚扰你,而是你自己心头有各种各样浮光掠影的东西。要去除它们,这个能力是要训练的。如果你就是想浑浑噩噩、糊糊涂涂、庸庸俗俗过一生,乃至到了三十岁还要靠父母养活,或者你就是想混世一生,那你可以不训练这个。但是,如果你确实想做一个自己也很满意的现代人,就要具备这种事到临头能够集中自己注意力的素质和能力,善于在各种环境中不但能够排除环境的干扰,同时能够排除自己内心的干扰。

方法六:节奏分明地处理学习与休息的关系

千万不要这样学习:我这一天就是复习功课,然后,从早晨开始就好像在复习功课,书一直在手边,但是效率很低,同时一会儿干干这个,一会儿干干那个。十二个小时就这样过去了,休息也没有休息好,玩也没玩好,学习也没有什么成效。或者,你一大早到公园念外语,坐了一个小时或两个小时,散散漫漫,说念也念了,说不念也跟没念差不多,没有记住多少东西。这叫学习和休息、劳和逸的节奏不分明。正确的态度是要分明。那就是我从现在开始,集中一小时的精力,比如背诵80个英语单词,看我能不能背诵下来。高度地集中注意力,尝试着一定把这些单词记下来。学习完了,再休息,再玩耍。当需要再次进入学习的时候,又能高度集中注意力。这叫张弛有道。

三、坚定地向目标冲刺

哈佛大学教授柯比在《学习力》中提到:把"请勿打扰"的牌子挂得越早越好,把它看作是你提高学习效率的武器。

活动一:聚萤读书

车胤,生于晋朝,本是富家子弟,后来家道中落,变得一贫如洗。可是,他在逆境中却能自强不息。车胤年轻时就很懂事,也能吃苦耐劳。他因为白天要帮家人干活,就想利用漫漫长夜多读些书,好好充实自己,然而,他的家境清贫,根本没有闲钱买油点灯,有什么办法可以突破客观条件的限制呢?最初,他只得在夜间背诵书本内容,直到一个夏天的晚上,他看见几只萤火虫在飞舞,点点萤光在黑夜中闪动。于是,他想出了一个好法子:他捉来许多萤火虫,把它们放在一个用白纱布缝制的小袋子里,因为白纱布很薄,可以透出萤火虫的光,他把这个布袋子吊起来,就成了一盏"照明灯"。车胤不断苦读,终于成为著名的学者,后来还成了一名深得人心的官员。那时候,每逢举行什么集会或庆祝活动,如果车胤没有到场,大家就觉得扫兴。

请联系本案例想一想:

1.确定自己当前面临的重要的任务是什么?
2.时间对于你完成当前学习任务的重要性。
3.你在今后的学习和工作中应该注意什么?

四、作业评估

学完本节内容,你明白落实任务的关键了吗? 请认真思考以下问题:

1. 在完成任务的过程中,你会因为困难重重而打退堂鼓,或拖延时间吗?

2. 在你的学习或工作中,是否有影响效率的行为习惯,如不由自主地吃零食、上网玩游戏等?

3. 当你正在专心致志地做事时,好朋友约你出去打球,你会怎么办?

4. 写一份自己过去一周的反思日志。要求:写出你都做了哪些事情,这些事情效果如何,出现的主要问题是什么?

第二节　管理时间　检查调整

一、学会管理时间是成功的关键

把握人生的关键时间,并在严格执行计划的前提下充分利用零碎时间。管理好自己的时间不仅需要策略,更需要毅力。

二、如何做一个"算计"时间的高手

俄罗斯男子田径队运动员雷巴科夫曾说:"用分来计算时间的人,比用时计算时间的人,时间多59倍。"

日本东京大学名誉教授渡边茂提出过"三万天学习论",他设定人生寿命为81岁,把生命分为"成长时代""活跃时代""充实时代"三个时期。每个时期27年,大约相当于一万天。从出生到27岁,这第一个一万天被称为"成长时代",是人们学习各种基础知识、锻炼自己适应社会能力的时代。从28岁到54岁,这第二个一万天称为"活跃时代",是人们接受事业挑战,施展自己的知识和能力阶段,是在自己所从事的工作领域里展翅飞跃的时代。从55岁以后,这第三个一万天称为"充实时代",是人们思想总结的阶段。每个人从呱呱坠地到满头白发,都是踩着时间的阶梯前进的。

哈佛商学院的鲁本教授对人生的三万天作了自己的解释。他说,三万天是个大数字,但在三万天里,每天能用来学习的只有几个小时。从幼年算起,假定每天多读书一小时,到81岁也只有三年多的时间。如果每小时读10页书那就可以读262000页书,叠在一起将有三层楼房那么高。

高尔基曾说过,世界上最快而又最慢,最长而又最短,最平凡而又最珍贵,最容易被人忽视,而又最令人后悔的就是时间。因此,必须记住我们学习的时间是有限的。时间有限,不只由于人生短促,更由于人的事情的纷繁。我们应该力求把我们所有的时间用去做最有益的事。

请你盘点一下自己的时间管理状况,你能有效管理时间,并对自己的时间安排作出及时的检查、调整吗?请做一个"算计"时间的高手。

三、管理时间的秘诀

对于学生来说,管理时间必须要学会做计划,并严格执行计划。与此同时,还应该把一切可利用的时间都合理地利用起来。

课堂时间——把握重点,高效利用45分钟。

放学后时间——分五段:自由活动、复习、作业、预习、阅读。

自由活动——和父母聊会儿天,做点家务。

双休日——每天都应有计划。

寒假——做有意义的事儿。

暑假——做好承上启下工作。

自习课——增强自我约束力,高效利用自习课。

课间时间——10分钟也要过得有滋有味。

对于职场人,当前形势下往往不得不去面对残酷的职场竞争,在强烈的竞争中,那些拥有良好职业素养,并且能够高效率完成工作的人能够获得竞争上的优势,进而获得更好的发展。这也就要求职场人注重这些方面问题,其中比较关键一点在于时间管理。

对于时间管理,虽然比较复杂,但也并非无从下手。具体来说,做好时间管理也有着相应的秘诀,当然,良好的时间管理也需要职场人积极良好的职业心态支持。以下是一个成功人士的时间管理秘诀:

1. 第一秘诀:做最有生产力的事情。

把能时刻激励自己的话当作座右铭贴在醒目位置。比如,有人将"在每一分、每一秒都要做最有生产力的事情"贴在他的书房里,并发现他的时间管理的确有进步,同时也因为这句话的影响,他在27岁时,就成了亿万富翁。所以,请你也和他一样,把这句话贴出来,时刻提醒自己每一分、每一秒都要做最有生产力的事情。

2. 第二秘诀:"时间大于金钱"。

用你的金钱去换取别人的成功经验,这是比较快的方式。

3.第三秘诀:花最多时间做最重要可是不紧急的事情。

我们常谈到时间管理,有所谓紧急的事情、重要的事情,然而到底应该先做哪些事情? 当然第一个要做的一定是紧急又重要的事情。通常这些都是一些迫不及待要解决的问题。当你天天处理这些事情的时候,表示你的时间管理并不是那么的理想。

成功者花最多的时间在做最重要、可是不紧急的事情,这些都是所谓的高生产力的事情。然而一般人是做紧急但不重要的事情。你必须学会如何把重要的事情变得很紧急,这时你就会立刻开始做高生产力的事情了。

4.第四秘诀:你一定要跟顶尖的人士学习。

每一个成功人士都是跟之前成功的人士学习,这几乎没有什么例外。你跟什么人接触,你的想法就会跟他接近,所以千万要仔细地选择你所接触的对象,因为这会节省你很多时间。

假如你跟一个成功者在一起,他花了 40 年成功,你跟 10 个这样的人在一起,你是不是就浓缩了 400 年的经验? 这不是时间管理,那什么才叫作时间管理呢?

一旦掌握了时间管理的秘诀,你会发现自己做事执行力竟然会这么好,你终于有了更多的时间来做自己真正想做的事情。这美好的一切都来自于你彻底的实践学到的每一个方法,从今天开始你将成为一个不折不扣的时间管理专家。

四、把握黄金时间

在一天的不同时间内,人的学习能力,包括记忆力、注意力、想象力、思维能力等,都不是一成不变的。而在不同的阶段,不同的人,有不同的"黄金学习时间"。

以下是一名优秀高考学生对一天时间的统筹安排,看他是如何把握一天中的黄金时间的:

早上 6 点 ~8 点:一日之计在于晨,对一般人来说,疲劳已消除,头脑最清醒,体力亦充沛,是学习的黄金时段。可安排对功课的全面复习。

早上 8 点 ~9 点:据实验结果显示,此时人的耐力处于最佳状态,正是接受各种"考验"的好时间。可安排难度大的攻坚内容。

上午 9 点 ~11 点:实验表明这段时间短期记忆效果很好。对"抢记"和马上要考核的东西进行"突击",可事半功倍。

正午 13 点 ~14 点:饭后人易疲劳,夏季尤其如此。休息调整一下,养精蓄锐,以利再战。最好休息,也可听轻音乐。但午休切莫过长。

下午 15 点 ~16 点:调整后精神又振,实验表明,此时长期记忆效果非常好。可合理安排那些需"永久记忆"的东西。

傍晚 17 点~18 点:实验显示这是完成复杂计算和比较消耗脑力作业的好时间。这段时间适宜做复杂计算和费劲作业。

晚饭后:应根据各人情况妥善安排。可分两三段来学习,语、数、外等文理科交叉安排,也可难易交替安排。

以下是另一位高考优秀考生的每日作息时间表,可供参考:

每天 6:00 起床,6:30~7:30 复习英语,7:40~9:40 复习数学,9:50~11:50 机动安排;中午午休;下午 2:00~4:00 复习化学,4:10~6:10 复习物理;晚上 2 个小时复习语文;其余时间机动。在每一门课的复习中,不同阶段以不同内容为主,多看课本或多做习题,要掌握好。

总之,在总体计划的基础上,注意小块的时间安排,既要抓紧时间,又该有张有弛,这样才能以一个较好、较正常的心态去参加高考,才能考好!

我们应该合理地规划时间,以求最大程度提高时间的有效利用率。

五、做一个把脉时间的专家

时间是所有事实存在事务的潜在成本,如果我们在处理事务时消耗的时间过长,或者把让大量的时间虚度了,那么这样利用时间是"不健康"的。

【案例】

有一个富翁买了一栋豪华的别墅。从住进去的那天起,每天下班回来,他都会看见有个人从他的花园里扛走一只箱子,把它装上卡车后拉走了。

后来,富翁发现那个人把箱子卸下来扔进了山谷,而且山谷里已经堆满了箱子,原来这些箱子里装的都是他虚度的日子。

富豪顺手将箱子一个一个打开,他发现,曾经被虚度的日子是这样美好。他苦苦哀求:"先生,请让我取回这些箱子吧,我求求您。我有钱,您要多少都行。""太迟了,已经无法挽回了。"说罢,那人和箱子一起消失了。如果完成一件事所花费的时间过多,那么就无形中增加了这件事的成本。

生命不是永恒的,时间不是静止的。对于消逝的时间,我们没有重新来过的机会。为了让自己有限的生命获得更多的价值,我们必须为时间"把脉"。

1. 听诊

所谓听诊,就是诊断自己的时间。诊断时间是为了清楚自己的时间是如何耗用的,所以我们每一天都要仔细作好使用时间的记录,这是查看"病因"的基础,大到工作日程,小到插科打诨都要一一罗列清楚。记录时间的使用日程,是掌握时间流逝去向的最直观的方法。

我们常常意识不到自己在浪费时间,在"谈笑风生"或者打盹儿愣神儿的时候,时间已经挣脱锁链,离我们远去。当你在剩下的20%的有效时间里埋头苦干的时候,何不仔细想想如何"驯服"那溜走的80%的时间呢?

小塞涅卡曾经说过:"没有人会感觉到,青春正在消逝,但任何人都会感觉到,青春已经消逝。"时间就是这样无声无息地消逝了,但80%/20%法则会让我们真真切切地看见时间是怎样消逝的,在今后不再浪费时间。

2. 分析病理

作好使用时间的记录后,我们就可以找出哪些时间是被我们有效利用的,这就是时间管理中20%的关键元素。关键元素总是占少数,找出关键元素后,就可以清楚地看见"时间消逝的轨迹"了。在我们有限的生命中,只有20%的时间被我们充分利用了,在另外80%的时间里,我们都在做"含金量"极低的事情。

"含金量"低的事务分为两类:一类是对自己而言"含金量"很低的事务;另一类是从普遍意义上讲,几乎没有"含金量"的事务。

对于第一类事务,如果是属于别人的工作,那么就交由其本人处理;如果有人比你更适合完成这件事,那就让更合适的人去完成。

第二类事务无非是根本不必做的事,或者做了也是浪费工夫,对于这类事务的处理方式很简单,直接放入"回收站"。

3. 治疗

在确定"含金量"低的事务后,我们需要排除不必要元素,重新安排日程。不要把重新安排时间想得过于复杂,其实这不过是改变了生活中一些处理事情顺序的而已。根据事情的轻重缓急安排日程,可以提高时间的有效利用率。

★将重要的事放在精力最充沛的时段来处理,让时间发挥出最大的效益。

★在精力相对较差的时段,尽量做一些轻松的工作——回电话或整理资料。

★找出一段相对安静的时间,处理那些需要细心筹划的事情。

★将庞杂的工作分割成小块儿,针对不同性质的工作,合理地分配适量的时间,这样会在心理方面减少庞杂的工作带来的压力。就像把一大堆杂物分成几个小块儿去处理,你会感觉工作量并没有那么大了,心里也不会过于烦躁,而且处理每一部分所产生的效率之分一定大于整体处理的效率。

★坚持做工作清单,并妥善地安排好工作的顺序。这样就不会将重要的事情遗漏,也只有这样才能有效地利用"黄金时段"。

★特别注意不要对加在自己身上的各种工作压力斤斤计较。保持一份轻松愉悦的心情,会让我们永远都对工作怀有激情,这样才能保证做事的效率。

六、作业评估:

你学会把脉时间了吗?

通过本节学习内容,把脉你自己的时间管理状况:

1. 列出你一天的零星时间清单,并写出你在每个时间都做了什么。

2. 你还有哪些利用零星时间的"妙招"? 请你再找出5个。

第三节　保证重点　调整落实

一、盯住目标,把握重点

许多人每天忙得像飞速旋转的陀螺,却毫无收获,而那些成功者却显得那么从容,有条理,有章法。这是为什么?

本节课将告诉你,你要明确自己的使命,把宏观的目标化整为零;每天都要精心计划好这一整天的事情。你应该学会选择,懂得放弃,把最重要的事情放在第一位,别为小事抓狂,而把大事抓瞎。为此,本节课我们将重点学习:辨别什么是人生学习中的大事,理清自己在学习上应该优先的事务。

二、要学会把握重点,学会调整,坚持落实

重点事务,或称要务,是那些你个人觉得最值得做的事。如果你能把要事放在第一位,那么你就学会了管理人生。

【案例】

把握人生的重点

教授在桌子上放了一个装水的罐子,然后拿出一些正好能从罐子口装进去的鹅卵石。当教授把石块放完后问他的学生:"你们说这罐子是不是满的?"

"是。"所有学生异口同声地回答。

"真的吗?"教授笑着问。然后再从桌底下拿出一些碎石子倒入罐子内,摇一摇再加一些,再问学生:"你们说,这回罐子是不是满的?"学生们怯生生地回答:"也许没满。"

"很好!"教授说完,又从桌子底下拿出一袋沙子,慢慢地倒进罐子里。然后问班上学生:"现在你们再告诉我,现在这个罐子是满的还是没满?"

"没满。"学乖的同学异口同声地回答。随后,教授又拿起一瓶水倒进了看似已经被那些东西所装满的罐子。然后意味深长地告诉大家:"如果你不先将大的鹅卵石放进罐子里去,你也许以后永远也没有机会把它们放进去了。学习也是这

样。如果你把事件顺序处理错了,很可能就把最重要的事情给忽略了,这就是要掌握如何合理管理时间的问题。"

在终身学习的过程中,学习计划的落实,任务的完成,也需要有把握重点学习事务的能力。否则,全天的工作和生活的杂事、琐事就会淹没你宏伟的学习计划,拖延你具体的学习任务。

当然,任何计划执行中,都有根据实际情况适当调整,甚至优化的可能。但切记,调整学习计划绝不是放弃计划,而是更切合学习的实际,更顺利地达到理想的彼岸。

三、如何把握学习的重点事务

1. 坚持要事第一

管理学家们把人们的事务按"紧急——不紧急""重要——不重要"两个维度分类,建立了四个象限:

表1　　　　　　　　　　　　　事务分类表

	紧急	不紧急
重要	(一) 危机 急迫的问题 有期限压力的计划	(二) 防患于未然 改进能力 发掘新机会 规划、休闲
不重要	(三) 不速之客 某些电话 某些信件与报告 某些会议 必要而不重要的问题 受欢迎的活动	(四) 繁琐的工作 某些信件 某些电话 浪费时间的事 有趣的活动

第一类事务既紧急又重要,这是人在一生中无法避免的事务。正如此,许多人都是在这类活动中,一天又一天地被一个接一个的问题淹没了。偏重于这类事务常常会给人带来这样一些后果:压力、筋疲力尽、危机处理、忙于收拾残局。

如果只重视第三、四类事务,那么你所拥有的并非有意义、负责任的人生。但在我们大部分人的日常工作与生活中,相当部分的时间都被这两类无关紧要的事情占据了。偏重于这两类事务,会造成无责任感、失去工作、依赖他人或社会机构维持生计等后果。因此,学会舍弃这些事务是把握工作与生活重点的必要环节,也是把握学习计划落实的重要环节。第二类事务是人生当中最重要的内容,但由于它不是当务之急的事情,往往很容易被大部分人怠慢,甚至忽视。事实上,大部分第一类事务往往是因为轻视这类事情而造成的。如果一个人能够做到偏重于这类事务,那么他就会变得有远见、有理想、身心平衡、有自制力。

人生的学习是分阶段的,在集中学习的阶段,如高中、中专或大学毕业前、在工作中的短期进修等,这时候要事就是学习,必须摆在第一的位置。要克服第三、第四类事务的干扰,集中精力完成任务。

在工作过程中,学会按"要事第一"的原则处理好上面四个象限事务,就会有时间学习。

2. 树立三个意识

要清理自己繁忙的事务,坚持落实学习计划,对自己进行有效的个人学习管理,关键还在于有三个学习的意识:

(1) 长期学习、不断积累的意识

学习是日积月累的漫长过程,不能一曝十寒,三天打鱼,两天晒网。因此,坚持就是胜利,就会有收获。

(2) 克服困难、达成目标的意识

达成目标是学习计划实现的关键,任何成功都是要付出汗水的。每个目标都可当作特殊的约会去全力以赴,对本年度或一个月内已定的"约会"一一检查,积小成为大成。

(3) 检查调整、欣赏成功的意识

学习计划的实施会遇到意想不到的困难和变化,需要适当调整,但不能放弃,要坚持实现目标。

每一个阶段任务的完成要及时进行评估,总结成绩,分析问题,以利再学。学习是要花工夫的,但学习是人们生存的一种形式,应该快乐地学习,幸福地生活。这样,我们的学习才会变得更有意义,更持久。

四、作业评估:

学完了本节内容,现在看看你是否掌握了"要事第一"的要点。请认真思考一下问题:

1. 过去一个月中你投入精力最多的学习是哪些,这与你的年度学习目标是一致的吗?

2. 汇集你去年学习计划执行过程中,原计划与实际计划的变化情况,达成的目标是什么? 总结一下取得的成绩,奖励自己的进步。

第四章　选择正确方式　积极主动学习

第一节　选择方式　自主学习

一、能够自主选择学习方式是关键

美国未来学家阿尔文·托夫勒说:"未来的文盲不再是不识字的人,而是没有学会学习的人。"中国有句古语说得好:授人以鱼,只供一饭之需;教人以渔,则终身受用无穷。这里的"渔"便是自主学习的要件,其核心则是你能否自主选择学习方式。而自主选择学习方式的三个要件则是:良好的学习习惯、良好的学习兴趣和良好的自我调控。

二、自主选择学习方式的三个环节

"谁也无法说服他人改变。我们每个人都守着一扇只能从内开启的改变之门,不论动之以情或说之以理,我们都不能替别人开门。"学会自主地学习,就是为自己打开了成功之门!

(一)养成良好的学习习惯

自主学习要从养成良好的学习习惯开始。良好的学习习惯主要包括这样几个方面:

1. 预习的习惯

首先要妥善安排时间。最好前一天晚上预习第二天要上的新课,这样印象较深。新课难度大,就多预习一些时间,难度小就少预习一些时间。应选择那些自己学起来吃力,又轮到讲新课的科目进行重点预习,其他的科目大致翻翻即可。某些学科,也可以利用星期天,集中预习下一周要讲的课程,以减轻每天预习的负担。

其次要明确任务。预习总的任务是先感知教材,初步处理加工,为新课的顺利进行扫清障碍。具体任务,要根据不同科目、不同内容来确定。一般有:①巩固复习旧概念,查清理解新概念,查不清、理解不透的记下来。②初步理解新课的这部分基本内容是什么,思路如何,在原有知识结构上向前跨进了多远。③找出书中重点、难点和自己感到费解的地方。④把本课后面的练习尝试性地做一做,不会做可以再预习,也可记下来,等教师授课时注意听讲或提出。

再者就是要看、做、思结合。看,一般是把新课通读一遍,然后用笔勾划出书上重要的内容,需要查的就查,需要想的就想,需要记的就记。做,在看的过程中需要动手做的准备工作以及做做本课后的练习题。思,指看的时候要想,做到低头看书,抬头思考,手在写题,脑在思考。预习以后,还要合上书本,小结一下,从而使自己对新教材的"初步加工"有深刻印象。

通常,预习新课可按以下程序进行:

(1)浏览教材;

(2)找出本节应掌握的预备知识,并站补习、复习和巩固这些知识;

(3)编写本节的内容提要;

(4)确定本节的重点和难点;

(5)找出上课时应重点解决的问题,特别是新教材中自己不理解的问题,可用彩笔勾出。

上面是预习新课的一般程序。但有时,针对不同的学科,还可有其他预习程序。如语文课中的文言文,就有所谓八步预习法。这八步是:第一步读,即默读或轻声读课文,划出生字、难词、难句。第二步查,即查工具书,为生字注音,为难词注释。第三步抄,即抄写课文,抄写时写一行空两三行。第四步填,即为生字的注音、难词的解释填写在空行的相应位置上。第五步再读,可以大声朗读,多读几遍,难句与特殊句式便笔译于相应的空行里。第七步再抄,即把难词、难句,尤其经查阅工具书后仍不甚了然的词句抄在本上,便于教师了解预习情况,也便于听讲时重点记录。第八步想,即在上述七步的基础上,想想课文的历史意义、现实意义,初步归纳出课文的主题思想。

语文课还有所谓单课四步预习法:第一步默看,即看课文、注释以及习题,画出生字、生词和不好理解的句子。第二步查工具书,即给生字注音,给生词注释以及解决一些可以解决的问题。第三步默读,即带着问题(课文后的思考练习题)默读课文,看到课文中能解答问题的部分便画上记号,并作必要的眉批。第四步笔记,即尝试归纳出课文的中心、段意、人物特征、表现手法等,可用作听课时与老师的讲解对照,以加深理解。

这样有步骤地扎实地充分预习,一是准备充分,听课主动,能提高听课效率;二是对老师的启发提问能迅速反应,记录也能抓重点;三是课后复习有主次,利于巩固所学知识;四是能培养自学能力,有益于智力开发。

自学预习的目的在于:初步理解新教材的基本问题和思路,补习、复习和巩固有关的旧概念、旧知识,找出新教材中自己不理解的问题,尝试做预习笔记。

预习从时间和内容上划分,大致可以分为三类:

(1)课前预习——上课前预习下一节课的内容。

(2)阶段预习——用一个比较完整的时间,把下一阶段要讲的一章或几章的新课内容自学一遍。

(3)学期预习——开学前,在假期中预习下学期的学习内容,这时往往需要浏览整本书的内容,做到心中有数。

"凡事预则立,不预则废。"学习也不例外。

叶圣陶先生曾说:"练习阅读的最主要阶段是预习。"

2. 复习的习惯

复习是学习过程中的重要一环,它不仅使所学知识系统化,而且加强了对知识的理解、巩固与提高,也可弥补知识的缺陷,使基本技能进一步熟练。为了有效地进行复习,我们必须明确复习的任务,复习时应注意的问题,以及复习前的准备,如何制作复习笔记。复习是为了解决各部分之间的联系问题,因此要抓紧平时的学习,要做点综合性的习题,这是搞好复习的基础。

有效复习的方法主要有以下几种:

课后复习法:就是我们刚听完老师的讲课之后,利用下课后的 10 分钟来消化和吸收刚刚讲过的知识,因为老师刚讲完,对知识的理解和记忆都达到了巅峰的状态,此时我们只要稍加复习巩固,就能牢牢地记住所学知识。

睡前记忆法:心理学家研究表明,人在一天中早晨醒来和晚上临睡前记东西的效果最好。早晨可能大家没有时间,但是晚上一定有,既然我们错过了早晨当然不能再错过晚上,在临睡觉前我们需要把今天所学的所有知识系统地过滤一遍,虽然是一天的知识,但是也花费不了很多时间,而且记忆的效果很好。

章节复习法:不管是那门学科都分为大的章节和小的课时,一般当讲完一个章节的所有课时就会把整个章节串起来再系统地讲一遍。作为复习,我们同样可以这么做,因为既然是一个章节的知识,所有的课时之前一定有联系,因此我们可以找出它们的共同之处,采用联系记忆法把这些零碎的知识通过线串起来,更方便我们记忆。

考前突击法:俗话说得好,临阵磨枪,不快也光。很多学生平时不下工夫,总是在考试前作突击,虽然这种方法不可取,但是不得不说考前突击的记忆还是非常深刻,尤其是当你看到一个知识点而考试中有考到这个知识点的时候,你对它的记忆便会更深,虽然不是行之有效的复习方法,但是也有其一定的效果。

轮番复习法:虽然我们学习的科目不止一项,但是有些学生就喜欢单一的复习,例如语文不好,就一直在复习语文上下工夫,其他科目一概不问。其实这是个不好的习惯,当人在长时间重复地做某一件事的时候,难免会出现疲劳,进而产生倦怠,达不到预期的效果。因此我们做复习的时候不要单一复习某一门科目,应该使它们轮番上阵,看语文看烦了,就换换数学,再烦了就换换英语,这样可以把单调的复习变为一件有趣的事情,从而提高复习效率。

间隔记忆法:有些学生喜欢把所有的知识拿到一起来复习,其实这是一种很不好的复习方法,这是因为集中复习内容过多,容易引起大脑皮层细胞的疲倦,从而降低记忆效果。因此我们需要采用间隔记忆法,每隔一段时间对知识进行一次系统的复习,当然间隔时间不能过长,毕竟人的记忆力有限,时间过长,难免有遗忘。

纠错整理法:考试的过程中难免会做错题目,不管你是粗心或者就是不会,都要习惯性地把这些错题收集起来,每个科目都建立一个独立的错题集,当我们进行考前复习的时候,它们是重点复习对象,因此你既然错过一次,保不准会错第二次,只有这样你才不会在同样的问题上再次失分。

3. 使用工具书的习惯

学习中,必须准备必要的工具书,如《新华字典》《现代汉语词典》《新英汉词典》等,以便你在学习的过程中,及时解决遇到的问题。同时还应该学会到图书馆或利用互联网查找资料,独立地解决疑难问题。

三、培养学习兴趣

1. 积极期望。

积极期望就是从改善学习者自身的心理状态入手,对自己不喜欢的学科充满信心,相信该学科是非常有趣的,自己一定会对这门学科产生信心。想象中的"兴趣"会推动我们认真学习该学科,从而导致对此学科真正感兴趣。一位学生对学习地理毫无兴趣,常怀着一种焦急的心情等待下课铃声。为了培养对地理的兴趣,他做了这样的练习:"我喜欢你,地理!"重复几遍之后,他觉得地理不像从前那样枯燥无味了。第二天,他在图书馆借了一本有关地理的书,回家后,收拾一下房间,高高兴兴地读了起来。再上地理课时,也开始听老师讲解了,后来也很喜欢地理,总是急不可待地盼着上地理课。

2. 从可以达到的小目标开始。

在学习之初,确定小的学习目标,学习目标不可定得太高,应从努力可达到的目标开始。不断的进步会提高学习的信心。不要期望在短期内将成绩提高上去,有的同学往往努力学习一两周,结果发现成绩提高不大,就失去信心,从而厌恶学习。持之以恒地努力,一个一个小目标的实现,是实现大目标的开始。

3. 了解学习目的,间接建立兴趣。

学习目的,是指某学科的学习结果是什么,为什么要学习该学科。当学习该学科没有太强的吸引力时,对最终目标的了解是很重要的。

4. 培养自我成功感,以培养直接的学习兴趣。

在学习的过程中每取得一个小的成功,就进行自我奖赏,达到什么目标,就给自己什么样的奖励。

5. 在解决实际问题的过程中,确立稳定的兴趣。

用学得的知识解决实际问题,一是能巩固知识,二是能修正知识,三是能带来自我成功的喜悦情绪。这种喜悦情绪正是建立稳定持久的兴趣所必需的。

四、学会自我调控

那么怎样才能做到自我调节学习呢? 请注意以下要点:

1. 要确立具体的学习目标。在每一个学习阶段如每学年,每学期,每周都要为自己确立现实且合理的学习目标,包括所要掌握的知识,技能和学习进度。

2. 要制订切实可行的学习计划。有了目标,还有找到达到你的目标的可行途径,制订出每天,每周和每月的学习计划,然后付诸行动。学习计划要尽量具体。

3. 要有自我指导。自我指导可以为自我调节学习的强化提供时机,你需要对自己提出问题进行引导。例如,对于完成学习计划的情况,你可以这样向自己提出问题:"我的问题是什么？ 我的计划是什么？ 我在执行这个计划吗？ 我是怎样在做的？ 明天该怎样执行计划？"如果你意识到明天复习课堂笔记,你可以在睡觉前写个备忘录作为复习的线索。

4. 要有自我监控。对自己行为的某个方面加以特别关注。例如,如果你要写一篇调查报告,你应该定期具体地评估自己的工作,包括论文是否表达了重要的观念,调查数据是否充实可靠,是否能在规定的时间内完成等。如果你特别关注对教材的理解,可以用测验题或提问的方法来检查自己。

5. 不要忘了自我强化。当你完成了每天、每周、每月的学习计划时,要用某种方式对自己进行奖励。例如,完成了一天的学习计划,你可以看电视,或吃巧克力,或玩一会儿乐器,或找一件自己喜欢的事做。达到了一周的目标,你可以去看场电影或周末旅行。不少人还用下列方法:对自己说,只有看完这些资料后才能去吃饭。对自己的功能进行强化,会使学习充满自我满足感和成就感。

6. 坚持经常性的自我评价。要经常对自己的成绩和目标进行评价。检查自己在学习中还有哪些需要提高的地方。如果你觉得自己在完成长期任务方面没什么进展,那么你也许可以把长期计划分解为若干小的任务。通过完成若干任务,你既能提高自信心,又能保证总任务的完成,把自我评价融入学习之中会使自我调节学习更有成效。

7. 及时解决学习中的问题。一旦发现没有达到目标的问题在哪里,你应该及时确实地加以解决。如果是时间安排不当,你该调整自己的时间安排;如果是环境干扰,如因看电视或朋友聊天等导致不能完成学习计划,你该设法尽快改变自己的行为或学习环境;如果是自己缺乏必要的知识和技能,你应设法以补救,如选修有关课程或阅读教学参考书以获得必要的知识。不要把没有完成学习计划归因于自己的能力,这样做会挫伤你的自信心和学习积极性。

五、作业评估:

1. 你是否已经具备了自主学习的能力,并能对自己的学习负责？

2. 你能制订目标,并在必要的情况下调整目标吗？

第二节　认识自我　主动学习

一、将认识自我、选择方式作为目标

要做到自主学习,你首先必须会学。会学的一个重要诀窍是了解自己的学习风格,掌握必要的学习策略。

每个人由于先天的思维方式和个性不同,有着属于自己的学习风格,一个人要学得主动,必须对自己的学习风格、偏爱、个性有所了解,充分利用自己的优势、潜质,找到个性化的模式,提高学习效果。

有人曾将学习者分为四类:第一类人好比计时的沙漏,他们学习就像在注入沙子,注进去又漏出来,到头来一点痕迹也没有留下;第二类人像海绵,他们什么都吸收,挤一挤流出来的东西却原封不动;第三类人像滤豆浆的布袋,他们将豆浆都流走了,留下来的知识豆渣;第四类人像宝石矿床里的矿工,他们把废石甩在一边,只要纯净的宝石。这四类学习者成败的原因,就在于方法和策略不同。

二、自主学习的关键

(一)了解自己的学习风格

学习风格是指我们对感知不同刺激、并对不同刺激作出反应这两个方面产生影响的所有心理特性。美国圣·约翰大学的邓恩夫妇认为,每个人的学习风格是由环境、情感、社会生理和心理等多种要素组合而成的,并在个体接受、储存和使用其知识和技能的过程中表现出来。

学习风格要素分为五大类:一是环境类,包括对学习环境静闹、光线强弱、温度高低、坐姿正规或随便等的偏爱;二是情绪类,包括动机、学习坚持性、学习责任性等;三是社会类,包括独立学习、结伴学习、喜欢与成人或各种不同的人一起学习等;四是生理类,包括对听觉、视觉等刺激的爱好,学习时吃零食,时间节律等;五是心理类,包括分析与综合、对大脑左右两半球的偏爱、沉思与冲动等。

虽然教育者早就注意到学生们在学习风格(或可称认知风格)方面有很大差异,但苦于没有很好的测试方法。所罗门(Barbara A. Soloman)从信息加工、感知、输入、理解四个方面将学习风格分为 4 个组对 8 种维度:

1. 知识的加工:活跃型与沉思型

活跃型学习者倾向于通过积极地做一些事——讨论或应用或解释给别人听

来掌握信息。沉思型学习者更喜欢首先安静地思考问题。

"来,我们试试看,看会怎样",这是活跃型学习者的口头禅;而"我们先好好想想吧"是沉思型学习者的通常反应。活跃型学习者比倾向于独立工作的沉思型学习者更喜欢集体工作。

2. 知识的感知:感悟型与直觉型

感悟型学习者喜欢学习事实,而直觉型学习者倾向于发现某种可能性和事物间的关系。

感悟型的不喜欢复杂情况和突发情况,而直觉型的喜欢革新不喜欢重复。感悟型的比直觉型的更痛恨测试一些在课堂里没有明确讲解过的内容。

感悟型的对细节很有耐心,很擅长记忆事实和做一些现成的工作。直觉型的更擅长于掌握新概念,比感悟型的更能理解抽象的数学公式。

感悟型的比直觉型的更实际和仔细,而直觉型的又比感悟型的工作得更快更具有创新性。

感悟型的不喜欢与现实生活没有明显联系的课程,而直觉型的不喜欢那些包括许多需要记忆和进行常规计算的课程。

每个人都是有时是感悟型的,有时是直觉型的,只是有时候其中某一种的倾向程度不同。要成为一个有效的学习者和问题解决者,你要学会适应两种方式。如果你过于强调直觉作用,你会错过一些重要细节或是在计算和现成工作中犯粗心的毛病。如果你过于强调感悟作用,你会过于依赖记忆和熟悉的方法,而不能充分地集中思想理解和创新。

3. 知识的输入:视觉型与言语型

视觉型学习者很擅长记住他们所看到的东西,如图片、图表、流程图、图像、影片和演示中的内容,言语型学习者更擅长从文字的和口头的解释中获取信息。当通过视觉和听觉同时呈现信息时,每个人都能获得更多的信息。

4. 知识的理解:序列型与综合型

序列型学习者习惯按线性步骤理解问题,每一步都合乎逻辑地紧跟前一步。综合型学习者习惯大步学习,吸收没有任何联系的随意的材料,然后突然获得它。

序列型学习者倾向于按部就班地寻找答案;综合型学习者或许能更快地解决复杂问题或者一旦他们抓住了主要部分就用新奇的方式将它们组合起来,但他们却很难解释清楚他们是如何工作的。

(二)学习策略

认识自我的学习风格是主动地利用自己的优势来学习,学出高效率。在不同的学习风格类型中,有几种不受类型影响的学习策略:

（1）复述策略，是在学习和工作记忆中为了保持信息，运用内部语言在大脑中重现学习材料或刺激，以便将注意力维持在学习材料之上。①利用无意识记和有意识记。无意识记是指没有预定目的、不需经过努力的识记。有意识记是指有目的、有意识的识记。②排除相互干扰。在安排复习时，要尽量考虑预防前摄抑制、倒摄抑制的影响。另外，要尽量错开学习两种容易混淆的内容。学习时，还要充分考虑首位效应和近位效应。③整体识记和分段识记对于篇幅短小或者内在联系密切的材料，适于采用整体识记。对于篇幅较长、或者较难、或者内在联系不强的材料，适于采用分段识记。④多种感官参与。⑤复习形式多样化。⑥画线强调。

（2）精细加工策略，是一种深层加工策略，它是为了寻求字面意义背后的深层意义，将新学材料与头脑中已有知识联系起来，以增加新信息的意义。下面就是一些常用的精细加工策略。①记忆术位置记忆法，缩简和编歌诀，谐音联想法，关键词法，视觉想象，语义联想。②做笔记。③提问。④生成性学习。生成性学习就是要训练学生对他们阅读的东西产生一个自己的类比或表象。⑤利用背景知识。⑥联系实际生活。

（3）组织策略，是整合所学新知识之间、新旧知识之间的内在联系，形成新的知识结构。下面是一些常用的组织策略。①列提纲；②利用图形（系统结构图、流程图、模式或模型图、网络关系图）；③利用表格（一览表、双向表等）。

（4）做小结策略，就是把自己读到或听到的内容进行归纳、总结，以把握所获得信息的主要意义的方法。

三、作业评估：

1. 你读书时在书上作记号和批注吗？
2. 你有做读书笔记的习惯吗？
3. 对照一下，你属于什么类型的学习风格。

第三节　创新学习　系统思考

一、要提倡创新性学习

美国伊利诺依大学社会学研究中心通过研究发现，有明确目标与无明确目标的人相比，其学习与工作效率可以提高 10% ～40%。他们可以调动全部感官，进入最佳学习状态。据统计,普通的学生善于用视觉学习者占29%,用听觉学习者占34%,用触觉学习者占37%。我国研究创造性学习的专家刘道玉说,在21世纪,过去以记忆为基础的学习方法,已不再适应创造性的学习需要了。

在学习过程中的创新学习,不是单纯吸收已有的知识、文化,而是更注重培养创新精神、创新能力。如果我们改变了旧有的学习模式,掌握创造性学习的一些策略,就会使学习更加卓有成效,就会在创造性的培养上大见功效。

从人类获取知识的方式看,学习可分为两种类型,即接受学习与创新学习。尽管它们不是对立的学习方式,但侧重点不同。研究创新学习,就必须把研究创新学习方法作为重要的内容。因为只有通过有效的、科学的方法,才能使学生达到创新学习的境界,也才可能实现创新学习。当然,创新学习也要遵循一般的学习方法与规律。

创新性学习的方式有以下几种:

(一)自主学习法

自主学习,是指学生充分发挥个体主观能动性而进行的创新性学习。即学习过程呈现自主、主动、创新相互依存的三个层次。

1. 自主学习的特征。

自主学习的基本特征是预期性、参与性与创新性。(1)预期性。学生进行创新学习,既要有明确的目标意识,主动规划和安排自己的学习,又要在大量信息面前,具有捕捉信息、敏锐感受和理解的能力,并能根据自己的需要进行分类、整理。(2)参与性。学生参与集体生活,和集体成员相互协作、互相尊重,对社会有强烈的责任感、义务感。(3)创新性。学生不满足于获得现成的答案或结果,对所学习的内容能展开独立思考,进行多向思维,创造性地探索新的问题。

2. 自主学习的步骤。

自主学习强调学生在反复实践中独立完成学习任务,学生一般可按这样四个步骤来进行。第一,自学生疑。此步骤是整个自主学习训练的第一步。学生通过自学,发现自己能力范围所不能解决的问题,这就是质疑。第二,合作质疑。合作学习有两种基本形式:一是小组合作交流;二是全班合作交流。在小组交流的过程中,提出个人的疑难问题,简单的立即解决,较重要和较难点的问题,经过认真筛选,让全班同学讨论。筛选问题的形式不仅是选择,还可以是完善、合并、修正说法等。第三,归纳释疑。创新学习提倡学生要对知识本身作深入探讨,了解来龙去脉,悟出它们之间深层的联系。除此之外,还应对学习方法进行归纳、改进,提出独特的见解。第四,巩固拓展。巩固是对学习知识的尝试记忆,尝试不仅有练习这一种形式,更重要的是在实践中运用,在反思中调整,查漏、补缺,并能结合现实的情况,深化发展。

(二)问题学习法

问题学习,就是学生能带着问题学习,并不断寻找信息,提出解决问题方案的学习。古今中外的教育家、心理学家对"问题"研究论述较多,但实际上,学生能真正使用"问题"学习的却不多见。原因是多方面的,其关键是考试评价的影响。学生往往为了追求考试有好的成绩,觉得背诵记忆省时省力,于是提问就少了,久而久之,难以养成提问的习惯。杨振宁博士对中美教育进行比较时曾经谈到,中国学生有囿于书本、缺乏独立思考和提问的缺点,1997 年诺贝尔物理奖获得者朱棣文教授也有类似的评价。

1.问题学习的特征。

(1)问题心理倾向性。是指学生在心理上有想提问题的欲望。问题学习,需要学生克服自卑心理,有提问题的意识和勇气。(2)问题构成目的性。指学生提出一个问题,总是从要解决什么样的事入手。(3)问题要素开放性。构成一个问题,要具有"三要素",即问题的条件、问题的结论和条件到结论间的一定的思维距离问题。要素开放性,主要是指问题的条件或问题的结论开放。

2.问题学习的一般步骤。

(1)酝酿问题。学生在学习过程中,可能就某些内容产生疑问,经过一定时间的准备,可提出问题。(2)发现问题。从发现问题的过程看,它体现学生的主体地位;发现问题的过程不仅包含学生的知识素养,也依据于学生的思维品质和学习习惯;发现问题要有最近的学习空间距(认知"冲突");从自然现象中或者观察实验现象时发现问题。(3)明确问题。学生明确"问题",既是一个学习的过程,也是一个不断尝试、不断探索的过程。在这一过程中,学生自己界定问题的存在,自主地分析问题情景,自主地构建解题思路和策略,有意识地进行自我监控。(4)解决问题。解决问题是寻找和接受信息、回忆知识和方法、进行加工处理的过程,是一种较高层次的定向活动。在这一学习过程中,学生积极围绕问题进行思维,最终构建和完善解题方案直至解决问题。

(三)开放学习法

开放学习是针对传统的课堂教学而言的一种教学组织形式。其教学活动不局限在教室,可为学生提供参观、实践场所,准备必要的图书资料、学习器材等。学生不分年级也不按能力分组,而是按各自的兴趣和需要,采取不同的学习方式、进度和内容。教师的任务是创造一种学生喜爱的环境,并对学生进行必要的引导、建议和帮助。根据需要,教室还可以临时分割为若干个适合于小组教学或个别教学的活动场所。

1. 开放学习的特征。

(1)动态性。指学生在可变的学习场所,选择不同的学习内容,如在旅游途中,可选择学习历史或地理知识,也可以搜集标本等。(2)多样性。一是学习手段的多样性,二是学习方法的多样性。学习手段不仅是书、笔、纸、实验器具,也有电脑等。鼓励每一个学生能创造出自己的学习方法,反复使用,不断总结,达到熟能生巧的地步。像爱因斯坦的"淘金式"读书法、卢梭的"三步"读书法、培根的"尝吞嚼"读书法、爱迪生的"目标"读书法等,都是他们反复探求的结果。(3)变通性。在学习过程中,学生往往受思维定势的影响,造成思维的求同性和思维的欠灵活性。思维的发散可以避免这一类错误的出现,同时也是创新学习之必须。(4)探索性。指学生在学习过程中,经过思考得到的结果可能是不一样的。古典名著《红楼梦》,若要请学生来谈读后感,就可能不同的人有不同的体会,创新学习需要学生打破思考问题只有唯一答案的习惯,学会对结果的探索。

2. 开放学习的步骤。

(1)开放学习目标。开放学习目标,是指学生通过学习,也许不能达到预期目标,也可能超过了预期目标。学习目标在学习中,随着学习的不断深入,还可以修订目标。开放学习目标与达到预期目标,应该是统一的。(2)开放学习内容。学生在学习过程中,不拘泥于书本或者一种学习材料,要求学生结合生活实践、结合现代科技进行横向或纵向思考,并检索相关信息。(3)开放学习形式。学生可以更多地通过个别化学习、小组合作学习、网上学习、图书馆学习等方式进行学习。(4)开放思维空间。发散思维、逆向思维等思维方式将更多地陪伴学生的学习。同时,只有当学生思维开放了,也才能创新学习。

(四)案例学习法

在我国现行教育中,中小学生基本上受的是"原理教育"。即通过各种定理公式语法的学习,寻找"分析问题解决问题"的方法。这种方法很容易导致学生的行动公式化。与之相对比,"案例学习"最显著的特征是没有唯一正确的答案,"同一个问题,100 个人可能就有 100 个答案"。道理很简单:"案例"太具体了,对它的求解也必须拿出具体的对策才行。因此,运用案例学习法是培养中小学生创新学习能力的最有效方式。

1. 案例学习的特征。

案例学习法的显著特征为:(1)内容非定型化。学生选择的学习内容、学习方式和处理的结果多种多样,没有固定的答案,只要有"理"都是正确的。案例学习在欧美等西方国家中是比较有影响的,搞得最有声有色的是哈佛商学院。(2)

思维非定势化。学生在进行案例学习时,没有定势思维的束缚,思维充分发散,以解决具体问题。(3)结果非唯一化。解决问题的答案不是唯一的。案例学习的宗旨不是传授"最终真理",而是通过一个个具体案例的讨论和思考,去诱发学生的创造潜能。它甚至不在乎能不能得出正确答案,而重视的是得出答案的分析过程。2.案例学习的步骤。

(1)找到学习的案例。应该说"案例"在我们的周围是很多的,有待我们去发现。同时我们在学习时,需要灵活选择不同时间、地点、人物的案例。重庆外语学校的学生从课本中找"案例",他们把初一语文课文《羚羊木雕》改编成剧本,这样,每一个学生就可以根据自己的理解刻画人物。尽管学生写作水平不高,但每一个学生都兴趣盎然地去做。全班47人写出了47个《羚羊木雕》的剧本,很有创意。(2)找到学习的同伴。不同的人感兴趣的人或事就不同,要能对同一案例进行学习,就需要有同样的兴趣,不然就可能达不到应有的效果。(3)营造合作的环境。案例学习的过程,也是学生思维碰撞的过程,也就是学生讨论、争论的过程,这就需要营造合作的环境。重庆50中是一所薄弱学校,生源条件不好,但通过一个学期的案例学习,课堂气氛异常活跃,学生发表的意见也很有见解。同时,教师听课,不是执教老师安排内容,而是由听课的教师确定内容,并由听课教师来指定学生回答问题,改变了有的公开课"作秀"的弊端。

(五)课题学习法

课题学习法是学生创新学习的一条良好途径。

1.课题学习法的特征。

课题学习的主要特征:(1)学习生活化。指学习内容来源于学生的学习生活和社会生活,涉及的范围很广泛。它可能是某学科的,也可能是多学科的综合或交叉的问题;也可能是偏重于理论方面的或是偏重于实践方面的问题。如重庆市沙坪坝区实验第一小学的学生通过观察,发现有些学生不喜欢佩戴红领巾,针对这一现象,学生确立了"学生不喜欢佩戴红领巾的原因调查"的课题。他们所选择的调查方式、调查内容、分析结论等都是开放的。同时,由于学生个人的兴趣、经验、所处环境不同,学生选择的切入口、研究方法、研究手段及表达成果的方式也可能不同,具有很强的灵活性,这就为学生提供了一个广阔的空间,形成了一个开放的学习过程。(2)学习多维化。指学生的学习方式不是被动地记忆,而是敏锐地发现问题,主动地提出问题,从多个角度寻求解决问题的方法。另一层意思是学习结论的多元性,不一定只有一种解决方案。如重庆市高新开发区森林小学的学生为了了解自然水与纯净水的不同点,他们分别选取这两种水,泡同样的茶,养同样品种和相同尾数的金鱼,发同样品种的黄豆芽,种同样品种的蔬菜;分成小组进行观察并每天记录,通过分析得出结论。在整个学习过程中,充分体现着学生学习的探索性。(3)学习活动化。指学生关注现实生活,亲身参与社会实践活动。重庆28中的几位学生对流经学校的一条河流"清水溪"进行考察,了解清水溪被污染的原因。学生们徒步逆流而上,发现有几家工厂直接向河水排污;有生活污水直接流入清水溪,并有居民把生活垃圾直接倒入河中。这些学生每到一个河段就取一瓶水样标本,然后拿到实验室进行化验,分析不同河段水质情况并分析水污染的原因。这种在实践中学习的过程,充分体现了学生的主动性,并培养了学生动手实践能力,发展了学生的创新力。

2.课题学习的步骤。

课题学习一般分为三个阶段:(1)准备阶段。即学生通过学习或生活环境,确立研究的课题,并创设一定情境。如重庆市合川一中的学生确立"烟草对人的危害"的研究课题,研究小组观察吸烟人的姿势,调查吸烟人每天吸烟的多少,走访烟草专卖店等。创造问题环境就是让学生处于研究的氛围中,进入研究状态。(2)实验阶段。第一是搜集与分析材料。学生应掌握实地考察、实验访谈、上网、查阅书刊等获取信息的方法,同时要能判断真假信息,选择与本课题研究有关的信息,学会整理与归纳资料。第二是制订研究计划。第三是调查研究或实验。学生根据获取的材料和设计的实验方案,与其他同伴或教师讨论,论证自己的观点。重庆市酉阳县是一个国家级贫困县,酉阳实验小学的学生选择了"下岗工人的现状调查"的课题,围绕这一课题,学生设计问卷,了解工人下岗前后的生活,采访卖服装的阿姨,调查蹬三轮的叔叔……形成了一份"酉阳县下岗职工现状分析报告",受到有关部门的好评。(3)总结阶段。学生课题学习的关键是了解研究的方法,形成科学的思维品质。研究过程中,学生间相互的交流就显得尤为重要。总结表达的形式可以是文字的,也可以是口头的,大多数学习者也可能没有形成结论、写出研究论文,重要的是学生的参与。因此,评论课题学习的方式是多元评价,旨在充分调动学生的学习积极性。

创新学习的方法应该还有很多,如反思学习法、发现学习法等,但以上五种应该是最基本的方法。只要我们不断学习、研究,就可能创造更多更有效的创新学习方法。

二、创造性学习的策略——主体意识策略

学生是教学的主体,教师要充分重视学生的自主学习、自主作业、自主发展等问题,以学生最终的创造性学力的形成为目标。

(一)培养自主学习意识

自主学习是教学改革发展的必然趋势,是学生在教师所创设的情境中,在教师高效的指导下,经过积极、主动的学习活动,获得知识培养能力的过程。要将学生放在首要的地位上,强化主体的意识,至少要处理好以下两个问题。

首先,教师要敢于放手,为学生的创造力发展营造宽松自由的气氛。

一要舍得放时间,让更多的时间掌握在学生自己手中,学生的自学自悟需要很多时间,教师只有提供了时间的保障,学生的自主学习才有了可能。

二要善于放空间。实践证明,教师在教学中设计好几个统管全局问题,其余可以放手让学生自主学习。这样,对于教师和学生都有了更多的"自主"权,思维才有了广度和深度。

三要敢于放方法,允许学生用自己喜欢的方法去学习,更鼓励学生富有创造性的方法,这是学生的认知结构特点的差异对我们的教学提出的要求。

其次,教师要善于引导,为学生的创造力发展铺平自学的道路。

过去,多数教师习惯于让学生跟着自己设计好的教路走,让他们牵着老师的手跟在后面盲目地赶"路"。长此以往,学生的创造能力消磨殆尽。实验证明,要培养学生的创造性学力,首先要传授学习方法,让学生学会学习,教师应做的,是为学生精心设计其学习和创造的"台阶",做一个设计师和指路人,而非向导。可以根据教材特点,通过设计一些指向性的问题或提出一些学习要求,引导学生去自主探索,从而有了更多的创造空间。所谓"授之以鱼"不如"授之以渔"。

(二)培养自主作业意识

自主作业是让学生变换角度,从被动作业转为主动作业,教师则让出一定的位置,赋予学生一定程度的选择权、设计权。在传授新知识后,教师设计好作业,学生须不折不扣如数完成,然而稍一思考,就会觉得这种现状是不科学的。学生认知能力的差异要求我们教师给予学生"选择作业"的权利。允许个别后进生少做一些他们力所不能及的题目。同样,要鼓励优秀生多做一些适合他们口味的思考题、附加题。虽说众口难调,而这却是教师义不容辞的。培养学生创造性能力的目标要求我们赋予学生一定的设计权。让学生学会设计作业是有意义的,他们要设计好作业,必须最大限度地掌握课堂知识,了解知识体系和学习目标,体会教师的教学意图,且不谈学生所设计的作业有多少"可做性",他们在这一过程中所经历的创造性劳动,所得到的创造体验就是很有价值的。

(三)培养自主发展意识

自主发展就是让学生的个性发展得到充分保证,主要表现为学习领域的拓宽和学科内容的精深。学生在教师有计划的指导下,清醒自觉地主持自己的发展过程,通过一系列的自主实践活动实现高效的自我发展。就教师这一方面的意识而言,需要我们了解其发展愿望、发展的能力及薄弱点,指导学生确定自主发展的起点和目标;构建科学的教学操作模式,让发展创造的环节落实到位。自主发展是"参与"模式的突破和进步,是"教""学"关系的飞跃。

概而言之,主体意识的策略要求我们还学生以学习的自主权,学生是否掌握了这种权利,做了自主学习的主人,有以下几个标志。

其一,学生在学习过程中有咨询权、争辩权、质疑权。教师的"一言堂"早该成为历史,课堂言论应赋予学生更多发挥自己的权利,让学生通过多种渠道多种方式得到其所需信息,向老师、同学提出自己的疑问或者自由参与一些问题的争辩。

其二,学生对作业有选择权、设计权、评价权。学生应在教师的合理设计下,有权选择适量适度的作业,尝试参与作业的设计,对自己或同学的作业有评价、批改的机会,这对于知识的掌握和能力的培养都是有益处的。

其三,学生对教材有评议权,对教师有批评权。一直以来,学生对教材往往有着无条件的信赖心理,甚至教师也是如此,对教材中偶然出现的不合理的地方或明显的错处也不加怀疑。我们应该敢于肯定学生对教材的一些合理的评议,对自身在教学中出现的失误更要勇于承认,心平气和地接受学生的"批评指正"。

其四,学生对自己的课余时间有自由支配权。学生的创造力固然可以在课堂上培养,但课外时间恐怕是学生创造情绪最活跃的时候,所以,我们应当把课余时间的支配权最大限度地交还给学生,几个教师轮番占用学生"私人时间"的现象必然是对他们创造权的剥夺。

三、作业评估:

1.你常常有打破砂锅问到底的习惯吗?

2.你非常喜欢参加辩论会吗?

3.你有很强的预测能力吗?

4.你总是从一种思想延伸出许多新的思想吗?

第五章　学会学习　方法多样

第一节　掌握方法　学会学习

有了好的学习动机,也有了明确的学习目标和合适的学习计划,然后就是如何去学习了,可结果往往总是事倍功半、不尽如人意。这是怎么回事呢? 这说明学习是需要方法的。特别是在当今信息与日倍增,知识浩如烟海的背景下,如何高效地处理信息、有机地整合知识、充分运用所学,已经成为学习的关键。古今中外有很多学习方法。所谓好的学习方法就是要结合自己的学习目标、学习材料的性质及学习的实际情况选择学习方法。但学习有法,学无定法。

一、学习方法的含义:

学习方法是人们在学习活动中所应遵循的原则及采用的程序、方式和手段的组合。它可以分解为程序、原则、方式和手段四个要素。

程序指学习行为的先后顺序(过程、环节、步骤、阶段、顺序等)。学习程序具有时间顺序性(即学习行为先后排列,行为之间有着内在的逻辑联系)、具体明确性(学习行为顺序具体明确,操作性很强)和层次性(任何知识的学习都是有层次的)的特点。

原则指学习活动中应该遵循的准则和要求(法则、规范、要求)。它具有概括性和抽象性、规范性、主观性和层次性的特点。

方式指完成一项学习任务的具体途径(途径、渠道、形式、模式、类型、方法)。它具有类型的多样性、综合性和层次性的特点。完成一项学习任务,可以有许多不同的学习方式,一种学习行为是由许多要素按照一定的结构方式组合在一起的(如学习者、记忆材料、对记忆材料的处理等),学习行为有宏观和微观的层次之分。

手段指学习活动中采用的工具或物质手段。

基本学习方法

（一）阅读法：

学习的第一步就是要获取知识，阅读是获取知识的主要方式，如果读得快，那么获得知识就多，快速阅读不仅仅是强调快，而且还有能更快理解。阅读的质量往往决定学习的成效。

下面介绍几种方法：

1. 指读法

指读法就是用食指放在你要读的那一行下面，不断移动食指，从这一行到下一行。使用指读法会让眼睛停留在你要阅读的地方，通过调整手指移动的速度来控制阅读的速度。这样，既能仔细揣摩重点内容，也能略过不重要的内容。手指提供的控制和聚焦会大幅度提高你的阅读速度。

2. SQ3R 五步读书法

这是用 5 个英文单词的第一个字母组成的学习方法：

第一步：S（Survey，浏览），浏览前言、内容提要、目录、书中大小标题、图表、参考文献等内容，对全书有个大概了解。

第二步：Q（Question，提问），通过看大小标题和一些关键词，并根据自己的需要和兴趣提出问题，以便使后面的阅读更有针对性。

第三步：R（Reading，阅读），带着问题深入阅读，写批语，做笔记，抓住关键和重点。

第四步：R（Recite，复述），这是回忆性的复述，合上书本，就所提问题给予解答，并回忆各章节主要内容，以此对阅读的效果进行自我检查。

第五步：R（Review，复习），几天后，再有重点地复习，熟记主要内容，巩固阅读效果。

3. 批注笔记法

批注笔记法就是在阅读时将自己对文本内容的见解、质疑和心得体会等写在书中的空白处。其形式有三种：一是"眉批"，即批在书头上；二是"旁批"，即批在句子或一段话的旁边；三是"尾批"，即批在一段话或整篇文章之后。

批注的内容主要有三个方面：一是注释。读书时遇到不认识的字、不理解的词和不懂的概念，立刻查字典、翻资料将其弄清楚，并且注释在旁边。这样，既能帮助理解，又有助于记忆，同时也为下次阅读扫清了障碍。二是批语。将阅读过程中产生的各种感想、见解、疑问等写在书的空白处。三是警语。对于文本中十分重要或再读时需要注意的地方，标注上"注意""重要"等字样，为今后阅读提供帮助。

4. 符号标记法

用各种符号在书中重要的地方做标记,以便于应用时查阅和再阅读时注意的一种阅读方法。其要点是:1. 在重要的句子下划横线。2. 在重要的段落旁划竖线。3. 将关键性的词或短语圈出来。4. 在有疑惑处划问号。5. 在有感悟的地方划感叹号。马克思读书就喜欢采用这一方法。保尔·拉法格在《忆马克思》一文中写道:"他常折叠书角,画线,用铅笔在页边空白处做满记号。他不在书里写批注,但当他发现作者有错误的时候,他就常常忍不住要打上一个问号或一个惊叹号。画横线的方法使他能够非常容易地在书中找到需要的东西。他有这么一种习惯,隔一些时候就要重读一次他的笔记和书中做上记号的地方,来巩固他非常强而且精确的记忆。"

采用这种方法的好处是:便于应用时查找,有利于对重点内容的记忆,便于利用很少的时间对重点内容的再阅读。

5. 强记阅读法

这是一种侧重记忆的阅读方法。其要点是:1. 读完文章后,立即回忆一遍主要内容,力求记住。2. 重复阅读同一文本时,每次间隔的时间应尽可能地长一些。3. 记忆应尽可能准确。如果内容不太多,要尽力一次记住;如果内容较多,可以采取分段记忆法。鲁迅先生在《给曹白》中写道:"学外国文须每日不放下,记生字和文法是不够的,要硬看。比如一本书,拿来硬看,一面翻生字,记文法;到看完,自然不大懂,便放下,再看别的。数月或半年之后,再看前一本,一定比第一次懂得多。这是小儿学语一样的方法。"

采用这种阅读方法的好处是:能够迅速地增加知识积累,有利于能力的培养与提高。

6. 咬碎骨头法

咬碎骨头法就是对文本的内容进行反复地琢磨、咀嚼,直到烂熟于心。数学家张广厚有一次看到一篇关于亏值的论文,觉得对自己的研究工作有好处,就一遍又一遍地读。他说:"这篇论文一共二十多页,我反反复复地念了半年多。因为老用手摸这几页,白白的书边上留下了一条明显的黑印。这样的反复学习对我的研究工作有很大的促进作用。我的爱人开玩笑说:'这哪叫念书啊,简直像吃书一样。'"

采用这种阅读方法的好处是:有利于对文章内容的消化和吸收,缩短知识向能力转化的过程。

(二)作课堂笔记的方法

俗话说:好记性不如烂笔头,课堂上只有45分钟,老师要讲那么多的内容,要想全都记住除了用脑子以外还得准备一个笔记本,记下老师讲的提纲以及重点内容以便日后复习。所以,课堂笔记已成为一种学习方法而不仅仅只是记笔记。

课堂笔记一般是重点、难点、疑点、补充点以及自己的联想、体会。

要注意以下要求:以听为主,以记为辅。

形式上,以纲要式和图表式为主。

数量上,记多少根据自己的实际情况和需要来决定,不要有言必录,也不要漏洞百出。

布局上,不要满页都写,应该写在左边或右边空出1/3的地方,以便于将来补充和列提要、写体会。

速度上,训练自己的敏捷性,利用行书、缩略语、符号提高书写速度。

语言上,对教师概括提炼的板书可以抄录,对教师解释性的语言尽可能迅速提炼出自己的话。

及时整理在课堂上作的笔记,为了跟得上老师的速度,难免有缺漏和笔误,因此,课后要趁热打铁,对照书本,及时回忆有关信息,对比出现的缺漏、跳跃、省略、简记等补充完整,对笔误的地方及时纠正,对错误之处或不够确切的地方进行修改。还可以编号分类,舍弃无关紧要的。这样,不仅可以帮助我们加深对所学知识的印象,提高并巩固记忆的效果,而且可以培养我们严谨而周密的学习习惯,提高分析概括的能力。

(三)记忆的方法

人的大脑是一个容量非常大的记忆库,它是由140个亿左右的人脑细胞构成的,可储存1000万亿个信息单位,相当于5亿本书的知识总量。在人的一生中,最多只用了10%左右的人脑细胞,其余的均在沉睡中。从这个意义上讲,只要我们了解记忆的原理,掌握记忆的技巧,合理开发,记忆的潜力是无限的。

1. 多种感官法

充分利用多种感官,通过看、听、读、写,并与记忆同时进行。在今年北京大学高考状元经验报告会上,一位外语系的高考状元如是说:老师都说我记性好,其实我很用功,我不仅记单词、句子、段落,而且也记课文。我记英语的诀窍是,充分运用多种感官,看、记、写同时进行。另外,我们还可以利用录音机或复读机,把一些比较难记的材料先录下来,利用吃饭、洗脸等时间播放,你再配合着听记,几遍下来就可记住。

2. 及时复习法

根据心理学家艾宾浩斯的研究结果,人类对于自己尚未理解的材料特别容易忘记,遗忘的规律是先快后慢。举个例子,在上午第一节英语课内,你记住了十个英语单词,如果没有及时复习,那么,到了中午,你就会只记住五个,到了晚上,你就只记住三个了。所以及时复习非常重要,这样做既省事又省时,老师天天强调当天作业当天完成,就是这个道理。

3. 联想记忆法

同学们是否有过这样的经验,就是一些图画或带有故事情节的文字比较容易记住,而一些让我们还不大理解的文字特别难记。这就是记忆的另一个原理:有意义的材料容易记。因此,对于一些本来就有意义的材料我们要尽量理解它,对于一些没有意义的材料要赋予意义,在记的过程中辅之以想象。如:1 卡 = 4.2 焦耳。焦字下面有四点,耳与2谐音,由焦耳刚好可以想到4.2。对于原形、过去式、过去分词分别为 win(赢)won、won、bleed(流血)、bled、bled 的英语单词,可以这样联想:"赢"字内有一"口",由口想到"o"。血越流越少,由此联想到"ee"变成"e"。

4. 概括记忆法

由于一下子不可能记很多东西,所以要抓住要点,再通过联想,把次要的连带记起来。例,记《辛丑条约》的主要内容。1901 年,腐败的清政府同帝国主义签订了丧权辱国的《辛丑条约》,其主要内容可归纳为:1. 清政府赔款四亿五千万两;2. 清政府保证严禁人民的反抗斗争;3. 允许帝国主义国家在中国驻兵;4. 修建使馆,划分租界。再把这四点概括为"钱""禁""兵""馆"四个字。用谐音法记为"前进宾馆"。

5. 分类记忆法

由于短时记忆的仓库最多只能储存七个组块左右的材料,但我们所遇到的记忆材料往往是多于七个组块的。这时我们就要把材料进行分类,以类为组块,使之变得少于七个组块。例如,要记住 11840219493196641997 这一数字串,如果把每一数字看成一个组块,就有二十个组块,显然是记不住的,但如果把它划分为 1(1840)2(1949)3(1966)4(1997),并联想每一括号内所代表的年里所发生的重大事件。那么,这一数字串马上就可以被你记住。

6. 理解想象法

这个方法特别适合于背一些有意义的段落,如语文或英语课文。比如说古文,我们都是先理解这段文字的意思,并将此想象成一个活生生的情景,再一边想象一边记,这样的记忆效率就会很高,而且也不易忘记。

7. 重新组合法

这个方法在复习时特别管用,通过列表、画知识结构图,对知识进行重新组合,使自己对整个知识结构有一个整体的了解和理解,同时在对知识点的比较过程中加深记忆。

8. 谐音记忆法

说起谐音法,还有个典故呢。从前有座山,山上有座庙,庙里有个喜欢喝酒的和尚。山下有一所私塾,私塾里有一位爱喝酒的老师。有一天,老师给学生们布置一个作业:"把 3.1415926535897932384626 记住,等老师回来后背给老师听。"说完便照例到山上的寺庙里喝酒去了。同学们背得头昏脑涨还是记不住。有一位聪明的同学利用谐音把数字和情境结合起来作了一首诗,并念给大家听。结果,当老师来检查时,奇迹发生了,居然全班同学都会背了! 这首诗是这样念的:"山巅一寺一壶酒,尔乐苦煞吾,把酒吃,酒杀尔,杀不死,乐而乐。"

9. 口诀法

为了加深记忆,我们常常把一些内容编成口诀来念。如,数学中的完全平方公式、平方差公式都可以用口诀"首平方,末平方,首末二倍中间放"和"两数和,两数差,等于两数的平方差"来记。

第二节 合作学习 行为导向

一、合作学习方法:

(一)合作学习的含义

合作学习是指学习者为了完成某些共同任务,在明确责任分工的基础上,以小组或团队的形式进行的学习。合作学习是在课堂中进行小组合作讨论的一种学习形式。通过讨论、交流,加深每个人对所学问题的理解,它使学习者始终有一种参与感,从被动接受转为主动探索。

进行小组合作或师生合作,在合作中进行学习,成员之间相互尊重、相互交流、相互帮助,每个人都有非常多机会发表自己的观点和看法,同时也很乐意倾听别人的意见,他们在学习过程中遇到困难可以及时向同学请教,并敢于参与问题的讨论,因此能使问题获得及时解决。

实施合作学习,首先组织者可以根据学习目的,给出学习提纲,使学习者明确学习目标,并按提纲分小组讨论学习,接着以小组为单位汇报学习成果,并对学生的学习情况加以评价、指导,这样激发学习者的学习兴趣,提高了学习的积极性,学习者便能很快投入到学习活动中。

(二)合作学习应具备的技能

1. 学会倾听

在小组讨论过程中,要求一人先说,其他人必须认真听并且不能打断别人的发言,要能听出别人发言的重点,对别人的发言做出判断,有自己的补充或独到见解,在这样要求下训练,学习者不但养成了专心听的习惯,而且培养了成员之间相互尊重的品质。这种品质的功能也能延续到学习者的一生发展。

2. 学会讨论

合作学习中,每个人在独立思考的基础上,再通过共同讨论、相互启发,从而达到合作的目的。为了提高讨论的质量,小组由一人汇报自学或独立思考的内容,其他成员必须认真听,并且有自己的补充和见解,最后,还应将各自遇到的问题提供给全组成员讨论,对达成共识和未能解决的问题分别归纳整理,准备发言。

3. 学会表达

在合作学习中,每个人的交流和自我表达都离不开语言的表述,为了达到训练目标,使小组中每个人敢说、会说,在讨论中培养人们善于倾听、思考、判断、选择和补充别人意见的好习惯。其次要求小组成员人人都说,而且要能大胆完整地说。如对某一问题有不同看法时,起来补充或纠正时可以这样说:"我对第 X 小组 XXX 同学的意见有补充(或有不同看法)。"

听、说技能是合作学习的基本技能,它是在学习者独立思考的基础上,通过讨论和探索形成的。小组成员在合作学习中相互帮助,相互启发,实现了学习互补,促进了每个人的自主发展。

4. 学会组织

合作讨论的成败与否,很大程度上取决于组内的组织者,具体做法是:组织者进行组内分工、归纳组内意见、帮助别人评价等,另外,为了体现小组内的主体性,可定期培训、及时更换组织者。通过训练不但提高了合作学习的效率,而且为每个个体今后立足于社会打下了坚实的基础。

5. 学会评价

合作学习活动中评价不只是组织者对小组成员做出的简单的评价,其中包括小组成员之间的相互评价、个人的自我评价等。实践中可以通过教师的范评引导小组成员互评,如让每个人倾听他人发言后,用手势表示对或错,用准确流畅的语言评价,以增强评价的能力勇气、提高评价的水平。

二、行为导向学习

（一）什么是行为导向学习

人的学习经历和成长经历告诉我们，很多知识的获得和技能的掌握，不是单纯依靠书本知识能够得到的，必须在实践中学习，通过实践而掌握。行动导向学习法是一种基于实践的学习方法。因此，掌握和利用行动导向学习法进行学习，是我们提高技能的重要方法。

行动导向学习法是学习者同时用脑、心、手进行学习的一种学习方法，它以职业活动为导向，以能力为本位（人的发展为本位），是职业技能和核心能力培养中的一种重要学习方法。

（二）行动导向学习的方法

1. 任务驱动学习法

任务驱动是一种探究式学习方法，适用于学习操作类的知识和技能。任务驱动的学习目标十分明确，围绕任务展开学习，在完成任务的过程中学习知识和技能。

主要的学习步骤为：

（1）任务提出。设定课题、提出要求、明确目标。

（2）教师引导。进行重点、难点分析，提供解决问题的思路，指引完成任务的途径。

（3）学研结合。教师为学习者提供理论学习和实践操作必要而充分的条件，引导学习者学、练、研相结合，探索知识规律和奥秘、寻求获取知识、掌握科学规律的方法。

（4）检验与评价。

2. 角色扮演学习法

角色有两层含义：一是角色定位；二是进入角色。角色定位意味着每个人面对各类问题，应认清属于什么角色类型；在职业领域内，每个人都处于不同的位置，有相应的岗位职责，应该下工夫的不仅是如何用好自己的知识与技能，而且要深入领悟自己的角色内涵，把岗位职责与工作内涵有机地融合于一体，通过自己的角色展示出来，做好本职工作。

（1）角色扮演法的目的与作用

培养学习者正确地认识角色，学会了解角色内涵，从而迅速进入角色，并圆满完成角色所承担的工作任务。目的是为学习者进入未来的职业岗位乃至适应今后工作的变更,奠定良好的基础。其作用是了解所处的社会环境与社会群体,学会处理类似情况的恰当的方法;进入问题情境,尝试处理问题,探索人的感情、态度和价值观,培养解决问题的技能和态度;激活学习者情感,引出真正的、典型的情绪反应和行为,进入新层次的情感认知境界;分析问题,提高专业能力、方法能力和社会能力。

(2)角色扮演的学习过程

第一:信息和材料准备阶段。发给角色双方相应的材料。

第二:实施阶段。双方角色扮演展示。

第三:组织讨论阶段。一是角色谈感受;二是观察者谈感受或对扮演情况的评价。不仅谈内容,而且谈场景的模拟是否得体,如声音、形象、气氛等。

第四:成果评定阶段。教师组织,肯定成绩,指出不足。

第五:经验总结与推广阶段。总结出经验,运用到其他学习环境或学习领域。

3. 案例学习法

案例学习法是通过对一个具体案例情境的描述,学习者对这些特殊情境进行讨论的学习方法。案例常以书面的形式展示出来,它可以引出角色扮演的类型有:

冲突式角色扮演。

模拟式角色扮演。

决策式角色扮演。

"乌托邦"式角色扮演。

政治戏剧式角色扮演。

实际的情境,学习者在自行阅读、研究的基础上,通过引导进行讨论。

案例就是一个实际情境的描述,在这个情境中,包含有一个或多个疑难问题,同时也可能包含有解决这些问题的方法。

案例学习的目的不是灌输真理,而是通过一个个具体案例的讨论和思考,诱发学习者的创造潜能。

在案例讨论过程中,应注意主流方向,不偏离主题;各抒己见,充分阐述自己的观点,不批驳别人的观点;认真倾听,掌握交流的重要信息;认真汲取别人的成果,丰富、完善、提升自己;结论是次要的,答案不一定非要明确;重视分析思维的过程,表述层次清楚,结构完整,语言简洁。

4. 头脑风暴学习法

随着发明创造活动的复杂化和课题涉及技术的多元化,单枪匹马式的冥思苦想将变得软弱无力,而"群起而攻之"的发明创造战术则显示出巨大的威力。

头脑风暴法(Brain Storming),又称智力激励法、BS 法。它是由美国创造学家 A. F. 奥斯本于 1939 年首次提出、1953 年正式发表的一种激发创造性思维的方法。它是一种通过小型会议的组织形式,让所有参加者在自由愉快、畅所欲言的气氛中,自由交换想法或点子,并以此激发与会者创意及灵感,使各种设想在相互碰撞中激起脑海的创造性"风暴"。它适合于解决那些比较简单、严格确定的问题,比如研究产品名称、广告口号、销售方法、产品的多样化研究等,以及需要大量的构思、创意的行业,如广告业。

头脑风暴法应遵守如下原则:

(1)自由联想原则。在头脑风暴会上,人们提出的意见越新颖,越离奇越好。奇异的想法不一定切合实际,但它的作用是可激发想象,突破习惯的思维模式。意见本身不一定有价值,但它能激发出有价值的设想。

(2)庭外判决原则。对各种意见、方案的评判必须放到最后阶段,此前不能对别人的意见提出批评和评价。认真对待任何一种设想,而不管其是否适当和可行。

(3)各抒己见原则。创造一种自由的气氛,激发参加者提出各种荒诞的想法。

(4)追求数量原则。意见越多,产生好意见的可能性越大。

(5)探索取长补短和改进办法原则。除提出自己的意见外,鼓励参加者对他人已经提出的设想进行补充、改进和综合。

头脑风暴法的操作程序为:

1. 准备阶段。CI 策划与设计的负责人应事先对所议问题进行一定的研究,弄清问题的实质,找到问题的关键,设定解决问题所要达到的目标。同时选定参加会议人员,一般以 5 ~ 10 人为宜,不宜太多。然后将会议的时间、地点、所要解决的问题、可供参考的资料和设想、需要达到的目标等事宜一并提前通知与会人员,让大家做好充分的准备。

2. 热身阶段。这个阶段的目的是创造一种自由、宽松、祥和的氛围,是大家得以放松,进入一种无拘无束的状态。主持人宣布开会后,先说明会议的规则,然后随便谈点有趣的话题或问题,让大家的思维处于轻松和活跃的境界。

3. 明确问题。主持人扼要地介绍有待解决的问题。介绍时须简洁、明确,不可过分周全。否则,过多的信息会限制人的思维,干扰思维创新的想象力。

4. 重新表述问题。经过一段讨论后,大家对问题已经有了较深程度的理解。这时,为了使大家对问题的表述能够具有新角度、新思维,主持人或书记员要记录大家的发言,并对发言记录进行整理。通过记录的整理和归纳,找出富有创意的见解,以及具有启发性的表述,供下一步畅谈时参考。

5.畅谈阶段。畅谈是头脑风暴法的创意阶段。

为了使大家能够畅所欲言,需要制订的规则是:第一,不要私下交谈,以免分散注意力。第二,不妨碍及评论他人发言,每人只谈自己的想法。第三,发表见解时要简单明了,一次发言只谈一种见解。主持人首先要向大家宣布这些规则,随后导引大家自由发言,自由想象,自由发挥,使彼此相互启发,相互补充,真正做到知无不言,言无不尽,畅所欲言,然后将会议发言记录进行整理。

6.筛选阶段。会议结束后的一二天内,主持人应向与会者了解大家会后的新想法和新思路,以此补充会议记录。然后将大家的想法整理成若干方案,再根据CI设计的一般标准,诸如可识别性、创新性、可实施性等标准进行筛选。经过多次反复比较和优中择优,最后确定几个最佳方案。这些最佳方案往往是多种创意的优势组合,是大家的集体智慧综合作用的结果。

"头脑风暴法"培养的是具有解决实际问题能力的实践高手,而不是只会解释问题的理论高手;重视的是得出答案的过程,而不是能不能得出正确答案。

知识链接:

运用"头脑风暴法"的案例。

有一年,美国北方格外严寒,大雪纷飞,电线上积满冰雪,大跨度的电线常被积雪压断,严重影响通信。过去,许多人试图解决这一问题,但都未能如愿以偿。后来,电信公司经理应用奥斯本发明的头脑风暴法,尝试解决这一难题。他召开了一种能让头脑卷起风暴的座谈会,参加会议的是不同专业的技术人员,要求他们必须遵守以下原则:

第一,自由思考。即要求与会者尽可能解放思想,无拘无束地思考问题并畅所欲言,不必顾虑自己的想法或说法是否"离经叛道"或"荒唐可笑"。

第二,延迟评判。即要求与会者在会上不要对他人的设想评头论足,不要发表"这主意好极了!""这种想法太离谱了!"之类的"捧杀句"或"扼杀句"。至于对设想的评判,留在会后组织专人考虑。

第三,以量求质。即鼓励与会者尽可能多而广地提出设想,以大量的设想来保证质量较高的设想的存在。

第四,结合改善。即鼓励与会者积极进行智力互补,在增加自己提出设想的同时,注意思考如何把两个或更多的设想结合成另一个更完善的设想。

按照这种会议规则,大家七嘴八舌地议论开来。有人提出设计一种专用的电线清雪机;有人想到用电热来化解冰雪;也有人建议用振荡技术来清除积雪;还有人提出能否带上几把大扫帚,乘坐直升机去扫电线上的积雪。对于这种"坐飞机扫雪"的设想,大家心里尽管觉得滑稽可笑,但在会上也无人提出批评。相反,有一工程师在百思不得其解时,听到用飞机扫雪的想法后,大脑突然受到冲击,一种简单可行且高效率的清雪方法冒了出来。他想,每当大雪过后,出动直升机沿积雪严重的电线飞行,依靠高速旋转的螺旋桨即可将电线上的积雪迅速扇落。他马上提出"用直升机扇雪"的新设想,顿时又引起其他与会者的联想,有关用飞机除雪的主意一下子又多了七八条。不到一小时,与会的 10 名技术人员共提出 90 多条新设想。

会后,公司组织专家对设想进行分类论证。专家们认为设计专用清雪机,采用电热或电磁振荡等方法清除电线上的积雪,在技术上虽然可行,但研制费用大,周期长,一时难以见效。那种因"坐飞机扫雪"激发出来的几种设想,倒是一种大胆的新方案,如果可行,将是一种既简单又高效的好办法。经过现场试验,发现用直升机扇雪真能奏效,一个久悬未决的难题,终于在头脑风暴会中得到了巧妙地解决。

第六章   利用网络   高效学习

当今世界是信息时代,这就要求相关行业的从业人员都应熟练地使用计算机、互联网、办公软件和搜索引擎,应该能熟练地在网上浏览、查找信息、学习新的知识。随着知识传播的电子化,在网上学习,已成为发展趋势,成为重要的学习方式之一。因此,利用网络来自我学习,是提高我们学习效率的十分重要的途径。

第一节   学习网络知识   拓宽学习领域

学习网络基础知识

一、Internet 的用途

Internet 中文称因特网或国际互联网,它是 20 世纪对人类最大的科学贡献之一。它将全球成千上万的网络与计算机连接在一起,使人们能够共享这些网络和计算机上的资源。Internet 又是一个巨大的信息资源库,它能为我们带来知识、信息、机会、欢乐、工作和朋友,帮助我们快捷地完成工作,轻松地学习和生活。

在 Internet 上我们可以做些什么? Internet 的用途举不胜举,主要用途有:

1. 远程使用计算机

远程使用计算机又称远程登录(Telnet)服务,指一台计算机接到另一台计算机上,并可以运行远程计算机上的各种程序。登录成功后,你的计算机就像操作本地计算机一样,使用远程计算机的信息资源。

全世界的许多大学图书馆都通过 Telnet 对外提供联机检索服务,这便是一种远程登录服务。

2. 文件传送

它允许用户计算机连接到提供文件传输的服务器上,查看存储于其上的各种文件资源,也可以将文件传送到自己的计算机上,并且还能向远程服务器传送文件。

使用 FTP 几乎可以传送任何类型的文件,包括文本文件、二进制可执行程序文件、图像文件、声音文件、数据压缩文件等。

3. 收发电子邮件(E - mail)

Internet 连接了分布在全球的网络,利用它传送电子邮件是很方便的。邮件可以以文本文件、声言文件、图像文件等各种形式发送。它不仅安全、快捷,而且费用低廉,是目前 Internet 上最主要的信息传送方式。

4. 信息搜索

万维网(WWW)是 Internet 上提供的最主要的服务项目,可以说是目前 Internet 上最热门的信息源。WWW 除了可浏览文本信息外,还可以显示与文本内容相配合的图像和声音信息。而浏览 WWW 所使用的浏览器则是必不可少的软件工具, Netscape 公司的 Navigator 和 Microsoft 公司的 IE 都是著名的 Web 浏览器软件。它们以非常友好的图形界面,简单方便的操作方法,以及图文并茂的显示方式,使你可以轻松地在 Internet 各站点之间漫游,浏览从文本、图形、到声音,乃至动画等各种不同形式的信息。

5. 阅读新闻

网上有很多新闻网站,可以将世界上正在发生的大事,几乎同时呈现在我们面前。Internet 提供"专题讨论"的服务,世界上任何一个接入 Internet 的用户都可以参与讨论。通过网络新闻组,你可以发布世界上最新的消息,也可以表达自己的意见和看法,同时,你还可以结交许多兴趣和爱好一致的网上朋友。

6. 游戏和交谈

通过 Internet,你可以和世界各地的人实时对话,也可以和一人或多人玩游戏,或加入模拟的政治事件和战争等。

7. 电子商务

电子商务是目前迅速发展的一项新业务,它是指在 Internet 上利用电子货币进行结算的一种商业行为。网上书城、网上超市、网上拍卖……可以说是风起云涌,它不但改变着人们的购物方式,也改变着商家的经营理念,更是由于它的广阔发展前景,成为了 Internet 吸引商业用户的一个重要的方面。

8. 下载软件

Internet 上有大量的免费共享或免费试用的软件,通过访问有关软件下载的网站,只需点击几下鼠标,这些软件就能下载到你的计算机上。

二、上网前的准备

在我国,大多数用户是通过拨号方式连接 Internet 上的,这种拨号方式通常在上网前,要安装调制解调器和签订一些相关的协议,还要进行一系列的设置,如创建一个网络连接。如果使用网线连接上网的计算机则需要安装网卡,当确定计算机已经安装了专用的网络设备后,就可以建立拨号连接了。在网络硬件安装完成后,才可以进行网络软件的安装。也是进行客户端、通信协议及服务的设置。在设置完成后就可以拨号上网了。

拨号上网

选择"开始"菜单上的"程序""附件""通讯""拨号网络"命令,在弹出的"拨号网络"窗口中选择已经设定的连接,双击它,会自动弹出"拨号连接"窗口,输入密码,单击"连接"按钮,拨号连接就会帮你完成登录工作。有的 ISP 为安全起见,会要求你重输登录名和密码,你按提示操作就可以了。一旦登录成功,拨号连接会缩小成一个小图标,显示在任务栏的布告区上,如果你要查询连接信息,可双击该图标,连接状态窗口就出现在屏幕上,要知道当前连接状态的详细情况,可单击"详细数据"按钮,查询完毕按"确定"钮,窗口会自动缩小。这时屏幕上只留下完整的 IE 浏览器窗口,并显示其默认的"欢迎使用 Internet"的主页。

如何使用网络

(一)学会浏览网页

Internet Explorer 是 Windows 平台中最流行的网页浏览器,它已被嵌套在 windows 版本中。双击桌面的 IE 图标或单击[开始][程序] Internet Explorer 命令,就可以启动 IE 浏览器。

IE 窗口主要由标题栏、菜单栏、工具栏、地址栏、内容显示区、状态栏和流动条等部分组成。

工具栏中包括了若干快捷按钮,这些按钮可以执行常用的操作,用户可根据自己的需要自定义工具栏。地址栏允许用户输入要访问的地址的组合框,在下拉列表中,记载了曾经访问的站点的地址,用户可以直接从中选择。内容显示区位于窗口的中间,用来显示网页的内容。

状态栏位于窗口的底部,用于显示 IE 的当前工作状态。

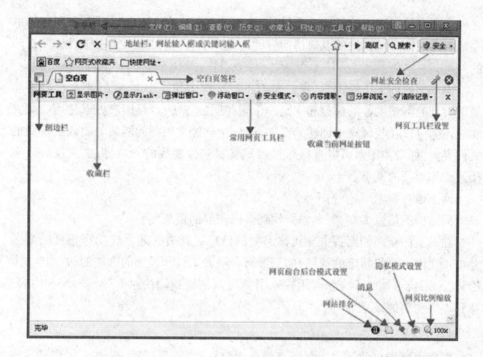

网页上有许多超链接,它们以不同的颜色显示或者下划线,或者图形。而浏览网页一般都地在这些超链接间移动。超链接是 Internet 中的重要内容,单击文本或图形链接可以打开目标文件,这是 IE 页面间移动的主要手段。在网页中,将鼠标移到某个超链接上,鼠标指针变成小手形,单击这些图形或文字,可以继续跳到其他的网页。用户还可以单击[前进]、[后退]按钮切换刚浏览的网页。

畅游 Internet

为了提高浏览网页的效率,IE 设置了多种浏览网页的方法。这些方法基本上有两类:一类是直接输入 URL 网页地址,另一类是利用网页本身的链接功能。

下面是几种常用的方法:

在地址栏中输入网站的 URL

在地址栏中输入要访问的网站的 URL,然后单击右边的"转到"按钮或直接按回车键,在内容窗就会显示你要访问的网页。

利用地址栏下拉框

在地址工具栏中还有一个下拉菜单,列出了以前访问过的一些 URL。只要单击地址栏右侧的下拉箭头,然后选中其中的 URL,即可打开该页面。

使用历史记录和收藏夹

使用 IE 浏览网页时,IE 会记录用户每一次曾经访问过的网页,并在"历史"

文件夹中存放了进入该网址站点链接,单击工具栏上的"历史"按钮,在浏览器的左侧会出现按日期组织的以前访问过的网站列表,可直接从列表中选择你要访问的网页。

由于学习或工作的需要,我们会不止一次地访问同一个网站,把自己好不容易搜索到的网站妥善的保存起来是一个很聪明的方法,这是用户可以使用收藏夹功能。你可以在收藏夹中创建几个文件夹,把你经常用到的网站分类放到不同的文件夹内,如果使用时可以直接打开收藏夹找到你要找的网站,点击它就可以直接进入你要找的网页。

网上信息搜索

网络中的信息太多,怎么才能找到自己需要的信息呢?

在网上的众多的网页中寻找你需要的信息是耗费时间且成功率很低的痛苦差事。在网上寻找特定的信息,如果没有合适的工具和适当的方法的话,用"大海捞针"来形容可谓毫不夸张。用搜索引擎可以帮助我们快速地筛选网址和内容,达到事半功倍的效果

(一)搜索引擎

搜索引擎指自动从因特网搜集信息,经过一定整理以后,提供给用户进行查询的系统。因特网上的信息浩瀚万千,而且毫无秩序,所有的信息像汪洋上的一个个小岛,网页链接是这些小岛之间纵横交错的桥梁,而搜索引擎,则为用户绘制一幅一目了然的信息地图,供用户随时查阅。

目前,常用的搜索引擎有:

搜狐	www. sohu. com
搜 搜	www. soso. cn
新浪搜索	search – sina. com. cn
百度	www. baidu. com
搜狗	www. sogou. com
谷歌	www. google. com

国内搜索引擎:搜索中文

一般资料——谷歌、百度、雅虎

古汉语(诗词)类资料——百度

产品或服务——搜狐、新浪(质量较高)、网易(较全)

国外搜索引擎:搜索英文

一般资料——Google、Yahoo、Live、Ask

资料涉及非常冷僻的领域——All The Web

特殊资料(其他主要引擎都查不到时)——Dogpile、Vivisimo、Clusty 等多元引擎

资料百科——Wikipedia

产品或服务——Yahoo、Overture

(二)网上搜索的技巧

搜索引擎为用户查找信息提供了极大的方便,你只需输入几个关键词,任何想要的资料都会从世界各个角落汇集到你的电脑前。然而如果操作不当,搜索效率也是会大打折扣的。比方说你本想查询某方面的资料,可搜索引擎返回的却是大量无关的信息。这种情况责任通常不在搜索引擎,而是因为你没有掌握提高搜索精度的技巧。那么如何才能提高信息检索的效率呢?

1. 选择恰当的搜索引擎

我们平常搜索仅集中于某一家搜索引擎是不明智的,因为再好的搜索引擎也有局限性,合理的方式应该是根据具体要求选择不同的引擎。

根据各搜索引擎特点,选择恰当搜索引擎。

选不对搜索引擎,就像选了不合脚的鞋一样,能走路,但艰辛痛苦,也跑不快走不远。使用搜索引擎首先要了解各种搜索引擎特点,否则你可能浪费大量时间。这次搜索,你应该使用百度还是 Yahoo? Google 还是新浪? 用不同的搜索引擎进行查询得到的结果常常有很大的差异,这是因为它们的设计目的和发展走向存在着许多的不同, 分析你的需求,选根据需求找拥有相应功能优势的搜索引擎。这里介绍一些:

第一、从行业入手查找,比较好用的是"百度产品大全"(点击首页"更多"选项即可):行业报告——各行业官方报告、评定、专家解读,行业与单个品牌市场综述、分析,行业与单个品牌数据、过往新闻。

第二、寻找特定领域的人了解情况、寻找合适采访对象,如专家学者、老一辈,想熟悉某个领域或了解某个城市、历史、词条……这些比较细致的东西,可以用"百度百科"。另外 wikipedia(维基百科)也是巨型资料库,而且更新很快。

第三、Google 有一个实用搜索功能是"大学搜索",要知道大学里有很多专家、学者, 各种研究所、实验室、官方组织不少也扎根大学,而大学又是产生思想文化的重要阵地之一。用这个搜索可以一网打尽和某所大学有关的所有的东西。

2. 网上搜索的技巧

(1)使用逻辑词辅助查找

较大的搜索引擎都支持使用逻辑词进行更复杂的搜索界定,常用的有:AND

（和）、OR（或）、NOT（否,有些是 AND NOT）及 NEAR（两个单词的靠近程度）,恰当应用它们可以使结果非常精确,另外,也可以使用括号将搜索词分别组合。

（2）设计关键词

设计关键词就像买衣服,你到服装店里跟导购说"我要买衣服",这就是废话,服装店难不成还卖电脑。但如果你说"我想看新款冬装",导购马上就会带你看到你想看的。在这里"新款""冬装"就是关键词。所以,使用搜索引擎要避免大而空的关键词,它不知道你要找啥,就可能返回很多莫名其妙结果。

如果只给出一个单词进行搜索,那么将发现数以千计甚至以百万计的匹配网页。然而如果再加上一个单词,那么搜索结果会更加切题。在搜索时,给出两个关键词,并将两个词用 AND（与逻辑）结合起来,或者在每个词前面加上加号,这种逻辑技术大大地缩小了命中范围,从而加快了搜索。幸运的是,所有主要的搜索引擎都使用同样的语法。一个带引号的词组意味着只有完全匹配该词组（包括空格）的网页才是要搜索的网页。例如在搜索说明中,有"this exact phrase（这个确切词组）"这个词组,那么搜索引擎只搜索包含"this exact phrase（这个确切词组）"的网页。

下面举一个例子,一个人要查找惠普的 MPE/ix 操作系统的命令清单,他可能在 Altavista 站点只输入"MPE/ix"这个词,那么他可能会发现有 2400 个匹配网页;如果在填写搜索条件时写了"MPE/ix"和"Commands"两个词并用 AND（与逻辑）结合起来,那么满足条件的可能是 450 个网页;如果在搜索条件上输入"MPE/ix Commands",那么只有 15 条记录匹配,其中包括爱荷达州立大学计算与通信管理用户指南,其中对 MPE/ix 系统命令有详细的描述。

（3）学会使用逻辑符号

搜索引擎基本上都支持附加逻辑命令查询。

+北京 +旅游,表示搜索包含所有北京和旅游这两个词组的页面,不过现在基本用不着这个了,一般敲个空格就 OK 了

"-"可去除无关搜索结果,提高搜索结果相关性。比如,你要找"青岛"的城市信息,输入"青岛"却找搜到一堆"青岛啤酒"新闻,在发现这些新闻的共同特征是"啤酒"后,输入"青岛-啤酒"来搜索,就不会再有啤酒烦你了。

""利用双引号,来查询完全符合关键字串的网站。例如:键入"莎士比亚喜剧",会找出包含完整莎士比亚喜剧词组的页面。这种查询方法要求用一对半角的双引号来把关键字包括起来。

（4）细化查询

许多搜索引擎都提供了对搜索结果进行细化与再查询的功能,如有的搜索引

擎在结果中有"查询类似网页"的按钮,还有一些则可以对得到的结果进行新一轮的查询。

知识链接:

Google 搜索引擎的使用

Google 查询快捷方便,输入查询内容并敲一下回车键,或单击"Google 搜索"按钮,即可得到相关资料。

Google 查询严谨细致,能帮助你找到最重要、关联性最强的内容。例如,当 Google 对网页进行分析时,它也会考虑与该网页链接的其他网页上的相关内容。Google 还会先列出与那些搜索关键词相距较近的网页。

自动使用"and"进行查询

Google 只会返回那些符合你的全部查询条件的网页。不需要在关键词之间加上"and"或"＋"。如果你想缩小搜索范围,只需输入更多的关键词,只要在关键词中间留空格就行了。

忽略词

Google 会忽略最常用的词和字符,这些词和字符称为忽略词。Google 自动忽略"http",".com"和"的"等字符以及数字和单字,这类字词不仅无助于缩小查询范围,而且会大大降低搜索速度。

使用英文双引号可将这些忽略词强加于搜索项,例如:输入"柳堡的故事"时,加上英文双引号会使"的"强加于搜索项中。

根据上下文确定要查看的网页

每个 Google 搜索结果都包含从该网页中抽出的一段摘要,这些摘要提供了搜索的关键词在网页中的上下文。

简繁转换

Google 运用智能型汉字简繁自动转换系统,为你找到更多相关信息。

这个系统不是简单的字符变换,而是简体和繁体文本之间的"翻译"转换。例如简体的"计算机"会对应于繁体的"电脑"。当你搜索所有中文网页时,Google 会对搜索项进行简繁转换后,同时检索简体和繁体网页。并将搜索结果的标题和摘要转换成和搜索项的同一文本,便于你阅读。

词干法

Google 现在使用"词干法"。也就是说在合适的情况下,Google 会同时搜索关键词和与关键词相近的字词。词干法对英文搜索尤其有效。例如:搜索"dietaryneeds",Google 会同时搜索"diet needs"和其他该词的变种。用于搜索的你原来用词的任何变化都将在搜索结果的简述文字中标示出来。

英文字母大小写没有影响

Google 搜索不区分英文字母大小写。所有的字母均做小写处理。例如：搜索"google""GOOGLE"或"GoOgle"，得到的结果都一样。

拼音汉字转换

Google 运用智能软件系统对拼音关键词能进行自动中文转换并提供相应提示。例如：搜索"shangwu tong"，Google 能自动提示"您是不是要找：商务通"。如果你点击"商务通"，Google 将以"商务通"作为关键词进行搜索。对于拼音和中文混和关键词，系统也能做有效转换。对于拼音"1ü"，"1üe"，"nü"或"nüe"，你可输入"lv""lve""nv"或"nve"。如果拼音中没有空格，例如"shangwutong"，Google 也会做相应处理，但是在多个拼音中加空格能提高转换准确率和速度。

由于汉语的多音字和方言众多，常用发音与实际发音常常有出入，更不用说拼音输入中可能出现的错误了。Google 的拼音汉字转换系统能支持模糊拼音搜索，为用户提示最符合的中文关键词，具有容错和改正的功能。例如：搜索"wan luo xing wen"，Google 会提示"您是不是要找：万罗兴文万络行文网络新闻"，其中"网（wang）络新（xin）闻"是系统参考了可能会有的拼音错误后自动转换的。点击其中任一提示，Google 将以其作为关键词进行搜索。

第二节 使用电脑软件 提高学习效率（下载软件）

一、多媒体参与教学活动

多媒体的交互性更可因人而异，你可根据自身特点选择，提高学习的主动性和学习效果，因此在学习中使用多媒体辅助学习，有助于你实现学习目标，极大地提高学习效率。

随着计算机技术、多媒体技术的飞速发展，计算机辅助语言学习（CALL）为学习者提供了大量参与学习过程的可能性。同时也能更好地解决在传统学习中不能或难以解决的问题。17 世纪的捷克教育家夸美纽斯（Amos Comenius）提倡感官教学，充分利用视觉、听觉、味觉、嗅觉及触觉的功能。提出感官是知识教学的媒介，而实物教学是最主要的方式。20 世纪，特瑞克勒则更精确地断言，对于一个没有心理障碍和生理疾病的人来说，用于获知的所有感官中，通过视觉的学习占 83％，听觉占 11％，味觉占 1％，嗅觉占 3.5％，触觉占 1.5％。而多媒体能为学习者提供高质量的视听辅助，十分有利于增进理解，唤起兴趣，强化记忆，加速学习者大脑的信息处理过程。多媒体的动画画面所展示的仿真环境使学习者有身临其境的感觉。以往一些需要教师反复指导练习、记忆的内容,通过一些活泼的动画,栩栩如生的描述得以实现,充分调动了学习者的视觉功能,从而更有效地参与学习过程。

多媒体技术既能看得见,又能听得见,还能用手操作。这样通过多种感官的刺激获取的信息量,比单一地听课要多。同时,多媒体应用于教学不仅非常有利于知识的获取,而且非常有利于知识的保存和传播。

选择媒体的类型应根据自身的身心特点来选择。多媒体具有的声、光、电的综合刺激,能够激发学习者的兴趣,引起学习者的注意,从而提高学习积极性,提高学习效率。但心理学表明,大脑皮层长时间处于高度兴奋状态,容易使身心疲倦,反而不利于知识的吸收。因而,多媒体在学习上的使用,要注意适度,切忌频繁滥用。此外,还应根据内容选择多媒体。

二、获取多媒体

在学习过程中确定使用多媒体后,就要先获取多媒体学习软件。主要有两个途径:一是从网上直接下载安装;二是从其他渠道获得再自己安装。

网上有大量的提供免费资料和软件下载的网站,当用户在 Internet 中发现这些资源觉得很有用时,就可以把它下载到本地用户的计算机上,从网上下载可以用 WWW 方式和 FTP 方式,也可以用专业的下载软件来实现。如迅雷或网际快车 FlashGet 等。

(一)选择软件技巧

常见的软件按语言可分为:英文版、中文版和中文汉化版。按功能分为:精简版、标准版和增强版。精简版是去掉了一些不常用的功能,增强版是附加的功能比较多的版本。按软件开发时间分为:测试版、正式版等。

安装时要注意,如果英语较好,有些软件,先安装英文版和正式版,然后再考虑中文版和汉化版,因为英文版、正式版往往比较稳定。如果你对某些功能软件只使用部分功能,最好安装精简版或标准版,增强版往往提供更多的功能,但是会占用更多计算机资源。

(二)软件的安装

1. 为软件选好分区

一般软件安装都会安装在你的默认系统 C 盘的 ProgramFiles 文件夹,也有的在 C 盘根目录下。这样做,一是不利于系统的稳定,二是有的软件对空间需求较大,因此,如果你经常安装软件,建议选择一个专门的、较大的分区作为软件的家。如:把 D 盘或 E 盘作为下载软件的存放区。先在 D 盘或 E 盘上建一个 Program Files 文件夹,再在 Program Files 文件夹中分类建立若干个子文件夹并命名,如"办公软件""影音软件""工具软件"等,譬如在"工具软件"文件夹安装一些下载工具类软件,如 Flashget、迅雷等。这样会让你装系统的 C 磁盘减少很多压力。

2. 安装软件

第一步:执行安装程序。如果有安装光盘,将光盘放入光驱,安装程序一般会自动运行,然后按照向导提示,一路单击"下一步"即可完成安装。如果是从网上下载的软件,通常要手工执行安装程序,找到 Setup. exe 或 install. exe 文件,双击即可运行安装程序。有些下载软件是扩展名为 exe 的自解压文件,运行后也会自动启动安装向导。

第二步:同意授权协议。运行安装程序后,首先会看到一个欢迎窗口,然后是授权协议窗口,必须同意这个授权协议才能继续安装,选择"我同意"或"I Agree"。如果是商业软件,例如 WPS、Office、WindowsXP,通常还要求输入序列号,否则也会退出安装。

第三步:选择安装路径。更改安装目录。在安装过程中,当窗口中出现如:C:\Program Files\baidu\BaiduPlayer,这是一个看可以让你选择的路径,我们可以改一下,改换成 D:\Program Files\baidu\BaiduPlayer,或单击"浏览"按钮,在弹出的窗口中选择安装目录。

有的软件,如星空极速,有一个快速安装模式,它默认的就是快速安装,直接安装在系统分区,根本不给你选择的余地。如果你想安装在其他分区,必须取消勾选"快速安装"。还有的软件,它提供了两种安装类型:标准和自定义。尽量选择"自定义"方式安装,因为只有选择"自定义"才能选择安装目录。

注意:

一些能全自动安装的软件光盘最好不要用,虽然省事,不用人为干预,但有不能更改安装目录的缺陷。

第四步:选择安装方式。软件安装方式通常有典型(Typical)、最小(Minimum)、自定义(Custom)三种,一般可以选择缺省的"典型(Typical)"安装方式。

第五步:复制程序。单击"下一步"后耐心等待复制程序结束,完成软件安装。

第六步:重新启动计算机。大部分软件安装结束后会要求重新启动计算机。一般来说,软件安装结束后重新启动一下机器无论对新软件使用还是系统的流畅运行都是有好处的。

3. 软件安装应注意的问题

（1）是否在开始菜单、桌面、快速启动栏建立快捷方式

这要根据个人爱好自行选择。如果想让桌面清爽一些，就在开始菜单中建立快捷方式。还有的软件设置了"绿色安装"。

（2）是否安装插件

在安装软件时，有的会附带不少插件，是否安装呢？这时要逐个看清楚。如在安装豪杰超级解霸 3000 英雄版时，它就提供了很多插件，该安装哪一个呢？我们可以在某个插件上单击一下，在右上角的"段内容说明"栏中就会出现相关内容，可以根据需要进行安装。有的软件会推荐很多其他的软件让我们选择，就像那些你自己不知道怎么出来的软件，QQ 最严重，安装推荐软件时会提醒你要不要，不要就把前面的钩取消，可不要认为少了这些你的软件不能运行了。能提醒我们安装是让我们有选择的，不需要提醒的软件是根本不会给我们机会让我们选择的，你看装系统时没人会像淘宝那样提醒我们：亲，这个软件装吗？安装插件不要太多，用不到的，就不要装。

（3）免费软件看准了再下载

许多免费软件、共享软件，都会捆绑一些其他软件，如 3721 上网助手、网络实名等，还有的软件会更改 IE 主页，如以前有段时间在安装万能五笔 6.2 版时，它会弹出一个窗口，告诉你每次启动万能五笔时，会将 www.265.com 设置为 IE 浏览器的主页，如果你不同意的话，就不要安装了。大多数软件在安装时，会在窗口中出现选项，让我们来决定是否安装。可也有少数流氓软件，根本不和你商量，将捆绑的软件安装在了你的电脑中，而你却被蒙在鼓里。

（4）注意全自动安装的软件

现在也有一些软件，根本不用你去安装，它自己会自动安装到你的电脑中，甚至你自己还不知道，如一些间谍软件，它们就是在你上网浏览网页的时候，偷偷安装到你的硬盘中的，让你防不胜防，必须注意查看。

（5）注意软件的安装环境

下载软件时，一定要看清它的安装运行环境，是否能在你的电脑中安装。比如你的电脑是 Windows98，那么在安装 MSN Toolhar Suite Beta 时就会弹出一个对话框，告诉你：MSN Toolhar Suite Beta 必须安装在 Windows2000 SP4 以上的版本中。有的软件要 NET Framework 的支持，还有的则需要相应的操作系统的支持。

（6）注意软件的更新

有的软件安装后有让用户从其主页上下载更新的选项。有时安装软件是旧

版本,用注册号注册,再升级,往往就不需要再注册,而如果直接安装新版本,则老版本的注册号无效。

(7)汉化软件安装的技巧

面对一款英文软件,我们最大的愿望就是把它变成中文界面,但在安装汉化补丁时也有技巧。

①从信任站点下载汉化补丁

要从信任的站点下载汉化补丁,否则极有可能会感染病毒或者驻留木马。

②先关闭原版再安装汉化补丁

有的软件在安装后就启动了(或启动了部分组件),此时必须关闭相应的原版软件或组件,再运行汉化补丁。

③有时可只安装汉化版

有的软件不用安装原版,只安装汉化版就可使用。如:EmEditor Pro 4.09 汉化版。

④安装中文语言包

有的软件安装好英文版后,将中文语言包拷贝到它的安装目录中的 Lang 文件夹中,再打开原版软件,在软件中进行设置即可,如 Ad — aware。

知识链接:

金山快译使用技巧

技巧一:所向披靡的"快译"!

《金山快译2002》的工具栏上有多个翻译按钮,在主菜单上有一个"译"按钮。此按钮也叫作"全屏翻译"按钮。点击该按钮可以针对任何活动窗口进行快速的全屏幕翻译,它采用的是快速翻译引擎。翻译起来的速度极快!在仅追求速度的情况下,可以用此按钮进行翻译。而且翻译的对象为各类窗口,不仅仅是软件界面、英文网页及文章等。方法是:点击任何要翻译的对象,使其处于当前激活状态;点击工具条上第一个按钮,瞬间即可得到较为满意的翻译效果。

技巧二:质量高的全文翻译!

想提高您的翻译质量吗,想不费力气地得到一篇翻译效果较好的文章吗?那你可不能用快速翻译了,此时你应该使用《金山快译2002》的全文翻译功能,它可以大大地提高翻译质量。使您只需稍做修改就能翻译出一篇优秀的英文文章了。方法如下:

首先点击工具按钮条上的按钮打开全文翻译器,此时你可以有多种翻译文章的方法。你既可以通过新建一个文本,将文本拷贝粘贴到原文区域(左边);也可以通过打开命令打开一个英文文件,文本会自动出现在原文区域。然后点击英汉按钮,翻译开始。对于翻译完的文件你可以选择多种保存的方式,点击保存按钮出现对话框,如下:用户可以选择存储原文,或者只存储译文,也可以原文译文同时存储。这样你就可以轻松地做一个小翻译家了!

技巧三:"开个翻译公司吧!"——批量翻译

当然是跟你开玩笑的。不过,金山快译的批量翻译功能确实也很让人受益不少。上边已经介绍了全文翻译的使用方法。其实聪明的人也应该能想到,"要是能一次翻译多篇文章就好了,免的总做重复的劳动。"其实,《金山快译2002》已经具备了此功能,点击全文翻译界面上的"批译"按钮,出现窗口如下:

点击加入文件按钮,加入要翻译的多个文件,同时选择好存盘路径。(原则上一次加入文件个数是不受限制的。不过文件较大或较多等待的时间会相应地加长。)点击下一步选择翻译引擎,如图所示,全文翻译提供六种翻译引擎,你可以根据需要选择。

一切选择完成之后,点击下一步,然后点击开始翻译。那么剩下的事情就是你去喝一杯茶水了。

技巧四:攻克英文软件的使用瓶颈!

如果你仅是对英文软件的使用感到困惑的话,那么金山快译的界面汉化功能可以帮你解决该问题。运行要汉化的英文软件,并使其处于当前状态。点击按钮可以调用该软件的汉化包进行翻译,之后你将看到熟悉的中文软件界面了。如果还想再回忆一下英文的感受,点击按钮可以立刻还原成英文。同时,在每次你关闭该英文软件时也会还原成英文。

技巧五:做个软件汉化专家吧!

当然这个要求有点高。不过对于经常使用的软件,你或许希望它能一直保持汉化后的界面。而不用每次进行汉化操作。这时建议你使用金山快译的永久汉化工具。点击工具条上的按钮,出现永久汉化界面。

该工具自动将你电脑里安装的所有英文软件加载到列表中,若有遗漏你也可以手动添加。然后选中要进行永久汉化的软件,点击汉化软件按钮,开始对该软件进行汉化。汉化后的软件出现在已汉化的列表中。这样下次运行该英文软件就是已经汉化了的中文界面了。如果你对软件的汉化感到不满意的话,该工具还提供了用户编辑功能。点击编辑汉化包按钮,出现编辑窗口,你可以根据左边的导航条来查找你所要修改的词条,然后点击词条进行修改,这样你可以根据自己的理解个性化该汉化的软件了!试试看,将菜单的标题改成"我的最爱XX"吧!

技巧六:可爱的浮动控制条

就像随身携带的瑞士军刀一样，它不仅小巧且样样俱全，可以随时为你提供最好的服务。《金山快译2002》同样有这么可爱的一面，那就是它的浮动工具条。点击快译上的开启浮动控制条按钮，之后你会发现那个又长又宽的工具条没有了（当然是相对而言），出现的是一个集合了最常用功能的小浮动工具条，如图所示：包括了快速翻译、还原、界面汉化、内码转换以及恢复原态五个常用的按钮。它不仅小巧实用，而且它还会跟随当前窗体运动，无论你怎么折腾它，最终它都会出现在窗体标题栏的右上角内，乖乖地等候你的吩咐呢！

技巧七：风格化你的金山快译

刚才提到了浮动控制条，它包含了多数用户常用的功能。可是有的用户要说"我最常用的功能不包括在浮动控制条内，而我同样也想使我的工具条精致些"。这个时候你可以使用金山快译的按钮定制功能。选择快译的设置按钮，通过下拉菜单选择"按钮定制"出现窗口：此时你可以选择你常用的按钮到可用工具按钮区，此外你也可以排列各个按钮的顺序。然后点击关闭按钮，设置自动生效。若要放弃此次设置，点击重置按钮即可。

快译的功能有很多，每天使用都能带给你一些小的惊喜。当然你必须多用快译，多去发现，它在设计的时候对易用性上做了很多的考虑，用户可以从不同的使用角度上去体会它。

第三节　使用交流工具　分享学习成果

计算机不仅可以方便你检阅资料获取信息，还可以通过 Microsoft Outlook Express 等软件工具实现与他人交流，探讨问题，分享你的学习成果。

Microsoft Outlook Express 实现了全球范围的联机通讯。无论是与同事和朋友交换电子邮件，还是加入新闻组进行思想与信息的交流，它都将成为你最得力的助手。

一、发电子邮件的使用

电子邮件是我们交流信息的有效工具。在自我学习中，与老师、同学交换信息资料，提交作业，使用电子邮件会十分便捷。

（一）申请一个电子邮件账户

申请一个自己的电子邮件账户方法很简单，你可以在你喜欢的网页上申请一个电子邮箱，现在很多电子邮箱都是免费的，如：Tom 邮箱、163 邮箱，还有一些是安装软件自带的邮箱,如 QQ 邮箱。

（二）如何收邮件

1.启动"邮件"的方法

有三种常用的方法:①在 IE 中,单击工具栏的"邮件"按钮,再选择"阅读邮件";②在任务栏中单击启动"OutlookExpress"按钮;③通过"开始"菜单操作,即从"开始→程序→Outlook Express"。

2.设置邮件选项

打开"工具"菜单,选择其中的"选项"即可进入邮件的"选项"对话框,该对话框共包括 9 个选项卡:常规、阅读、发送、撰写、签名、安全、连接、维护、拼写检查。你可根据需要单击各个选项卡,对自己的邮件环境进行相应调整,里面的内容一目了然,相信你能够试着独立完成。

3.邮件接收过程

进入 OutlookExpress,单击"接收全部邮件"命令,系统就开始检查你的收件箱,看是否已有收到的电子邮件,此时屏幕右下角的状态条上会显示整个接收过程:正在连接……正在检查邮件……正在接收邮件……2 封新邮件。接收完毕,"收件箱"文字加粗,并在右侧显示接收到 2 个邮件的标志"（2）"。你也可以单击"发送与接收"按钮,将会进行同样的接收操作。

4.查看电子邮件及保存附件

双击打开窗口左边的"收件箱"文件夹,在窗口右边上部可以看到收件箱里面的邮件列表,包括邮件的发件人和主题内容。每个邮件都有一个信封图标,其中已阅读过的邮件图标是拆开的信封,未阅读过的邮件图标是未拆开的信封。用鼠标单击任何一个邮件,都会在窗口右下侧显示邮件内容。

有时发件人发送给我们的不仅仅是邮件内容,还以文件方式捆绑了其他内容,例如一些图片、文本文件,可执行文件等,我们称之为"附件"。在收件箱中的邮件列表中,凡带有附件的邮件都有一个回形针的图标。我们可以把这些附件保存到硬盘上以供使用。要想保存附件,首先在收件箱中单击打开某个带有附件的邮件,在窗口右下部的内容窗中,右键单击标题栏上的曲别针图标,从弹出的快捷菜单中选择"保存附件"。在出现的"保存附件"对话框中,单击"浏览",从弹出的对话框中选择要保存到的位置,之后单击"确定"保存该附件。

（三）如何书写与发送邮件

1.创建新邮件

学会了邮件的接收,下面该轮到发送了,当然发送之前得先把邮件写好。下面我们介绍如何在 OutlookExpress 中撰写和发送一个新邮件。

（1）在 Outlook Express 窗口中单击"新邮件"按钮进入一个新邮件书写窗口。

（2）在"收件人"文本框中，输入收件人的 E-mail 地址，用分号或逗号可以分开多个人的电子邮件地址。如有副本要抄送给别人，可在"抄送"文本框中输入要抄送人的电子邮件地址。然后输入邮件的主题信息，这个主题信息会显示在收件人的收件箱中，并且在打开邮件之前就能看见。

（3）在编辑窗口输入邮件的内容。撰写区是一个小型的编辑区，和 Word 差不多。如果要传输文件，则单击工具栏中的"附件"按钮，然后在"插入附件"对话框中指定附件的名称和路径，然后单击"附件"按钮。这时在窗口的主题下就有一个附件。

2. 邮件发送及过程监视

邮件书写完毕，单击"发送"按钮，应用程序关闭新建邮件窗口，返回 OutlookExpress 主界面，开始发送邮件。你可以通过窗口右下角的状态条来了解发送过程。如发送过程出现故障，邮件会自动留在发件箱中，等故障清理之后再自动发送。发送完毕邮件会自动归入"已发送邮件"栏中。也可以将邮件保存到"草稿"文件夹中，等待以后再进行编辑、发送。

3. 邮件的转发

对于任意一封邮件，你都可以根据需要转发给其他人。转发邮件操作如下：

（1）在邮件列表中单击选择要转发的邮件。

（2）单击工具栏上的"转发"按钮，弹出一个转发邮件窗口，该窗口和"新邮件"窗口极为相似。你只需要填入收件人地址及需增加的内容，与发送新邮件一样单击"发送"按钮就可以了。另外，你也可以用右键单击该邮件，从弹出的快捷菜单中选择"作为附件转发"，使用作为附件转发的功能。其操作和上面的相同。

4. 回复作者

如果读了一封邮件，觉得有必要给发信人答复，你可以通过建立新邮件来回复作者，还可以使用答复邮件功能给邮件的发送人回信。你可以选择要回复的邮件，然后单击"回复作者"按钮，弹出一个回复邮件窗口，这时应用程序会自动为你填写好收件人地址，你只需输入回复内容就可以了。书写完毕发送操作和新邮件一样。一来一往两封信只在几秒钟内即可完成交换，现在你该领略电子邮件的无限魅力了吧。

5. 制作独特的多媒体邮件

你可以利用一张信纸来美化电子邮件，Outlook Express 提供了多种现成的信纸格式，单击"格式""应用信纸"命令就可以选择你喜欢的信纸了。

你还可以使用背景图片,单击"浏览"按钮,从你的计算机上选择你想要的图片作为背景图片。还可以为你的邮件设置背景声音,可单击"格式""背景""声音"命令,指定声音文件及设置播放次数。还可以插入"超级链接"把精彩的网站分享给你的朋友。

随着计算机以及智能手机的普及及 wiff 的使用,使人们在信息交流、分享成果更为方便,除了我们上面讲过的电子邮件,还有聊天工具(如 QQ)、微博也被很多人使用。

二、网上传递信息的方法——使用 blog(博客)分享思想

Blog,是 Weblog 的简称。Weblog 是在网络上的一种流水记录形式。Blog 是一个在网络上发布、传递信息的新方式。先进的 blog 内容管理系统和工具(如订阅和 RSS 反馈等等)可以使得 blog 内容发布到成百上千的订阅者那里。blog 为便于使用,允许协作发布内容。一个小小的专家团体可以在上面讨论问题并可以使得成千的读者看到。一个 blog 网站可以是开放的,允许任何人创建新的话题并开展讨论。

Blog 将一个网站变成活跃的信息发布场所,它可以作为一个交互式网站应用于一些团队,如小型公司、公司内部的部门、教派、俱乐部、学校的学生会组织等等。

Blog 支持的学习功能主要集中体现在以下四个方面:

(一)积累资源,支持交流与合作

利用 Blog,你可以把自己日常的学习心得和笔记随时归入其中,还可以对互联网上的各种资源进行筛选、整理,在 Blog 中形成主题知识库。它如同一本电子笔记本或人的第二个大脑,你在地球上任何可上网的地方都可以翻阅其中的记录。同时,利用 Blog 系统可以支持相互的交流与合作。Blog 可以成为你学习记录和反思的工具,同学之间的学习比赛会促使大家不断完善自己的 Blog 学习集,启发大家不断学习和探索。由此,不仅可以提高阅读能力和表达能力,也可以提高信息素养。

(二)激发更高层次的反思和思维活动

Blog 作为学习工具整合到学习过程中,与其他信息工具相比的最大优势是门槛较低,你不需要有多高深的技术水平,只要通过上网注册,填写一定的信息就可以使用 Blog。你使用 Blog 学习,必须要进行撰写与录入工作,这样将思考与操作结合起来,可以高度调动自己的归纳、分析、判断和数字化表达能力,按照自己的

认知方式和学习风格进行表达。在这一过程中，你无形中对知识进行了二次加工，加深了对知识的理解和运用。E – Learning 专家认为，Blog 是利用信息技术改善思考能力的有效方式，它为你提供了审视、慎思、明辨和践行以及在彼此间进行经验交流的空间。因此，Blog 不但可以反映你的进步过程，还能够激发更高层次的反思和思维活动。

（三）知识管理，提高数字化读写能力

知识管理是将可得到的各种信息转化为知识，并将知识与人联系起来的过程。知识管理是为了利于知识的生产、获取和重新利用。知识管理的基本原则是积累、共享和交流。事实上，Blog 系统的基本机制和原理就是一个积累、共享和交流的过程，它既可以是个人化的行为，也可以是群体化的活动。与以往的网络知识管理工具不同的是，Blog 系统的知识管理是即时的，是立体的知识管理（以时间为纵轴对知识进行纵向管理，以分类为横轴对知识进行横向管理，以群体为 Z 轴对知识进行深度管理）。它极大地方便了你对知识资源的筛选、管理、搜索和分享。每个学习者都可以用数字化方式把自己的创作内容、链接的文档、图片、声音或视频文件等资源组织在一起，包括其他人所做出的评论或评价信息。由于需要用数字化的方式、多种媒体符号来管理知识，因此，它首先表现的是一种对信息化写作能力的培养。为获得更多的点击率，Blogger 之间会产生竞争，从而使知识管理更有效、数字化的写作能力得到提高。

（四）实施过程评价，促进自主学习

Blog 的"即事即写"特征，可以满足及时和完整地反映真实的学习过程的要求。你在 Blog 中记录下学习任务实现的全过程，其中包括原创信息、链接的文档、图片、声音或视频文件等资源，这样可以全面反映出你的整个学习进程和各个学习阶段的进展。借助 Blog 应用中的延伸技术，你可以随时回顾自己的成长足迹，并进行互评。这样，可以真正发挥你的主体作用，实现自我监督，促进自主学习。

需要指出的是，Blog 作为一种新兴的学习工具，在自主学习、研究性学习、合作学习、深度思考等方面有着巨大的应用潜力，体现了独特的价值。当然 Blog 也不是一个万能工具，它存在着不足，需要我们冷静地思考，积极探索应对措施。例如，在你使用 Blog 学习的过程中，如何在"网海"中控制自己的行为进行有效学习，就是一个十分值得关注的问题。

知识链接：

手机微课堂

定义：手机"微课堂"是指借助手机平台，pad 等移动工具的高效学习课堂。

含义：手机"微课堂"结合现代高科技和微小精湛的课堂内容，满足了学生和老师的自主学习兴趣。

手机微课堂的特点：

科技含量高。

手机微课堂顾名思义要利用手机平台，因此要求手机系统平台的先进性能满足微课堂需要！

课堂内容短小精湛。

佛山在全省乃至全国首创了"微课"模式，老师上传的"公开课"再不是长达40 分钟的完整一节课，而是只有5 至 8 分钟的精华内容，且在播放过程中可随时暂停。据悉，在"微课程"讲授完毕之后，还伴随提供习题、测试等供学习者加固知识点。

当代运用实例。

上海金程国际金融专修学院，金程教育 studysky 学习天空手机"微课堂"开启全新微学习体验。充分意识到现代人"依赖"移动设备和拥有较多碎片时间的现状，将专业财经课程以"知识点"为基础脉络，有机分解为"课程元"单位，配合例题演练、习题讲解、在线测试、名师答疑等环节帮助考生借助手机平台、pad 等移动工具高效学习。

手机微课堂。

日前,广东边防六支队改进和创新经常性基础性政治工作,结合主题教育和"两个经常",借鉴"微博""微信"等传播速度快、实用范围广的特点,迅速推出了"微课"教育模式。

未来憧憬。

在现代科技日益发达,手机"微课堂"的运用会越来越广泛越来越被人们所接受,被企业以及学校运用,更加方便了学习和教学。

第三单元　认识学习风格　改进学习方法

随着社会的发展,在升学、择业、竞选、任职等一系列重大问题上,各行各业对人才的素质和能力要求越来越高。如果一个人不学新知识就赶不上新形势,所以需要不断进行知识更新。要进行知识更新,一个人就要树立学习是生存和发展需要的理念,才能适应知识经济时代环境的变化,才能提高人的现代化素质和能力,成为与时俱进的现代人。著名作家王蒙对学习有过精妙独到的论述,他说:"一个人的实力绝大部分来自学习。"因此要使学习成为人生中的愉快历程,关键是要具有学习能力,认识自己的学习风格,改进学习方法,学会自主学习,学会总结自己的学习成功经验和失败的教训,学会评估自己的学习效果。

第一节　认识学习风格

学者 Keefe 在 1979 年从信息加工角度界定学习风格为:"学习风格由学习者特有的认知、情感和生理行为构成,它是反映学习者如何感知信息、如何与学习环境相互作用并对之做出反映的相对稳定的学习方式。"我国学者谭顶良认为:"学习风格是学习者持续一贯的带有个性特征的学习方式,是学习策略和学习倾向的整合。"由以上学者给出的结论,我们可以知道,学习风格具有学习特点、学习习惯的含义,具有独特性、稳定性的特征。它对于教师因材施教,学习者提高学习效率、促进学习者个性化和全面发展具有重要意义。

一、认识自己的学习风格

不同的人有不同的学习风格,下面是一个了解自己学习风格的问卷,一共有44 题,每个问题有 A 和 B 两个答案可供选择。请选出最符合你学习情况或兴趣的答案。

所罗门学习风格分析表

1. 为了较好地理解某些事物,我首先	(a) 思考如何一步一步求解。
(a) 试试看。	(b) 先看解答,然后设法得出解题步骤。
(b) 深思熟虑。	13. 在我修课的班级中,
2. 我办事喜欢	(a) 我通常结识许多同学。
(a) 讲究实际。	(b) 我认识的同学寥寥无几。
(b) 标新立异。	14. 在阅读非小说类作品时,我偏爱
3. 当我回想以前做过的事,我的脑海中大多会出现	(a) 那些能告诉我新事实和教我怎么做的东西。
(a) 一幅画面。	(b) 那些能启发我思考的东西。
(b) 一些话语。	15. 我喜欢的教师是
4. 我往往会	(a) 在黑板上画许多图解的人。
(a) 明了事物的细节但不明其总体结构。	(b) 花许多时间讲解的人。
(b) 明了事物的总体结构但不明其细节。	16. 当我在分析故事或小说时,
5. 在学习某些东西时,我不禁会	(a) 我想到各种情节并试图把它们结合起来去构想主题。
(a) 谈论它。	(b) 当我读完时只知道主题是什么,然后我得回头去寻找有关情节。
(b) 思考它。	17. 当我做家庭作业时,我比较喜欢
6. 如何我是一名教师,我比较喜欢教	(a) 一开始就立即做解答。
(a) 关于事实和实际情况的课程。	(b) 首先设法理解题意。
(b) 关于思想和理论方面的课程。	18. 我比较喜欢
7. 我比较偏爱的获取新信息的媒体是	(a) 确定性的想法。
(a) 图画、图解、图形及图像。	(b) 推论性的想法。
(b) 书面指导和言语信息。	19. 我记得最牢是
8. 一旦我了解了	(a) 看到的东西。
(a) 事物的所有部分,我就能把握其整体。	(b) 听到的东西。
(b) 事物的整体,我就知道其构成部分。	20. 我特别喜欢教师
9. 在学习小组中遇到难题时,我通常会	(a) 向我条理分明地呈示材料。
(a) 挺身而出,畅所欲言。	(b) 先给我一个概貌,再将材料与其他论题相联系。
(b) 往后退让,倾听意见。	21. 我喜欢
10. 我发现比较容易学习的是	(a) 在小组中学习。
(a) 事实性内容。	(b) 独自学习。
(b) 概念性内容。	22. 我更喜欢被认为是:
11. 在阅读一本带有许多插图的书时,我一般会	(a) 对工作细节很仔细。
(a) 仔细观察插图。	(b)对工作很有创造力。
(b) 集中注意文字。	
12. 当我解决数学题时,我常常	

续表

23. 当要我到一个新的地方去时,我喜欢
(a) 要一幅地图。
(b) 要书面指南。
24. 我学习时
(a) 总是按部就班,我相信只要努力,终有所得。
(b) 我有时完全糊涂,然后恍然大悟。
25. 我办事时喜欢
(a) 试试看。
(b) 想好再做。
26. 当我阅读趣闻时,我喜欢作者
(a) 以开门见山的方式叙述。
(b) 以新颖有趣的方式叙述。
27. 当我在上课时看到一幅图,我通常会清晰地记着
(a) 那幅图。
(b) 教师对那幅图的解说。
28. 当我思考一大段信息资料时,我通常
(a) 注意细节而忽视概貌。
(b) 先了解概貌而后深入细节。
29. 我最容易记住
(a) 我做过的事。
(b) 我想过的许多事。
30. 当我执行一项任务是,我喜欢
(a) 掌握一种方法。
(b) 想出多种方法。
31. 当有人向我展示资料时,我喜欢
(a) 图表。
(b) 概括其结果的文字。
32. 当我写文章时,我通常
(a) 先思考和着手写文章的开头,然后循序渐进。
(b) 先思考和写作文章的不同部分,然后加以整理。
33. 当我必须参加小组合作课题时,我要
(a) 大家首先"集思广益",人人贡献主意。
(b) 各人分头思考,然后集中起来比较各种想法。
34. 当我要赞扬他人时,我说他是

(a) 很敏感的。
(b) 想象力丰富的。
35. 当我在聚会时与人见过面,我通常会记得
(a) 他们的模样。
(b) 他们的自我介绍。
36. 当我学习新的科目时,我喜欢
(a) 全力以赴,尽量得多学得好。
(b) 试图建立该科目与其他有关科目的联系。
37. 我通常被他人认为是
(a) 外向的。
(b) 保守的。
38. 我喜欢的课程内容主要是
(a) 具体材料(事实、数据)。
(b) 抽象材料(概念、理论)。
39. 在娱乐方面,我喜欢
(a) 看电视。
(b) 看书。
40. 有些教师讲课时先给出一个提纲,这种提纲对我
(a) 有所帮助。
(b) 很有帮助。
41. 我认为只给合作的群体打一个分数的想法
(a) 吸引我。
(b) 不吸引我。
42. 当我长时间地从事计算工作时
(a) 我喜欢重复我的步骤并仔细地检查我的工作。
(b) 我认为检查工作非常无聊,我是在逼迫自己这么干。
43. 我能画下我去过的地方
(a) 很容易且相当精确。
(b) 很困难且缺少许多细节。
44. 当在小组中解决问题时,我更可能是
(a) 思考解决问题的步骤。
(b) 思考可能的结果及其在更广泛的领域内的应用

　　读完问卷在下表适当的地方填上"1"（例：如果你第 3 题的答案为 a，在第 3 题的 a 栏填上"1"；如果你第 15 题的答案为 b，在第 15 题的 b 栏填上"1"）。

　　计算每一列总数并填在总计栏地方。

　　这 4 个量表中每一个，用较大的总数减去较小的总数，记下差值（1 到 11）和字母（a 或 b）。例如：在"活跃型/沉思型"中，你有 4 个"a"和 7 个"b"，你就在那一栏的最后一行写上"3b"（3 = 7 - 4，并且因为 b 在两者中最大）；又如若你在"感悟型/直觉型"中，你有 8 个"a"和 3 个"b"，则在最后一栏记上"5a"。

活跃型/沉思型			感悟型/直觉型			视觉型/言语型			序列型/综合型		
问题	a	b	问题	a	b	问题	a	b	问题	a	b
1			2			3			4		
5			6			7			8		
9			10			11			12		
13			14			15			16		
17			18			19			20		
21			22			23			24		
25			26			27			28		
29			30			31			32		
33			34			35			36		
37			38			39			40		
41			42			43			44		
总计			总计			总计			总计		
（较大数—较小数）+ 较大数的字母											

　　解释：每一种量表的取值可能为 11a、9a、7a、5a、3a、a、11b、9b、7b、5b、3b、b 中的一种。其中字母代表学习风格的类型不同，数字代表程度的差异。若得到字母"a"，表示属于前者学习风格，且"a"前的系数越大，表明程度越强烈；若得到字母"b"，表示属于后者学习风格，且"b"前的系数越大，同样表明程度越强烈。例如：在活跃型/沉思型量表中得到"9a"，表明测试者属于活跃型的学习风格，且程度很强烈；如果得到"5b"，则表明测试者属于沉思型的学习风格，且程度一般。在视觉型/言语型量表中得到"a"，表明测试者属于视觉型的学习风格，且程度非常弱；如果得到"3b"，则表明测试者属于言语型的学习风格，且程度较弱。

1. 活跃型与沉思型

　　活跃型学习者倾向于通过积极地做一些事——讨论或应用或解释别人听来掌握信息。而沉思型学习者更喜欢首先安静地思考问题。

"来,我们试试看,看会怎样"这是活跃型学习者的口头禅。而"我们先好好想想吧"是沉思型学习者的通常反应。活跃型学习者比倾向于独立工作,沉思型学习者更喜欢集体工作。每个人都是有时候是活跃型,有时候是沉思型的,只是有时候某种倾向的程度不同,可能很强烈或一般,也可能很轻微。

2. 感悟型与直觉型

感悟型学习者喜欢学习事实,而直觉型学习者倾向于发现某种可能性和事物间的关系。

感悟型的不喜欢复杂情况和突发情况,而直觉型的喜欢革新不喜欢重复。感悟型的比直觉型的更痛恨测试一些在课堂里没有明确讲解过的内容。

感悟型的对细节很有耐心,很擅长记忆事实和做一些现成的工作。直觉型的更擅长于掌握新概念,比感悟型的更能理解抽象的数学公式。感悟型的比直觉型的更实际和仔细,而直觉型的又比感悟型的工作得更快更具有创新性。

感悟型的不喜欢与现实生活没有明显联系的课程;直觉型的不喜欢那些包括许多需要记忆和进行常规计算的课程。

每个人都是有时是感悟型的,有时是直觉型的,只是有时候其中某一种的倾向程度不同。要成为一个有效的学习者和问题解决者,你要学会适应两种方式。如果你过于强调直觉作用,你会错过一些重要细节或是在计算和现成工作中犯粗心的毛病。如果你过于强调感悟作用,你会过于依赖记忆和熟悉的方法,而不能充分地集中思想理解和创新。

3. 视觉型与言语型

视觉型学习者很擅长记住他们所看到的东西,如图片、图表、流程图、图像、影片和演示中的内容,言语型学习者更擅长从文字的和口头的解释中获取信息。当通过视觉和听觉同时呈现信息时,每个人都能获得更多的信息。

在大学里很少呈现视觉信息,学生都是通过听讲和阅读写在黑板上及课本里的材料来学习。不幸的是,大部分学生都是视觉型学习者,也就是说学生通过这种方式获得的信息量不如通过呈现可视材料的方法获得的信息量大。

4. 序列型与综合型

序列型学习者习惯按线性步骤理解问题,每一步都合乎逻辑地紧跟前一步。综合型学习者习惯大步学习,吸收没有任何联系的随意的材料,然后突然获得它。

序列型学习者倾向于按部就班地寻找答案;综合型学习者或许能更快地解决复杂问题或者一旦他们抓住了主要部分就用新奇的方式将它们组合起来,但他们却很难解释清楚他们是如何工作的。

许多人读到这段描述会错误地认为他们是综合型的,以为每一个人都有恍然大悟的经历。序列型学习者可能没有完全了解材料,但他们能以此做些事情(如:做家庭作业或参加考试),因为他们掌握的是逻辑相连的。另一方面,那些缺乏顺序思考能力的极端综合型学习者即使对材料有了大概的了解,他们可能对一些细节还是很模糊,而序列型学习者能对主题的特殊方面知道许多但联系到同一主题的其他方面或不同的主题时,他们就表现得很困难。

以上表格为所罗门的《学习风格自测量表》,根据自己的实际情况,看一看自己的学习风格属于哪一种。

二、总结成功经验

(一)怎样总结学习经验

学习者在学习中总结经验是十分必要的,因为成功的经验能给学习者以信心,失败的经验对于学习者来说有深刻的借鉴作用。对失败的教训必须进行科学总结,这样才能及时改正错误、弥补不足,使学习者不断进步。

要正确地总结经验,需要掌握良好的方法:

第一,要多参加实践。没有丰富的实践,就总结不出经验。因此学习者要多学习,多思考,不断丰富学习的内容和方法,这样才能在实践中拥有更多的经验。

第二,总结经验的过程就是研究实践的过程。经验是抽象的,在研究中要透过现象看本质,对实践中产生的经验进行归纳总结,这样才能获得比较全面和深刻的经验。

第三,经验的总结要紧跟实践的发展。实践是随着时间和社会的发展不断发展的,对于取得的成绩和遭受的失败要及时总结,这样也使经验处于动态发展中。

第四,经验要用于指导实践。总结出来的经验不但要与实践结合起来,而且要指导实践,使学习者的学习不断向前发展。

(二)阅读一个高考生的学习经验

高考成功的学习心得

1. 学习要有激情!

学习是一件很艰苦的事情,也是很枯燥的事情。基础的东西你会感到太简单,太乏味;而遇到难一点的题,你又会感到吃力,甚至无从下手。这时,你会感到很失望、很痛苦。日复一日,年复一年的这种状态,会消磨你的学习欲望。我们所有的人在高一的时候,都有着很美好的愿望,尤其是我们学校的人,都认为自己是清华北大的料,口气很大,扬言:本省的学校不读,只去几所著名的大学。到了高二,我们的理想便开始动摇。一年下来,发现高中和初中完全是两回事,这才知道,要圆自己的大学梦很艰难。到了高三,对自己的要求是:能考上一个本科就可以了。就这样,目标在一年一年地降低,热情和动力也在一年一年地减少。所以,学习要有激情! 这种激情要靠自己去创造,这种激情让自己学会快乐学习!

学习是快乐的,你必须有这样的心态。只有把学习当作一件快乐的事情来做,你才会有学习的欲望,你才会有学好的愿望。每一次当我遇到难题时,我会想办法去解决,这就像打仗攻克敌人城堡一样,每一次战役的胜利,都会让我有一种自豪感和成就感。

2. 学习要有斗志!

每一个人在学习的过程中,都会遇到很艰难的跋涉旅程,你不能因为落后而放弃! 人要有斗志! 同在一个屋檐下,同一个老师教课,凭什么别人就比我成绩好? 比聪明,我不傻;比身体,又不残缺,为什么别人可以考100分,而我不能? 都是人,我为什么要输? 不! 我告诫自己:我不能被别人打败! 于是,我花更多的时间、更大的努力去学习、去攻克。人,就是要有这股子斗志!

我作文不好,于是我利用写周记的机会来锻炼自己。周记没有东西写怎么办? 最好的办法就是拟定高考题目。周记老师不会认真看,怎么办? 唯一的办法就是自己去问老师。老师不会追着你,只有你去追老师的。你拿着周记很恭敬地去请教老师,她不会不认真指点的。一旦老师知道你很认真地写周记的时候,一定会认真帮你修改的。

3. 要正确认识自己!

我不是一个智商很高的人,不仅我妈妈这样说我,就连我的班主任也这么说我:太聪明的人不一定能成功,聪明反被聪明误! 而你不是一个智商很高的人,你必须比别人更努力更刻苦更认真,你才能取得优异的成绩。所以,我听从他们的话。

我笨,我对自己说。当我需要记忆某些知识点的时候,我采用最原始的方法:抄! 抄一遍没有记住,我就抄两遍,两遍不行,三遍……直到我记住为止。很多基础知识,我抄了八九遍。尤其是重要的知识点,决不能掉以轻心! 学习没有懒可以偷! 书山有路勤为径,学海无涯苦作舟! 这就是真理。

不要怕别人笑话你笨! 只要是我不懂的地方,我就会去问,问同学问老师。有时候很简单的问题,而我没有弄懂,当我问老师的时候,有同学在下面笑话我:这么笨,这么简单的问题都不懂。我不在乎别人怎么说我,不懂就是不懂,没有必要因为怕别人说你笨而放弃问问题。今天,你这个问题没有弄懂,明天那个问题没有弄懂,时间长了,问题就多了,你就会感到学习越来越很难了。自信心也随之消亡了。

4.人要有目标!

从小我就有去北京读书的愿望,这个愿望始终激励着我奋进。你的目标不一定能直接实现,就像每一个运动员都梦想当冠军拿金牌一样,但我们不能没有目标,那是一个奔跑的方向,至少它让你知道你应该向哪里跑。

5.学习要有目标!

先为自己制定一个学习目标,把终极目标拆分为几段,然后看看自己每一次考试的成绩离我们设计的目标还差多少?如果超过了预计目标,就把目标往上提高一点。如果没有达到我们的预计目标,就要检查自己,为什么没有达到目标?比如说:我想高考的时候,数学得140分,我就把目标分为110分、120分、130分、140分。在110分这个目标上没有问题,我就把目标放到120分。依此类推。这样,既可以激励你奋进,又可以让你感到学习的快乐!

6.不要轻视你的老师!

这是我最深刻的体会。千万不要轻视你的老师,我身边的例子太多、太深刻了。尤其是到了高三进入了总复习,老师反复讲的是最基础的东西,很多同学感到很烦躁,很无聊。于是,根本不听老师讲课,自己埋头做参考资料。其实,他们错了。你想啊,老师们每年都要经历高考,他们对高考的题型太熟悉了。还有,每年他们都有改试卷的机会,他们目睹了太多太多的人,因为某一个小失误而失败。可以说,他们对我们常犯的错误有着太深的认识和了解。老师们之所以在课堂上反复强调,就是因为每一年都会有同学掉入这些看似很简单的陷阱中。所以,你千万不能轻视你的老师。我是一个很笨的乖孩子。我从来就很迷信我的老师。对老师的话,我总是很认真地执行。所以,我成功了。而那些不听老师话的人,结局都不太好。

7.不要轻视你的课本!

绝大多数人都认为,只有学习大量的课外参考资料才见多识广,特别是做难题偏题,就能轻松应对高考了,而轻视教科书。其实,错了。高考只有10%的题目是难度较大的,而绝大部分题目都是基础的。教科书很重要,你必须很熟练地掌握它,就如同我们熟悉乘法口诀一样。这次地区高考状元王诚,就是一个对教材相当熟悉的一个人。有一次,我问他题,他告诉我:这个题考了三个知识点,它们分别在某某教材第几章第几页,大概在左上角、右下角等。对教材熟悉到这个地步,至少看了二三十遍,而我只看了六七遍。所以,他是地区状元,而我只是第30名。

不要以为高考的题很难,其实高考中有120分是基础知识,如果你能把这120

分基础知识全做对了，考一个本科绝对没有问题。要知道，那些出题的老师是拿着教科书出题的，再难也不会超出大纲。记得有一年的生物试题，就有一道题是教科书上原封不动地抄下来的。所以，不要轻视你的教科书。

8. 不要放弃自己！

人不能轻易放弃自己，这很重要。没有谁是一帆风顺的，每一个人都会遇到无法预知的困难，不论遇到什么都不能放弃自己。一旦自己放弃了自己，一切就完了，上帝也无法帮你了。只要你自己不放弃自己，勇敢地面对困难，挑战自我，就一定能走出困境！所谓：自助者天助！人是一个很奇特的动物，他能承受我们无法相信的压力。很多事情在我经历的时候，感觉很艰难，当时真的有一种无法逾越的感觉，很想放弃，但我挺过来了。现在回过头来看，那些所谓的艰难真的不算什么，反倒成了我记忆中最深刻最难忘最快乐最自豪的事情。

9. 不要放纵自己！

每一个人都有惰性！在高一的时候，觉得时间很富裕，就对自己说：玩一年吧，到了高三就没有时间玩了。于是，我们边玩边学习。到了考试，发觉自己的成绩不理想，就对自己说：我要好好地学习了。三天过后，发现时间还很充裕，于是，又开始放任自己。尤其是到了高三最后一个学期，每一个月都会有月考，没有考好，就会心情郁闷地花上一个星期的时间反省自己。然后，花上一个星期的时间检查自己的错误，更正做错了的题。做下来，感觉自己什么都懂了，伤痛也就好了一点。又开始觉得还有时间可以放松自己，于是又玩上一个星期，到了第四个星期，开始学习。下一次月考，又没有考好。于是，又重复地告诫自己：不行！不能再玩了。要好好地学习了。然而，真正留给有效学习的时间却不多。

要认真地对待每一道做错了的题。最好的方法就是：把这些做错的题抄在一个本子上，认真地做分析，然后，自己在重新做一遍，看自己是否真正弄懂了。不懂，就一定要问老师。千万不能似懂非懂！

每一个人都有参考资料，然而，能认真做完的却不多。不是我们没有时间，而是我们不愿意花时间去做。我高一高二的参考书的题，大概只做了20%，进入高三总复习的时候，我才发觉自己太差了，于是，我花时间把高一和高二的参考书的题全部认真地做完了。如果，我一开始就很认真地对待学习，实现我的梦想就轻而易举了。

很多人在做题的时候，总是会有这样的心理：这道题不会考！于是，我们放过。那道题目也不可能考，于是，我们也放弃。有时候是觉得太难了，无法做下去。遇到这种心理的时候，就要告诫自己：我不是出题的老师。一切皆有可能！太难了，一定是我还有知识点没有弄懂。

到了高三,你会有一种很累的感觉。尤其是当你无法突破自己的时候,千万不能泄气! 每天对着镜子说:我能! 我行! 我一定能行!

10. 不要读死书!

思维是需要调剂的,不要以为一天到晚读书就会有好的结果,书呆子是没有用的。人要学会快乐学习! 一定要有一本你喜欢读的书,一项你喜欢的运动或者一个爱好。课外读物很重要,它能丰富你的知识。要积极地参加学校的各项活动。我们班这一次考得好的人,都有自己的爱好,学校和班级的活动最积极了。反倒是那些不喜欢参加活动一门心思读书的人,这一次却没有考好。运动是最好的调节剂。

11. 尊敬你的老师!

尊敬你的老师。说得不好听一点,就是要"讨好你的老师",这很重要。这种讨好不是要你送礼给老师,那是对他人格的侮辱! 讨好你的老师,是你要尊敬你的每一个老师,包括那些不教你课的老师。遇到他们,给一个灿烂的微笑,说声:老师好! 你去问老师题,发现教你的老师不在,你要学会去请教别的老师。哪怕他不教你的课。这样,你给每一个老师留下了很好的印象,他们就会格外关心你。我在高考的途中遇到每一个老师,他们都给了我莫大的鼓励,提醒我:别粗心! 我心情格外的好。有这么多的人为你祈福,上帝总会感动的哦。

相信自己是最棒的!

(以上文字摘自《与孩子一起跨越高考》)

通过阅读以上材料,总结你的学习经验。

第二节　改进学习方法

学习必须讲究学习方法,而改进学习方法的本质目的,就是为了提高学习效率。学习效率的高低,是一个学习者综合学习能力的体现。

提高学习效率,需要长期的探索和积累。好的学习方法固然重要,但没有汗水和付出,好方法便如同空中楼阁,成功也就成了一句空话。所以,对于学习者来说,正确和深刻地认识自己的优势和劣势才能够改进学习方法,总结学习经验。

一、分析自己在学习中存在的问题

(一)学习目标不明确

有的学习者学习目标不明确,目标缺乏就没有学习动力,缺乏学习热情,把学习看成是一件苦差事,得过且过,学习效率低下,认知发展水平相对滞后。

(二)基础知识薄弱

学习者由于以前没有打好基础,技能训练也不够,在学习中缺少成功的情感体验,时间长了,学习信心不断下降,厌学情绪不断增长,由主动学习变为被动学习,甚至放弃学习。

(三)不良学习习惯的影响

有的学习者从小没有养成良好的生活和学习习惯,尤其随着电子产品的普及又有了手机依赖症等症状,这些不良习惯对继续学习造成了不少负面影响,短时间内又很难戒除,形成恶性循环。

(四)缺乏意志力

有的学习者缺乏坚定的意志,平时不能够严格要求自己,学习时注意力不集中,遇到感兴趣的地方表现出"三分钟热度",学习过程中见到困难就打退堂鼓,不能够坚持,这样对知识和技能的掌握也就是一知半解,对继续学习造成障碍。

(五)没有形成知识结构

构建一定的知识结构在学习中是很重要的。如果学习者没有掌握知识间的联系,就无法形成相应的知识结构。没有合理的知识结构,再多的知识也只能成为一盘散沙,无法发挥出它们应有的功效。

二、学习中存在的两种心理现象

(一)心理疲劳现象

有的学习者在学习过程中会遇到这样的情况,比如:学习中越是想弄懂的越是听不懂,越是想记牢的越是忘得快;生活上感到乏味,对什么都提不起兴趣。

一般说来,学习者在工作学习中感受到轻度的暂时心理疲劳还是正常的,个体可以调动自身的心理潜能来维持心理功能的平衡,也不会有明显的症状。但是如果不注意及时消除,而是人为的强制个体长期处于疲劳状态,那就会加重心理紧张,心理失调就会日渐明显。

陷入心理疲劳的学生,轻则学习效率降低,成绩退步,自尊心、自信心受到损伤;重则出现厌学心理,拖拉成性,抑郁多疑易被激怒,甚至逃学,结伙对抗等等。过度的心理疲劳还会导致身心疾患。

造成心理疲劳的原因很多。首先是因为学习者在学习上有过度的压力。例如高考压力,虽然目前高等教育已是大众化教育,但有的学习者为了考名牌院校,在学习中仍是处于单调的脑力劳动中。时间久了,身心处于疲劳之中,学习效率受到很大的影响。其次是由于有的学习者接触社会少,缺乏社会实践,现实社会中又存在一些阴暗面,使学习者感受不到学习的重要性和迫切性。再次是有的学习者意志力薄弱,受到不良社会现象的影响,总是幻想不劳而获,不愿付出努力获得学习成果。

(二)学习中的高原现象

学习者在学习进程中常会遇到这么一个阶段,即学习成绩到一定程度时,继续提高的速度减慢,有的人甚至发生停滞不前或倒退的现象,这种现象在心理学中称为"高原现象"。由于学习者不了解它的规律,极易产生急躁、焦虑情绪,结果影响学习成绩的提高。高原现象是学习过程必须经过的四个阶段之一,研究结果表明,学习者在学习各种新的知识和技能的过程中,一般要经历以下四个阶段:

1.开始阶段:学习者要了解新事物、熟悉新规律,学习比较费力,因此一开始速度的提高较慢。

2.迅速提高阶段:学习者初步掌握了该知识、技能的重要规律或找到了"窍门"后,学习成绩明显提高,并因此受到鼓舞,提高兴趣,树立信心,因而进步很快。

3.学习高原期:这时由于已经掌握了一些知识,剩下的多是难点,加之精神、心理等多种因素影响,学习进步速度突然放慢,尽管每天的练习也很用心,但成绩提高不大,有时甚至成绩下降,总体上处于一种停滞状态。

4.克服高原阶段:当学习者坚持学习不断改进探索方法,克服了学习途径上的困难,掌握新的规律或技巧后,学习成绩又开始逐步上升。

可见,学习知识技能,必须一个台阶一个台阶地提高前进,一般来说要经过以上四个阶段。当进入高原期,你要认真诊断,找出症结所在,对症下药,就能冲上去到达到另一个台阶,即克服高原现象,取得新的成绩,否则会止步不前。

克服"高原现象"的方法很多,下面从学习方法、学习能力和学习动机等几个方面来探讨克服高原现象的方法。

1.变换学习方法

学习阶段开始所用的方法,到高原期不一定再合理,所以当到了高原期,学习者要尽早探索适应该阶段的学习方法。另外,学习者的学习方法在使用过程中会逐渐暴露出缺点,所以要不断改进学习方法,克服原有缺点。例如,学习数学时,解题方法仅仅停留在初级阶段的常量代换、套用公式、套题型的方法上,那么进一步解决需要运用空间想象力的问题时就必然有一个不适应的阶段,形成停滞不前,因此学习者此时必须变换学习方法。

2.提高学习能力

学习能力差,学习质量不高,更容易产生学习停滞现象。传统的"填鸭式"的训练使许多学生的能力不全面,形成不良的思维定势,影响思维方式的变化与转换,因而要克服高原现象,学习者必须提高自己的学习能力,用心琢磨规律。

3. 增强克服困难的意志力

学习者学到一定程度时,会感觉到非常疲劳,学习积极性会下降许多,这时就需要学习者坚持、再坚持,保持强劲的动力系统,遇到困境时,具有攻关精神和百折不挠的勇气,有顽强的意志力,才能克服"高原现象"。

4. 增加知识储备

知识基础差的学生很容易遇到"高原现象"。知识基础不足的学生在学习上欠债太多,因而克服"高原现象"的一个重要方法是丰富自己的各种知识,打下丰富的知识基础。提高心理素质。有些学生在困难面前易失去信心,对自己的能力估计不足而灰心,进而影响学习进步,所以学生应注意培养自己的心理品质,如增强意志力和耐挫能力等,以一个良好的学习心态去克服"高原现象"。

三、改进学习方法

学习永远没有尽头。英国哲学家卡莱尔曾经说过这样的话:"天才是一种长久刻苦努力的能力。"与其说某些人之所以超越他人,是由于天资过人,倒不如说是由于他能够专心致志并且毫不厌倦地学习。美国未来学家托夫勒说:"如果现在人们用80%的时间来传授知识,用20%的时间来获得学习方法和研究学习方法的话,这种比例一定要改变,甚至可以说应该倒过来。"

了解一下自己的学习方法是否正确。

下面有10个问题,根据自己的实际情况回答。每个问题有三个可供选择的答案:是、不一定、否。

1. 学习除了书本还是书本吗?

2. 你对书本的观点、内容从来不加怀疑和批评吗?

3. 除了小说等一些有趣的书外,你对其他理论书根本不看吗?

4. 你读书从来不做任何笔记吗?

5. 除了学会运用公式定理,你还知道它们是如何推导的吗?

6. 你认为课堂上的基础知识没啥好学,只有看高深的大部头著作才过瘾吗?

7. 你能够经常使用各种工具书吗?

8. 上课或自学你都能聚精会神吗?

9. 你能够见缝插针,利用点滴时间学习吗?

10. 你常找同学争论学习上的问题吗?

答案与说明:第1、2、3、4、6题回答"否"表示正确,其他问题回答"是"表示正确,正确的给10分,错误的不给分。回答"不一定"的题目都给5分,最后计算总分。总分85分以上,学习方法很好;总分65~80分,学习方法好;总分45~60分,学习方法一般;总分40分以下,学习方法较差。如果分数较低,那就要好好地想一想了。

学习方法与学习的过程、阶段、心理条件等有着密切的联系,它不但包含着对学习规律的认识,而且也反映了对学习的内容理解程度。学习方法因人而异,以下几种方法可供学习者参考:

(一)制订正确的学习计划

学习者在学习之前需要设定一个学习目标,这个目标要切实可行,既不能高不可攀,也不要毫无吸引力。有了目标,根据目标制订合理的学习计划。在计划的执行过程中,学习者要明白、学习方法虽然很重要,但更重要的是学习的主动性、自觉性和学习的方向性。

(二)建立学习自信心

学习的自信心来自于学习的实力。对于学习者来说,从过去的学习经历中寻找自己成功的体验,并在优势科目上投入较多的时间和精力,使之优势化,从而不怀疑自己的学习能力,提高自信心。

(三)养成良好的学习习惯

"没有好习惯,成功不容易;拥有好习惯,失败不容易。"著名教育家叶圣陶说过:"凡是好的态度和好的方法,都要使它成为习惯,只有熟练得成了习惯,好的态度才能随时表现,好的方法才能随时随地应用。好像出于本能,一辈子受用不尽。"要养成良好的学习习惯,就要善于利用时间。在学习中必须分清主次,合理地分配自己的精力,从而使自己在繁重的学习中保持清醒的头脑,用有限的精力来使自己取得尽可能高的学习效率,得到最大的学习效果。

(四)要有锲而不舍的精神

学习是很苦的事情,学习者要想学有成效,非下一番苦工夫不可。马克思说:"在科学的道路上没有平坦的大路可走,只有在那崎岖小路上不断攀登不畏劳苦的人,才有希望达到光辉的顶点。"中国古代蒙学经典著作《三字经》中就有许多古人埋头学习的故事:"头悬梁,锥刺股",说古代读书人深夜读书,担心困倦,就用绳子将自己的头发系在房梁上,只要打瞌睡就会被头上的绳子提醒,醒来后自己继续学习;战国时苏秦,苦读兵书,深夜疲劳,就用锥子刺自己的身体来提神。"如囊萤,如映雪,家虽贫,学不辍",说宋代车胤,家中贫寒,夜晚读书无油点灯,就捉来萤火虫,装在纱囊中,借光读书。还有一位叫孙康,借雪的反光读书。这种例子还有很多。因此,对学习者来说,一定要有坚强的意志,才能实现自己的学习目标,才能实现自己的理想。

（五）学会排除干扰

在学习中,来自外界和自身的一些干扰都会影响学习者的学习效率,学习者必须要学会排除和隔离这些学习中的消极因素,将它们的负面效应降到最低。

（六）培养学习中的迁移能力

学习迁移是指学习者在学习某些材料或活动中,所获得的学习结果对其他的学习产生的影响。"举一反三""触类旁通""温故知新"等都指出了学习迁移的道理。迁移现象有两种形式,一种是先前的学习对以后的学习起促进作用,这种迁移称为正迁移;另一种是先前的学习对以后的学习起干扰作用,这种迁移称为负迁移。

学习迁移对学习效果有着很大的影响作用,学习者一旦掌握了正确的学习迁移方法,将起到事半功倍的效果。因此学习者在学习中要有计划、有意识地通过各种学习活动促进学习的积极迁移,消除或尽量避免消极的迁移,从而提高学习效果和自己的学习能力。首先,学习者要努力构建完整的知识结构。学习者掌握的基础知识和基本技能越多,在学习中越能触类旁通,举一反三,学习新知识就越容易,因此构建完整的知识结构是学习迁移的关键。其次,培养联想的习惯。在很多情况下,学习者学习迁移就是借助联想实现的。学习者不仅应该从新问题、新情况出发去联想已有的知识经验,还应该主动从已有的知识经验想到它们可能的应用。第三,减少定势干扰,消除负迁移。生物学家贝尔纳说过:"妨碍人们创新思维的最大障碍并不是未知的东西,而是已知的知识。"因此要克服负迁移,学习者在学习时不但要重视利用求同思维掌握知识,又要加强思维训练,尤其是求异思维的训练。

第二部分

创新思维

第七章 创新与创新能力

[名言警句]

1. 想别人不敢想的,你已经成功了一半;做别人不敢做的,你就会成功另一半。——爱因斯坦

2. 掌握新技术,要善于学习,更要善于创新。——邓小平

3. 创新讲究的是独一无二,而不是模仿雷同。——李可染

4. 企业家更要有创新的精神。——马云

5. 领袖和跟风者的区别就在于创新。——乔布斯

6. 致富的秘诀,在于"大胆创新、眼光独到"八个大字。——陈玉书

[读前设问]

到底什么是创新?创新很难做到吗?创新活动有哪些特点?创新能力是一种什么样的能力?我们的创新潜力到底有多大?创新者与普通人的首要差别是什么?对于企业来说,缺乏创新会导致什么结果呢?创新型企业与传统企业又有哪些差别呢?

[案例链接]

案例一:

福特于1863年7月生于美国密歇根州。他的父亲是个农夫,觉得孩子上学根本就是一种浪费,老福特认为他的儿子应该留在农场做帮手,而不是去念书。

自幼在农场工作,使福特很早便对机器产生了兴趣,而他对用机器去代替人力和牲畜有着非常丰富的想象和无比强烈的愿望。

福特12岁的时候,已经开始构想要制造一部"能够在公路上行走的机器"。这个想法令他兴奋不已。虽然身边的人都认为这一构想太不切实际了,纷纷劝导福特放弃这个奇怪的念头,但福特还是凭借自己坚强的意志用一年多的时间完成了别人需要三年时间的机械师培训课程。从此,老福特的农场便少了一位助手,但美国却多了一位伟大的工业家。

从12岁的构想至36岁创造出第一辆汽车,在这24年的生命历程里,福特为他的梦想投入了全部的心力,反复进行实验,作为一个敢于创新的人,他最终实现

了自己的心愿。

福特的第一辆汽车的诞生,正是由于他首先有了那"奇怪的念头",并努力坚持的结果。很明显,福特是一个具有较强创新意识的人,他不为传统习惯势力和世俗偏见所左右,敢于标新立异,想常人不敢想的问题;他提出了超常规的独到见解,善于联想,从而开辟了新的思维境界。

案例二:

学生们对未来汽车进行了大胆创新。

首先,它的外观看上去就像一只鸡蛋,而尾部的天线又让它像一只老鼠。根据学生们的设计,它将包裹着一层可弯曲的被称为 ETFE(乙烯四氟乙烯聚合物,这也是我国奥运场馆"水立方"使用的材料)的塑料薄膜,这种材料分为好几层,每层间都充满了空气。柔软的外壳使车在遇到轻微的剐蹭时不会造成损坏,当然,在薄层的内侧还会有一个坚硬的车架以保护乘客。

[启示]

正是因为创新起到了点石成金的作用,使一个看似没有价值的塑料薄膜变成了宝贝。世界上任何一个企业、组织要想延续和发展,就必须依靠创新。只有不断创新才能走得更远。创新理论的鼻祖约瑟夫·熊彼德指出,经济发展的根本动力在于创新。

第一节　创新的界定——前所未有

一、什么是创新

(一)什么是创新

曾有人向皮尔·卡丹请教成功的秘诀,他很坦率地说:"就是创新! 先有设想,而后付诸实践,又不断进行自我怀疑。这就是我成功的秘诀。"

到底什么是创新,又怎样给创新下个定义呢?

创新是指人类提供前所未有的事物的一种活动。其中有两个关键词可以帮助我们进一步理解什么是创新,一个是"事物",另一个是"前所未有"。

这里的"事物"所指很广泛,既包括自然科学,也包括社会科学,从天文到地理,无所不有。

这里的"前所未有"却只有一种含义,那就是"首创"。任何的创新都必须是一种首创活动。通俗地讲,首创就是第一个的意思。不过这个首创因为参照对象的不同而有两种不同的含义。

第一，相对于其他人或全人类来说，你是第一，是首创，比如爱因斯坦发现相对论、爱迪生发明电灯等。

第二，虽然相对于其他人我们不是第一个，但相对于我们自己来说，是第一，是首创。比如我们单位搞了一场与往年不同的新年联欢会，推行了新的工作方法，进行了某些方面的改进等。

第一种情况称为"狭义的创新"，第二种情况称为"广义的创新"。按照这个定义，你是否已经可以判断出案例一和案例二分别是哪种创新类型了呢？不过，需要指出的是，案例二并不是简单的模仿，他们在制造中又形成了自己独特的东西，所以，已经从第二种广义创新向狭义创新转化了。

毫无疑问，虽然第二种广义创新比较简单，容易学习和掌握，但真正具有推动社会进步意义的还是第一种狭义创新。

凡事先易后难，现在的创新学习更提倡从广义的创新开始！也就是说，一个人对某一问题的解决是否属于创造性的，不在于这一问题及其解决办法是否曾有别人提出过，而在于对他本人来说是不是新颖的、前所未有的。只要我们相对于自己，有新的想法或做法、新的观念或设计、新的方法或途径，这就是创新。

[案例链接]

案例 1

有一天，山洪暴发，一棵大树被洪水从山上冲到了山下。甲、乙二人同时发现了它，于是二人商量如何分树。

甲很想得到这棵树，但也不能说得太明白，他怕引起乙的不满，便很委婉地对乙说："树是我们两个同时发现的，你说吧，你说怎么分就怎么分！我家最近要盖新房，分完树我还得回家准备材料去！"

乙听了甲的话自然明白了他的意思，他仔细地看了看那棵树，很大方地对甲说："你家盖房子需要木料，我要木料也没什么用。这样吧，树根归我，我回去当柴烧，其余的都归你！"

甲听了乙的话非常高兴，他也很佩服乙的大度。讲好了分树的办法，两个人便各自找来家人帮忙，把树按乙说的办法分开了。甲高高兴兴地把树干运回了家，乙也在家人的帮助下把树根抬了回去。

甲的家里根本不准备盖新房，只是为了得到那棵树才这样讲的。第二天他就把树卖给了一个准备盖房的人，得了 2000 元钱。乙的家人听说了，都埋怨乙。乙只是笑了笑，没有说话。

过了一段时间，乙用那个树根做的大型根雕卖了 10 万元。甲听到这个消息后,气得够呛,但也没有什么办法。

其实,即使当时把树根给了甲,他也只能把它劈了当柴烧。因为和乙相比,甲缺乏一种关键的能力,那就是创新。

请记住,只要是相对于我们自己是新的东西,就可以看作是创新,否则就是重复。

[自我训练题]

按照创新的含义,你是否可以自己举几个例子? 请把它随手写在下面吧!

_____

你看,创新并不难,它就在我们的日常工作和生活中! 或许你已经这样做了!

(二)做别人不做的事

我们之所以提倡广义创新,是为了消除创新的神秘感,消除大家对创新的畏惧心理,但并不是最终的目的。因为更有价值的创新不是相对于自己,而是相对于他人。因此下一步我们要进入狭义创新的讨论。

怎么进一步理解创新呢? 让我们换个说法来看,创新其实就是:做别人不做的事!

案例2

一招不可用两遍

从前,有一个老人在树下卖草帽,不料被树上的一群猴子把草帽哄抢去了。这个老人急中生智,想到猴子有模仿的习性,就将头上戴的草帽取下来,扔到地上。果然,树上的猴子都将草帽纷纷地扔了下来。

后来,这个老人的孙子也来到树下卖草帽,同样遭到树上猴子的哄抢。孙子想到了爷爷告诉他的办法,把头上戴的草帽取下来,也扔到地上。但是,没有一只猴子把帽子从树上扔下来。

孙子无奈地望着树上的猴子,很纳闷,自言自语地说:"爷爷的这一招怎么不灵了?"

这时,猴群中有一只猴子下了树,对孙子说道:"不是只有你才有爷爷的。"

创新是人们进步的动力,人们应该拥有创新意识。循规蹈矩、缺乏创新意识,很难有所成就。管理者不但要具有强烈的创新意识,而且应该在组织中营造创新环境,培养下属的创新意识,不断激发下属的创新热情。

案例3

狐狸如何来评判

两只老虎共同捕到一只猎物,猎物分完以后,双方却发生了争执,它们都认为对方比自己分得多。于是它们找到了聪明的狐狸,请它来进行评判。

聪明的狐狸知道无论自己怎么评判都难免会得罪一方,得罪任何一只老虎对自己而言都没有什么好处,该怎么办呢?狐狸察看了双方所分的猎物,其实两边分得大抵相当,很难判断谁多谁少。

两只老虎都在狐狸面前诉说不满:

"你瞧他的,比我的多多了。"

"啊呀,我太吃亏了,一碗水总得端平呀!"

听完之后,狐狸灵机一动,心里有了主意。

狐狸笑笑说:"你们是否都认为自己东西分得少,对方分得多呢?"

两只老虎答:"是的。"

狐狸接着说:"既然你们都承认对方东西比自己分的东西多,那么,你们就互相对调一下,如何?"

两只老虎无话可说了,交换了猎物,各自回去了。

看似不可能解决的两难问题,其实隐藏着相应的圆满解决之法。不应在惯性思维中长时间徘徊,而是要善于打破常规,另辟蹊径。在解决两难问题时,应具有创新意识,认真分析问题的关键症结,针对关键点找出解决问题的创新方式。

案例4

球落洞中怎么办

有位名叫小樱子的小姑娘,在听到少年文彦博用水取球的故事后,突发奇想:"应该会有更多的办法取出洞中的球。"于是,她想到了一个游戏来寻找更多的办法。

她把小伙伴们召集起来,对他们说道:"我们来玩一个游戏。假设我们把皮球滚到一个洞里面去了,大家每个人想一个办法,也可以否定别人的办法。凡说得有道理的均可以奖励一个泡泡糖。现在以抽签决定先后顺序。"抽完签,她便喊开始。

抽到第1号的孩子说:"我用手从洞里把皮球捡出来。"大家听完都笑了,说他的方法太简单了。

第2号否定道:"如果洞再深一些,手够不着呢?"

第3号接着说："那我回家拿火钳把它夹出来。"

第4号否定道："如果火钳太短怎么办?"

第5号接着说："那我用竹棍子将它拨出来。"

第6号否定道："如果是个弯洞,那又该怎么办?"

第7号接着说："我会灌水让皮球浮出来。"

第8号否定道："但如果那是个沙洞呢?"

第9号接着说："那我用锄头挖沙,把皮球给挖出来。"

第10号又否定道："如果那不是一个沙洞,而是一个石头洞,又弯,又漏水,又深,怎么办呢?"

第11号笑着说："那我不要这皮球了,让妈妈给我再买一个。"

第11号最终也获了奖。为什么呢?因为当取球的代价已经超过皮球的价值时,就没有必要再去做得不偿失的事情了。

后来这个游戏被很多企业当作培训员工创新能力的方法。

创新意思的本质是批判的、革命的。要善于吸取旧事物、旧观念中的合理因素,并在此基础上进行创新,从而提出自己的新想法、新观点。应当注意吸取各方面的已有成果,不断增强自己的创新能力,善于对问题进行发散性思考,从而探索出解决问题的新途径、新方法。

案例5

他的想法很片面

有一位老人十分擅长捕鸟,他编织的捕鸟罗网上结满了密密匝匝的网眼,每次都能捕到不少鸟雀。

这一天,老人又守候在树林里,他张开罗网,在下面撒了些食物。不一会儿,有一群鸟雀飞下来了,果然,有不少的鸟雀撞到网上,成了老人的囊中之物。

有个年轻人一直在一旁观看老人捕鸟,他觉得十分有趣。可是,却也发现了其中的一个"秘诀",那就是:一只鸟头只钻进一个网眼就被捉住了,于是他想道:既然网住一只鸟只需一个网眼,那干吗还要去编织那么多的网眼呢?成百上千个网眼,难道一次真能网住那么多鸟吗?那个老人也真是不嫌麻烦,实在太笨了。

于是他回到家里,将捕鸟的罗网进行了一次"革新"。他将麻绳一根根结成单独的小圆圈,然后把这些小圆圈分别系在一根长竹竿上,准备也到树林中去捕鸟。

年轻人把长竿靠在树枝上,守候着鸟雀撞在那一个个的圆圈里,可是一批又一批的鸟飞下来又都飞走了,他在树林里守候了一天,连一根羽毛都没得到。

年轻人沮丧地扛着长竹竿往家走。路上别人见了都觉奇怪,问他:"你这个东西是做什么用的?"

他回答说:"捕鸟用的。"

别人笑着说:"新鲜! 还没见过这种捕鸟的东西呢。"

他说:"这是我改进后的独目网。一只鸟只需钻一个网眼,我做的这个网不是比一张联结许多网眼的大罗网省事多了吗?"

路人笑了,问他:"那你捕的鸟呢?"

年轻人惭愧地低头不语。

创新,应把握住事物的本质规律。孤立地、片面地看问题,就无法认识事物的本质与相互联系,更无法进行创新。事物都是由一定结构和层次构成的有机系统。因此,进行创新就应树立系统观念,避免以偏概全和只顾眼前利益的短视行为。

案例6

鼻子也可用来弹

一次,莫扎特对他的老师海顿说:"老师,我写了一段曲子,你准弹不了。"

"那怎么可能? 还有老师不会弹的曲子吗?"海顿自信地说。但是,当他从莫扎特手中接过乐谱,弹起来以后,就发现—— 当他的双手分别弹响钢琴两端的时候,却正好有一个音符出现于琴键的中间位置,海顿假装生气地说:"你是不是在搞恶作剧为难老师?"很快他又笑着说:"这首曲子谁也弹不了啊。"

"我就可以。"莫扎特坐在钢琴前面很自信地弹了起来。当弹到那个海顿认为"不能弹奏"的音符时,只见他迅速地低下头,用自己的鼻子按响了琴键,很轻松地就把这个难题给解决了。

海顿大为赞叹,对眼前的这位学生很是佩服。

故步自封的人,遇到难题就认为是不可逾越的高山,很难有信心和勇气攀登创新的高峰;而具有强烈创新意识的人,总会把难题视为创新的种子,精心培育使之开花结果。创新就是敢于打破常规,把不可能变成可能。只有具有强烈的创新意识,才能在通往成功的道路上走得更远。

案例7

为何不把气放点

从前,有一辆货车在通过一座天桥时,司机因为没有看清天桥的高度标记,结果车正好被卡在了天桥下面。因为当时车上装的货物很重,所以一下子很难把货车开出来。

为了弄出这辆货车,司机和当地交管部门的工作人员想尽各种办法,都无济于事。这时,旁边围观的一个小孩子走了上来,笑着说道:"你们为什么不把车胎的气放点出来呢?"

大家一想,都觉得这确实是一个办法。于是,司机便放了一些车胎气,使货车的高度降了下来,最终,汽车顺利地通过了天桥。

创新不一定都是很高深的活动,有可能最简单的方法也是一种创新。面对问题,要抓住解决问题的关键,创新不一定要进行很复杂的思考,重要的是要分析出解决问题的关键点。

[自我训练题]

创新除了可以说成"做别人不做的事"外,还能换成什么说法? 越多越好。

_____。

_____。

_____。

二、创新的特点

1.普遍性。创新是我们每一个人都可以做的事情,人人都可以创新。创新存在于一切领域,没有哪个事业、哪个行业、哪个领域是一成不变的。

2.永恒性。创新是人的本能,只要有人类,就应有创新,这种活动受人类自我本能的支配。什么事情都可以停止,但创新的脚步会永远不会停止,创新伴随着我们人类的前进和发展。

3.超前性。想别人不敢想的,做别人不敢做的。毛泽东思想就具有非常大的超前性。他就能够把马克思主义跟中国的具体实践相结合,开创性地提出了农村包围城市武装夺取政权,才取得了中国革命的胜利。

4.艰巨性。任何创新可能都会经历很多的挫折和困难,只有不畏艰辛最终才能获得成功。

5.社会性。很多创新都会对我们的整个社会经济和生活产生巨大的影响。

6.创新无止境。可能最好的创新永远在明天,创新永远来源于我们对现状的不满足。

规律表明,那些真正的创新大师们往往都是知识渊博的人,他们在多个领域都有建树,只是在某个领域更加突出而已。就像某位哲人所说,科学的殿堂就像一所大房子,不同的学科只不过是这所大房子开的一个个窗户而已。换句话说,不同学科之间的原理可能是相通的。

因此,不要怕转行,必要的时候转行可能带来意想不到的结果。另外,要博览群书,这样非常有利于创新活动。这就是现代社会复合型人才受到广泛欢迎的原因。

另外,在创新面前人人平等,谁都可以成为创新的强者,没有任何人是权威。很多时候,我们对权威的过分迷信会形成对创新活动的巨大阻碍。让我们一起来看下面的两个例子。

案例8

权威心理

南朝的刘勰写出《文心雕龙》无人重视,他请当时的大文学家沈约审阅,沈约不予理睬。后来他装扮成卖书人,将作品送给沈约。沈约阅后评价极高,于是《文心雕龙》成为中国文学评论的经典名著了。平凡人物,一旦被新闻媒体炒作,也变得身价百倍,这也是新闻的权威效应产生的结果。

案例9

迷信权威,错误判断

美国心理学家们曾经做过一个实验:在给某大学心理学系的学生们讲课时,向学生介绍一位从外校请来的德语教师,说这位德语教师是从德国来的著名化学家。实验中这位"化学家"煞有其事地拿出了一个装有蒸馏水的瓶子,说这是他新发现的一种化学物质,有些气味,请在座的学生闻到气味时就举手,结果多数学生都举起了手。对于本来没有气味的蒸馏水,由于这位"权威"的心理学家的语言暗示而让多数学生都认为它有气味。人们都有一种"安全心理",即人们总认为权威人物的思想、行为和语言往往是正确的,服从他们会使自己有种安全感,增加不会出错的"保险系数"。同时,人们还有一种"认可心理",即人们总认为权威人物的要求往往和社会要求相一致,按照权威人物的要求去做,会得到各方面的认可。因此,这两种心理就诞生了权威效应。

[自我训练题]

中国著名教育家陶行知先生在他的《创造宣言》中说:"处处是创造之地,天天是创造之时,人人是创造之人……"你对此论述如何理解?

_____

_____。

三、创新的性质

创新的性质有两个:无中生有和有中生无。无中生有是指科学发现和技术发明,有中生无是指对现有事物的改进。

案例 10

无中生有

1966 年 7 月,《中国画报》刊登了王铁人的照片。日本人从王铁人头戴皮帽及周围的景象中推断出,大庆地处零下 30 度左右的东北地区,大致在哈尔滨和齐齐哈尔之间。1966 年 10 月,《人民中国》杂志在介绍王铁人的文章中,提到了马家窑,还提到了钻机是人推、肩扛弄到现场的。日本人据此推断出油田与车站距离不远,并从地图上找到了这个地方。接着,又从一篇报道王铁人 1959 年国庆在天安门上观礼的消息中分析出,1959 年 9 月王铁人还在玉门,以后便消失了,这表明大庆油田开发的时间是 1959 年 9 月以后。1966 年 7 月,日本人对《中国画报》上刊登的一张炼油厂照片进行了研究。照片上没有尺寸,但有一个扶手栏杆。按常规,扶手栏杆高 1 米左右,他们依比例推算出炼油塔的内径、炼油能力,并估算出年产量,由此日本人得到了当时我们还极为保密的商业情报,开始与我们进行出卖炼油设备的谈判。

日本人能从几乎没有前提的情况下,看出确确实实的"有"来,这实在是一种超凡的智慧。

案例 11

餐厅精心制作假象轰动首都全城

几年前,在美国肯塔基州的一个小镇上,有一家格调高雅的餐厅。店老板察觉到每星期二生意总是格外冷清,门可罗雀。

又到了一个星期二,店里照样是客人寥寥无几。店老板闲来无事,随便翻阅起了当地的电话号簿。他发现当地竟有一名叫约翰·韦恩的人,与美国当时的大明星同名同姓。这个偶然的发现,使他的心为之一动。他立即打电话给这位约翰·韦恩说,他的名字是在电话号码簿中随便抽样选出来的,他可以免费获得该餐厅的双份晚餐,时间是下星期二晚上 8 点,欢迎他偕夫人一起来。约翰·韦恩欣然应邀。

第二天,这家餐厅门口贴出了一幅巨型海报,上面写着"欢迎约翰·韦恩下星期二光临本餐厅",这张海报引起了当地居民的骚动和瞩目。

到了星期二,来客大增,创下了该餐厅有史以来的最高纪录。尤其是那个晚上,6点钟还不到就有人在等着被安排座位,7点钟队伍已排到大门外,8点钟店内已挤得水泄不通。大家都想一睹约翰·韦恩这位巨星的风采。

过一会儿,店里的扩音器广播到:"各位女士,各位先生,约翰·韦恩光临本店,让我们一起欢迎他和他的夫人。"

霎时,餐厅里鸦雀无声,众人的目光一齐投向大门口,谁知那儿竟站着一位典型的肯塔基州老农民,身旁站着一位同他一样不起眼的夫人。原来这位矮小的仁兄就是约翰。

店老板非常尴尬、惶恐,后悔这个安排太荒谬、离谱,但就在这时,人们顿时明白了这是怎么回事,于是在寂静了一刻之后,突然爆发出掌声和欢笑声,客人们簇拥着约翰夫妇上座,并要求与他们合影留念。

从此以后,店老板又继续从电话号码簿上寻找一些与名人同名的人,请他们星期二来晚餐,并出示海报,普告乡亲。于是,"猜猜谁来晚餐""将是什么人来晚餐"的话题,为生意清淡的星期二带来了高潮。

其实,改进型的创新就是这么简单。

四、创新的过程

创新的过程,分为两步:想和做。意思是敢于想前人所未想,做前人所未做。但前提在于"敢"字。一定要敢于去尝试!

想和做怎样才能够联结起来呢?我们常常听说"从实际出发"这句话,这就是想和做联结起来的一条路。想的时候要从实际出发,就不能"空想",必须去接近实际。怎样才能够接近实际?当然要观察。光靠观察还不够,还得有行动。举个例子来说,人怎样学会游泳的呢?光靠观察各种物体在水中浮沉的现象,光靠观察鱼类和水禽类的动作,那是不够的,一定要自己跳下水去试验,一次,两次,十次,几十次地试验,才学会了游泳。如果只站在水边,先是一阵子呆看,再发一阵子空想,即使能够想出一大堆"道理"来,自己还是不会游泳,对于别的游泳的人也没有好处。这样空想出来的"道理"其实并不算什么道理。真正的道理是在行动中取得的经验,再根据经验想出来的。而且想出来的道理到底对不对,还得拿行动来证明:行得通的就是对的,行不通的就是错的。有些人只会空想,不会做事。他们凭空想了许多念头,滔滔不绝地说了许多空话,可是从来没认真做过一件事。

也有些人只顾做事,不动脑筋。他们一天忙到晚,做他们一向做惯的或者别人要他们做的事。他们做事的方法只是根据自己的习惯,或者别人的命令,或一般人的通例。自己一向这样做,别人要他们这样做,一般人都这样做,他们就"依葫芦画瓢",照样做去。到底为什么要做这件事,为什么要这样做,有没有更好的办法,他们从来不想一想。

我们瞧不起前一种人,说他们是"空想家",可是往往赞美后一种人,说他们能够"埋头苦干"。能够苦干固然是好的,但是只顾埋着头,不肯动动脑筋来想想自己做的事,其实并不值得赞美。

千里之行,始于足下。一定要敢于去尝试!

五、创新的意义——企业发展的关键

(一)对于企业来说,创新意味着什么

一个企业必须在一定的时代背景下才能发展,一个产品必须在顾客需求的基础上才会热卖。

以前我们为了争夺市场仅仅限于产品款式、花色的创新,依葫芦画瓢,在表面上做文章,结果是永远跟在人家屁股后面跑。我们太善于追随,而非领先。于是就在竞争策略上创新,但回过头来看,低价也是没出路,虽然这是很有效的市场策略。

以中国鞋业为例。我们最大的挑战是创新,上万家鞋厂天天在创新,市场虽然增长很快,但我们的创新不够系统,很不规范,很多流程和管理太随意化,企业在利润低的时候很难再投入大量的资金,去真正地把市场和行业做长久。

一个企业或者一个行业,仅仅靠一个人或一种产品的发明或者限于外在、技术的创新,是没有希望的,也是不会长久的。

创新是系统,需要产品、技术、市场、管理、服务等等各个方面的协同效应。而很多中国企业恰恰迷失在局部,败在了全局。

一项全球研究数据表明,在四项新产品开发项目中如果只有一项能够取得成功,那么用于开发的资源中近50%都浪费了。现实市场中,我们大量的创新思想无法付诸行动,进入市场的产品也面临着高失败率,许多企业的宝贵资源都浪费在失败的产品上。

亨达一个皮革接缝技术的创新,算了一笔账:如果此技术能在全国推广使用,按照每双鞋1.5平方英尺,全国年产皮鞋90亿双计算,年节约皮料可达22.9亿平方英尺(按每头牛出皮量40平方英尺计算,相当于节约5700万头牛的产皮量),按照每平方英尺皮料25元计算,年节约资金达573亿元。亨达这项技术对于节约、生态、文明型社会的打造,推动皮革行业循环经济的发展起到了直接的拉动作用。

创新是欣赏,更是尊重。营造一种创新的文化来鼓励创造力,推动亨达团队协作,通过可靠适用的绩效评价指标来保证创新文化的强化。这是我们自我挑战的最大关键。而尊重和欣赏企业内外的协同创新文化也成为亨达未来成功的根本。

创新是个老话题,在一个新消费时代,在一个市值的资本时代,在一个软实力竞争的时代,在一个品牌制胜领先的时代,在一个充满着不确定性和危机的竞争与挑战时期,在一个风险与机遇并存的繁荣时期,如何把握繁荣并管理繁荣,如何协同创新并实现创新价值,这才是个真正的挑战。

创新是个体的,更是协同的;是单位的,更是全体的。

(二)创新型企业与传统企业的差别

1. 对待革新的态度——企业文化氛围不同

传统企业习惯于维持现状,形成定势思维。创新型企业则善于用变化的眼光看问题。

2. 对新观点的看法不同

传统企业如果新观点不能立即付诸实践,就不要去搭理它。创新型企业,一再被实践所证明的东西,就算不上什么新观点。

3. 谁对创新负责

传统企业认为是研发部门负责。创新型企业中的每一个人,都立足于自己的岗位进行创新。

4. 企业人员的主要担心不同

传统企业中的员工主要担心的是犯错误,创新型企业中的员工则担心:不学习、不改进,就会被淘汰。

5. 对竞争优势的认识不同

传统企业认为竞争优势来自于产品和服务,创新型企业认为是来自于创业知识,学习力和创新能力。

6. 对外界变化的反应不同

传统企业的反应迟缓,创新型企业的反应敏锐。

在这里,需要说明一点的是:企业是一个系统,一定要用系统论的观点来看待企业。也就是说,企业的成功是方方面面的因素共同作用的结果,而企业的失败只需要一个因素就够了。因此,尽管我们强调创新,认为创新能力是企业的核心竞争力,但仅仅有创新是不够的,企业还需要扎扎实实做好各项工作。

第二节　创新能力

用冰来做输油管

有一支南极科考队,历尽千辛万苦终于来到了南极。在队长的指挥下,大家齐心协力把一根根铁管连接起来,准备铺设一条管道,然后通过这条管道把船上的汽油运输到基地。当输油管道马上就要接通的时候,大家发现了一个可怕的问题,铁管没有了,但管道还不够长!队员们翻遍基地每个角落,也没有找到一根管子。看着尚未完成的管道,大家茫然无措。这时,忽然听到一个声音:"有办法了。"原来一个聪明的队员突然灵机一动,想到:"可以用冰来制造管道。"只见他从基地仓库里翻出很多医用绷带,然后把它们绕在一根铁管上,用水淋湿。待水微微结成冰时,他把绷带"冰管"轻轻地从铁管上抽出来,然后再浇上些水。不久,一根冰管道就出现了。队员们如法炮制,最终成功地解决了这个难题。

环境是创新活动的土壤,环境中的一切因素都可能为创新创造条件和带来灵感。因此,管理者应认真观察环境,努力寻找一切有助于创新的环境因素。具有创新意识的管理者面对困难时不会手足无措,他们会积极寻找解决问题的办法,在寻找的过程中进行发散性思维,最终有效解决问题。

一、创新能力是什么?

创新能力简称为创造力,特指创造者进行创新活动的能力,也就是产生新的想法和新的事物或新理论的能力。

为了简练起见,我们下面可能会更多的使用创造力这个词。

创造者可以是个人,也可以是群体或国家,由此,可区别称为个人创造力、群体创造力或国家创造力。但群体及国家的创造力都是以个人创造力为基础的,故本书着重谈的是个人创造力的提升。

尽管我们已经了解创造力的含义,但大家可能还是不能准确地把握它。那创造力到底是一种什么能力呢?

下面我们要对创造力和智力作一个比较。

智力是一种建立在一定知识、经验基础上的认知能力,也就是人们认识的世界的能力。如果你今天教给一个小孩子这个东西叫"杯子",明天再问他"这叫什么",他立刻能说出"杯子",我们就说这个孩子智力好。智力的核心能力是记忆力,还包括注意力和观察力。

创造力是一种改造世界的能力。要改造这个世界,首先要认识这个世界,因此创造力包括智力,智力是创造力的必要条件。

现代观点认为,智力是一种中间能力,而创造力才是人的最终能力。正因为如此,创造力成为人类最主要、最宝贵的能力。一般来说,优秀的人、成功的人也是创造力出众的人。

换个角度说,我们不仅要知道世界是什么,它是怎么来的,还要知道怎样改造世界。学生在学校里不仅要学习认识社会、适应社会,更要学习如何改造社会。

案例 12

裙子带来的灵感

可口可乐是风靡世界的饮料,它的成功首先应归功于其配方。但是它"性感"的玻璃瓶曲线作为一种独特的标识,也让消费者过目不忘。历史上,老可口可乐瓶子与其他饮料瓶排在一起,并无特色。如果不看瓶贴,消费者很难把它同其他深色饮料区分开来。1915 年的一天,鲁特玻璃公司的一位年轻工人在同女友约会中,发现女友穿着一套筒型连衣裙,显得臀部突出,腰部和腿部纤细,非常好看。约会结束后,他突发灵感,根据女友穿的这套裙子的样子设计出一个玻璃瓶。经过半个多月的反复修改,一种新式的瓶子问世了。他不仅将瓶子设计得非常美观,很像一位亭亭玉立的少女,还把瓶子的容量设计成刚好一杯水大小。瓶子试制出来之后,获得大众的交口称赞。他还把设计申请了专利。一般认为,一理想的瓶子应该具备下列条件:1. 握住瓶子颈时,不会有滑落的感觉;2. 里面所装的液体,看起来比实际分量多;3. 外观别致。而这种曲线瓶子完全具备了上述优点。1923 年,他的专利权被可口可乐公司买下,专利转让费高达 600 万美元。1960 年,代表可口可乐的曲线瓶被注册为商标,印在所有可口可乐的标签上。

事物之间都存在着某种联系,创新的重要内容就是努力寻找并发掘出这种联系,通过事物相互间的联系找到创新的灵感。生活是创新的重要灵感之源。

案例 13

他让车灯会眨眼

国内有位年轻人,他在晚上搭乘出租车时,发现对面的车并没有按行车规则变换车灯的远近光,刺眼的灯光晃得他很不舒服。于是他想到这样一个问题:两辆汽车夜行会开大灯,这样对彼此都有危险,那能不能设计制造出一种会眨眼睛的车灯呢? 这个想法非常具有创意。他到网上查证了一下,世界上还没有这样的发明。就连很擅长机械制造的日本人,最多也只发明了一种通过手动调节杆使车灯"眼皮"半合以减小亮度的装置。于是他开始实践自己的创意。好的创意当然能设计出好的产品,他发明了一种车灯,前端设置一个光敏元件,后面设置一套调整电压的线路。当光敏元件测得对面车灯很亮时,车灯就会自动调节减小电压,从而减小功率和光亮,"温柔"地让对方通行。他把自己的样品带到了某次工业博览会上,没想到,当天就拿到了2000万元的订单,一举打开了市场。

问题是进行创新的重要推动力,有了问题,就需要用高效的方式方法进行解决,而高效的方式方法在很大程度上需要通过创新才能找到。善于发现工作中的问题,努力寻找有效的解决方法,这是有所创新的前提。

谈到这里,你对创造力——改造世界的能力应该有了一个初步概念了吧。

二、创新能力的构成

下面我们进一步对创新能力进行深入分析。人的创造力由哪些部分组成呢?请看下面的创造力公式:

公式一:创造力 = 智力 + 创造性

智力是创造力的必要条件,是基础。我们要想改变这个世界,首先要认识这个世界。因此,一个成功的创新者必然要掌握大量的相关知识和技能。当然,这里的知识不仅包括书本上的专业知识,还包括实践中的经验积累。

公式二:创造性 = 创新精神 + 创新思维 + 创新方法

创造性是创造力的充分条件。有没有创造性是一个人有没有创造力的核心。有的人智力很好,书读了很多,知识很丰富,学历也很高,但就是缺乏创造性,因此一生中没有多少真正的创造性成果;而有些人学历虽然不高,在开始进行创新的时候也没有积累大量的知识,但他们的创造性很好,尤其是创新精神和创新思维方面超常,最终他们取得了令人羡慕的成绩,也为人类的发展做出了巨大的贡献。下面这几例就是这样的代表:

瓦特:工人,发明了蒸汽机。

斯蒂芬森:放牛娃,发明了火车。

李春:石匠,设计了赵州桥。

李时珍:落第书生,药物学家。

华罗庚:店员,著名数学家。

齐白石:木工,国画艺术大师。

高尔基:杂工,伟大的文学家。

吴运铎:工人,兵工专家。

还有大家熟悉的爱迪生,他只念了 3 个月的小学,一生中却有两千多项发明,一千多项专利,平均每 15 天有一项发明。他的许多发明都彻底地改变了这个世界,改变了人类的生活。

创造性公式中的这三项都很重要。其中,创新精神是创造力的前提,创新思维是创造力的核心,而灵活运用创新的方法能让创造力快速得到提升。

请思考:

在理解了创造力含义的基础上,你应该得出这样的结论:现实中每个人的创造力是不一样的。你认为这种差别是天生的吗? 你敢说自己是创造力高的人吗? 你觉得自己的创造力还有多少潜力可以挖掘?

三、创新潜力的挖掘

人的创新潜力是巨大的,以下关于创造力的三个特点可以说明这一点(提示:包括这三个特点在内的一系列结论获得了诺贝尔奖,获得者是美国芝加哥大学的 RW. 斯佩里博士及他领导的研究小组)

创造力的三个特点是:

(1)创造力人人都有。决定创造力的是人的大脑,只要脑细胞发育正常,每个人都有创造力,并且每个正常人的创造力天赋都相同。也就是说,我们一生下来是站在同一起跑线上的——我们大家在婴幼儿期和爱因斯坦、爱迪生有着同样的创造力。

这一结论打破了"天才论",纠正了人们过去一直认为的创造只是少数人的所为,普通人可望不可即的错误思想,揭开了创造的神秘面纱。

也许你要问,既然我们荣幸地和爱因斯坦、爱迪生有同样的创造力,那为什么我们没有成为爱因斯坦或爱迪生呢? 对这一问题的回答请见创造力的第二个特点。

(2)创造力是潜力,需经过开发才能释放。创造力必须经过开发才能表现出来,如果不开发,永远是潜力,一直到老。每个人的创造力大致是相同的,即使是有区别也没有数量级的区别。之所以后来表现的差别极大,是因为开发的程度不同,只要我们去开发,创造力就会释放;不断开发,就会不断释放,我们的创造力水平就会不断提高,人人都可以成为创造的强者。

那么,人的创新潜力到底有多大,创造力什么时候开以开发到头呢? 不断地开发会不会把脑子累坏呢? 请看创造力的第三个特点。

(3)创造力无穷无尽。要回答这样的问题,先要从脑细胞的数量谈起。

每个人长到 12 岁后,脑细胞基本发育成熟,其总数量达到了 140 亿个。你可能要问这 140 亿个脑细胞意味着什么？它相当于 100 万亿台计算机,假如它全部用来记忆的话,能记住多少本书呢？50 本,还是 1000 本呢？

都不对,正确的答案是 500 000 000 本,即 5 亿本!

这个数字与我们的想象值有巨大差距,它就是我们潜在的脑资源,就是我们的创新潜力!

请记住:一个人能做的事比他所做的事要多得多! 人脑 24 小时的显意识与潜意识活动量极大,如用文字记录下来约可写成 20 万字,但其中有创造价值的部分仅为数百至数千字。

研究表明,普通人一生中只用了全部脑细胞的 3% ~5% ,其余 95% ~97% 都未被开发利用,所谓的人才也只用了 10% 。那么伟人用了多少呢? 伟大的科学家爱因斯坦逝世后,捐献了自己的大脑,经二十余年的研究发现,爱因斯坦的脑细胞数量及重量与常人一样,只是细胞之间的触突较多,说明用脑较多,但也只是用了全部脑细胞的 30% ! 这位划时代的、以头脑当实验室的物理学家,也依然有70% 的脑资源未被开发利用。

因此,我们可以得出结论,相对于有限的生命来说,我们有无限的脑资源。而前面讲了,创造力存在于人脑之中,那么,无限的脑资源中自然也潜藏着无限的创造力,这就是为什么说创造力潜力无穷的原因。只要我们去开发,每个人都有可以成为人才,成为伟人。

综上所述,创造力有三个特点,即创造力人人都有;创造力是潜力,需要开发才能释放;创造力潜力无穷。这三句话看起来很简单,但却是真理。真理都很简单,可一旦被群众掌握,就会爆发"革命"! 爆发"脑内革命"!

四、"21 天训练法"

长期以来,由于创新本身的复杂性,使创新能力和创新过程蒙上了一层神秘的面纱,而每个人与生俱来的创造力也被视为少数人的天赋才能。但大量的事实证明,创造力不只属于某些天才们,普通的平凡人经过开发训练,一样可以进行创新活动。

美国布法罗大学曾经通过对 330 名大学生的观察和研究,发现受过创造性思维教育的学生,在产生有交往的创新方面,与没有受过这种教育的学生相比,平均提高了 90% 。

另一项测试表明,学过创新方面课程的学生,同没有学过这类课程的学生相比,学过的学生在自信心、主动性以及指挥能力方面都有大幅度提高。

美国通用电气公司长期坚持开发职工创造力的培训。他们得出的结论是:那些经过创造力开发培训的人,发明创造和获得专利的速度,平均要比未经过培训的人几乎高三倍。

大家都知道,美国的普通教育和高等教育对学生掌握基础知识和技能的要求并不高,但他们非常注意创造力的开发,培养了大批有创造性的人才,这也是至今西方经济60%以上的重要科技成果都出自美国人(当然包括移民)的根本原因。请看下表的统计数据:

1909～2007 世界各国获诺贝尔奖的情况一览表

序号	国家名称	物理学奖	化学奖	生理或医学奖	经济学奖	合计
1	美国	85	58	88	40	271
2	英国	21	25	28	6	80
3	德国	21	28	15	1	65
4	法国	12	8	8	1	29
5	瑞典	4	4	8	2	18
6	瑞士	3	6	6		15
7	荷兰	8	3	2	1	14
8	俄罗斯	9	1	2	2	14
9	奥地利	3	2	6	1	12
10	丹麦	3	1	5		9
11	日本	4		1		9
12	意大利	3	1	3	1	8

第三节　创新精神

一、电话的发明

亚历山大·格拉汉姆·贝尔(Alexander Graham Bell,1847年3月3日～1922年8月2日),美国发明家和企业家,他获得了世界上第一台可用的电话机的专利权(发明者为意大利人安东尼奥·梅乌奇),创建了贝尔电话公司(AT&T 公司的前身),被世界誉为"电话之父"。他是如何做到这些的呢?

在莫尔斯电报发明后的20多年中,无数科学家试图直接用电流传递语音,贝尔也把发明电话作为自己义不容辞的责任。但由于电话是传递连续的信号而不是电报那样不连续的通断信号,这一设想在当时的实现难度好比登天。他曾试图用连续振动的曲线来使聋哑人看出"话"来,没有成功。但在实验中他发现了一个有趣现象:每次电流通断时线圈发出类似于莫尔斯电码的"嘀嗒"声。这引起贝尔大胆的设想:如果能用电流强度模拟出声音的变化不就可以用电流传递语音了吗？随后的两年内贝尔刻苦用功掌握了电学,再加上他扎实的语言学知识,使他如同插上了翅膀。他辞去了教授职务,一头扎入发明电话的试验中。在万事俱备只缺合作者时他偶然遇到了 18 岁的电气工程师沃特森。两年后,经过无数次失败后他们终于制成了两台粗糙的样机:圆筒底部的薄膜中央连接着插入硫酸的碳棒,人说话时薄膜振动改变电阻使电流变化,在接收处再利用电磁原理将电信号变回语音。但不幸的是试验失败了,两人的声音是通过公寓的天花板而不是通过机器互相传递的。

正在他们冥思苦想之时,窗外吉他的叮咚声提醒了他们:送话器和受话器的灵敏度太低了！他们连续两天两夜自制了音箱,改进了机器,然后开始实验,刚开始沃特森只从受话器里听到嘶嘶的电流声,终于他听到了贝尔清晰的声音:"沃特森先生,快来呀！我需要你！"1875 年 6 月 2 日傍晚,当时贝尔 28 岁,沃特森 21 岁。他们趁热打铁,经过半年的改进,终于制成了世界上第一台实用的电话机。1876 年 3 月 3 日(贝尔的 29 岁生日),贝尔的专利申请被批准,专利号为美国174465。其实,在贝尔申请电话专利的同一天几小时后,另一位杰出的发明家艾利沙·格雷也为他的电话申请专利。由于这几个小时之差,美国最高法院裁定贝尔为电话的发明者。

回到波士顿后两人继续对它进行改进,同时抓住一切时机进行宣传。两年后的 1878 年,贝尔在波士顿和沃特森在相距 300 多公里的纽约之间首次进行了长途电话实验。与 34 年前莫尔斯一样取得了成功。所不同的是他们举行的是科普宣传会,双方的现场听众可以互相交谈。中途出了个小小的问题:表演最后节目的黑人民歌手听到远方贝尔的声音后紧张得出不了声,急中生智的贝尔让沃特森代替,沃特森鼓足勇气唱出的歌声使双方的听众不时传来阵阵掌声和欢笑声,试验圆满成功。

1877 年,也就是贝尔发明电话后的第二年,在波士顿设的第一条电话线路开通了,这沟通了查尔斯·威廉斯先生的各工厂和他在萨默维尔私人住宅之间的联系。也就在这一年,有人第一次用电话给《波士顿环球报》发送了新闻消息,从此开始了公众使用电话的时代。

电话发明至今,从工作原理到外形设计都有不小的变化,现在它成了我们的生活学习离不开的"必备品"。100 多年来,提起电话,我们能记住的只有亚历山大·格拉汉姆·贝尔。

当我们拿起电话的时候,是否也能像贝尔那样不怕失败、敢于创新？不断变革创新,就会充满青春活力,否则,就可能会变得僵化。敢于创新其实就是要打破常规,就是要摆脱定式思维的束缚,勇于尝试进而得到创新。

二、创新者首要具备的条件

创新精神是创新者首要具备的条件,是区别于普通人的最主要特征。

精神是指人的意识、思维活动和一般心理状态,例如精神面貌、精神错乱、精神上的负担,又比如:奥林匹克精神(Olympic Spirit)就是相互了解、友谊、团结和公平竞争的精神。

创新精神属于科学精神和科学思想范畴,是进行创新活动必须具备的一些心理特征。它包括创新意识、创新思维和创新能力。创新精神是一个国家和民族发展的不竭动力,也是一个现代人应该具备的素质。只有具有创新精神,我们才能在未来的发展中不断开辟新的天地。创新——企业文化的精髓,是企业长盛不衰的法宝。正确引导员工创新是新时期下企业文化建设的一个新课题。

创新精神是一种勇于抛弃旧思想旧事物、创立新思想新事物的精神。例如:不满足已有认识(掌握的事实、建立的理论、总结的方法),不断追求新知;不满足现有的生活生产方式、方法、工具、材料、物品,根据实际需要或新的情况不断进行改革和革新;不墨守成规(规则,方法、理论、说法、习惯),敢于打破原有框框,探索新的规律,新的方法;不迷信书本、权威,敢于根据事实和自己的思考,向书本和权威质疑;不盲目效仿别人的想法、说法、做法。

创新精神是科学精神的一个方面,与其他方面的科学精神不是矛盾的,而是统一的。例如:创新精神以敢于抛弃旧的事物旧的思想、创立新事物新思想为特征,同时创新精神又要以遵循客观规律为前提,只有当创新精神符合客观需要和客观规律时,才能顺利地转化为创新成果. 成为促进自然和社会发展的动力;创新精神提倡新颖、独特,同时又要受到一定的道德观、价值观、审美观的制约。

创新精神提倡独立思考、不人云亦云,并不是不倾听别人的意见、孤芳自赏、固执己见、狂妄自大,而是要团结合作、相互交流,这是当代创新活动不可少的方式;创新精神提醒胆大、不怕犯错误,并不是鼓励犯错误,只是出现错误认识是科学探究过程中不可避免的;创新精神提倡不迷信书本、权威,并不反对学习前人经验,任何创新都是在前人成就的基础上进行的;创新精神提倡大胆质疑,而质疑要有事实和思考的根据,并不是虚无主义地怀疑一切……总之,要用全面、辩证的观点看待创新精神。

真正的创造活动总是给社会产生有价值的成果,人类的文明史实质是创造力的实现结果。创造力与一般能力的区别在于它的新颖性和独创性。它的主要成分是发散思维,即无定向、无约束地由已知探索未知的思维方式。按照美国心理学家吉尔福德的看法,发散思维当表现为外部行为时,就代表了个人的创造能力。可以说,创造力就是用自己的方法创造新的别人不知道的东西。

创新精神是创造发明的内动力,是主导,是前提。它是指挥一个人行动的动力。所以,有意搞创新的人,首先要培养自己的创新精神。为社会贡献成就最大的人并不是智力最好的人,而是创新精神最强的人。

创新者一定具备以下特征:

1. 正确把握好奇心。

2. 培养创新意识:①善于观察,见微知著;②展开想象的翅膀;③求异思维。

3. 积累知识,勇于实践。

4. 树立远大理想,担负起当代青年的责任。

三、创新精神包括创新意识、创新思维和创新能力

(一)创新意识

创新意识是指人们根据社会和个体生活发展的需要,引起创造前所未有的事物或观念的动机,并在创造活动中表现出的意向、愿望和设想。它是人类意识活动中的一种积极的、富有成果性的表现形式,是人们进行创造活动的出发点和内在动力。是创造性思维和创造力的前提。

创新意识具有以下特征:

1. 新颖性:创新意识或是为了满足新的社会需求,或是用新的方式更好地满足原来的社会需求,创新意识是求新意识。

2. 社会历史性:创新意识是以提高物质生活和精神生活水平需要为出发点的,而这种需要很大程度上受具体的社会历史条件制约,在阶级社会里,创新意识受阶级性和道德观影响制约。人们的创新意识激起的创造活动和产生的创造成果,应为人类进步和社会发展服务;创新意识必须考虑社会效果。

3. 个体差异性:人们的创新意识和他们的社会地位、文化素质、兴趣爱好、情感志趣等相联系,它们对创新起重大推进作用。而这些方面,每个人都会有所不同,因此对于创新意识既要考察社会背景,又要考察其文化素养和志趣动机。

创新意识包括创造动机、创造兴趣、创造情感和创造意志。创造动机是创造活动的动力因素,它能推动和激励人们发动和维持进行创造性活动。

创造兴趣能促进创造活动的成功,是促使人们积极追求新奇事物的一种心理倾向。

创造情感是引起、推进乃至完成创造的心理因素,只有具有正确的创造情感

才能使创造成功。

创造意志是在创造中克服困难,冲破阻碍的心理因素,创造意志具有目的性、顽强性和自制性。

创新意识与创造性思维不同,创新意识是引起创造性思维的前提和条件,创造性思维是创新意识的必然结果,二者之间具有密不可分的联系。创新意识是创造人才所必须具备的。创新意识的培养和开发是培养创造人才的起点,只有注意从小培养创新意识,才能为创造人才打下良好的基础。教育部门应以此为教学改革的重点之一,一个具有创新意识的民族才有希望成为知识经济时代的科技强国。

创新意识的作用:

(1)创新意识是决定一个国家、一个民族创新能力最直接的精神力量。在今天,创新能力实际就是国家、民族发展能力的代名词,是一个国家和民族解决自身生存、发展问题能力大小的最客观和最重要的标志。

(2)创新意识促成社会多种因素的变化,推动社会的全面进步。创新意识根源于社会生产方式,它的形成和发展必然进一步推动社会生产方式的进步,从而带动经济的飞速发展,促进上层建筑的进步。创新意识进一步推动人的思想解放,有利于人们形成开拓意识、领先意识等先进观念;创新意识会促进社会政治向更加民主、宽容的方向发展,这是创新发展需要的基本社会条件。这些条件反过来又促进创新意识的扩展,更有利于创新活动的进行。

(3)创新意识能促成人才素质结构的变化,提升人的本质力量。创新实质上确定了一种新的人才标准,它代表着人才素质变化的性质和方向,它输出着一种重要的信息:社会需要充满生机和活力的人、有开拓精神的人、有新思想道德素质和现代科学文化素质的人。它客观上引导人们朝这个目标提高自己的素质,使人的本质力量在更高的层次上得以确证。它激发人的主体性、能动性、创造性的进一步发挥,从而使人自身的内涵获得极大丰富和扩展。

(二)创新思维

创新思维的本质在于将创新意识的感性愿望提升到理性的探索上,实现创新活动由感性认识到理性思考的飞跃。

要打破思维惯性、习惯性思维、传统性思维、思维惯性。举个例子,老师给同学讲了一个故事:有一个聋哑人,又聋又哑,说不出话来,也听不见。他到五金商店去买一个钉子,他说不出话来怎么办呢? 他就比划。人家就给他一个锤子,再给他一个榔头,他摇手,他是要买钉子,他就使劲比划。就这点东西,不是锤子,不是榔头,肯定是钉子,给他了,他非常高兴,点头。老师问同学们,下面又有一个盲人,他要买剪刀,我们怎么用最简洁的方式表达?有个同学们说,老师我们知道,不能这样比划了,要这样比划。全班同学都赞成这样比划,老师说他不需要比划,他直接说买剪刀,因为他是盲人,嘴巴会说话。你看前面就是比划,老是比划比划比划,把你的思维引进去了,引进什么?引进"比划"的思维定势上了,叫思维惯性。除了这个以外,我们还要打破一个叫思维封闭。你站得层次太低了,没有站得很高,思维封闭了,当然就不能创新了。思维封闭了怎么办?要打开思维的空间。

这里有个案例,叫作避免霍布森选择。避免霍布森选择是什么意思呢?300多年前英国伦敦的郊区有一个人叫霍布森。他养了很多马,高马、矮马、花马、斑马、肥马、瘦马都有。他就对来的人说,你们挑我的马吧,可以选大的、小的、肥的,可以租马,可以买马。你们都可以随便选呢。大家非常高兴去选马了,但是整个马圈旁边有个很小的门,你选再大的马出不来的,它的门很小。后来获得诺贝尔奖的叫西蒙的人,就把这种现象叫作霍布森选择。就是说,你的思维你的境界只有这么大,没有打开,没有上层次,思维封闭。那怎么办呢?我们要采取多向思维法,打开它。顺向思维是什么?就是按照逻辑按照规律按照常规去推导。

除了顺向思维以外,我们还有什么呢?逆向思维,也叫反向思维,倒过来思维。长期这样思维不行,我们完全反过来。比如大家听说过美国著名的物理学家费曼,在1959年他做了个报告,《在底部还有很大的空间》,他就有个著名的设想叫费曼设想。我们从小接受教育,叫作铁棒磨成针。小孩看到老太太磨铁棒,问她,磨它干啥?她说磨针。我们的思维都是把这个大的物件加工成拆分成小的。费曼这个物理学家就提出,把很小的东西加工成大件,完全思维倒过来了。20世纪80年代出现了纳米技术,就是根据费曼设想来的,逆向思维。除了逆向思维以外,还有转向思维。转向思维包括前向思维,后向思维,由上而下的思维,由下而上的思维,还有要借脑思维,借人家的大脑来思维,都是创新思维。

(三)创新能力

创新能力是运用知识和理论,在科学、艺术、技术和各种实践活动领域中不断提供具有经济价值、社会价值、生态价值的新思想、新理论、新方法和新发明的能力。创新能力是民族进步的灵魂、经济竞争的核心,当今社会的竞争,与其说是人才的竞争,不如说是人的创造力的竞争。

创新能力,按更习惯的说法,也称为创新力。创新能力按主体分,最常提及的有国家创新能力、区域创新能力、企业创新能力等,并且存在多个衡量创新能力的创新指数的排名。

提起企业创新,人们往往联想到技术创新和产品创新,其实企业创新的形态远不止这些。一般地,企业创新主要有发展战略创新、产品(或服务)创新、技术创新、组织与制度创新、管理创新、营销创新、文化创新等。

1. 发展战略创新。发展战略创新是对原有的发展战略进行变革,是为了制定出更高水平的发展战略。实现企业发展战略创新,就要制定新的经营内容、新的经营手段、新的人事框架、新的管理体制、新的经营策略等。

企业普遍面临发展战略创新的任务。例如,当前有些企业经营策略明显过时,有些企业经营范围明显过宽,有些企业经营战线明显过长,还有些企业经营内容本来就与自身特长严重脱节。诸如此类的企业如果不重新定位,发展前景堪忧。再如,很多企业都需要重新解决靠什么经营的问题。靠垄断地位? 靠行政保护? 靠资金实力? 靠现有技术? 这些恐怕都逐渐靠不住了,为了从根本上改善经营状况,只能另谋新的依靠。

2. 产品(服务)创新。这对于生产企业来说,是产品创新;对于服务行业而言,主要是服务创新。例如手机在短短的几年时间已从模拟机发展到数字机、可视数字机、可以上网和可以拍照的手机等。手机的更新换代,生动地告诉我们产品的创新是多么迅速。

3. 技术创新。技术创新是企业发展的源泉,竞争的根本。就一个企业而言,技术创新不仅指商业性地应用自主创新的技术,还可以是创新地应用合法取得的、他方开发的新技术或已进入公有领域的技术,从而创造市场优势。例如沃尔玛 1980 年就在全球率先试用条形码即通用产品码(UPC)技术,结果使他们的收银员工作效率提高了 50%,并极大地降低了经营成本。

4. 组织与制度创新。组织与制度创新主要有三种:一是以组织结构为重点的变革和创新,如重新划分或合并部门、组织流程改造、改变岗位及岗位职责、调整管理幅度等。二是以人为重点的变革和创新,即改变员工的观念和态度,包括知识的更新、态度的变革、个人行为乃至整个群体行为的变革等。例如 GE 总裁韦尔奇在执政后就曾采取一系列措施来促进 GE 这家老企业重新焕发创新动力。有一个部门主管工作很得力,所在部门连续几年盈利,但韦尔奇认为可以干得更好。这位主管不理解,韦尔奇建议其休假一个月,放下一切,等再回来时,变得就像刚接下这个职位,而不是已经做了 4 年。休假之后,这位主管果然调整了心态,像换了个人似的,对本部门工作又有了新的思路和对策。三是以任务和技术为重点的创新,即对任务重新组合分配,并通过更新设备、技术创新等,来达到组织创新的目的。

5. 管理创新。世上没有一成不变的、最好的管理方法。管理方法往往因环境情况和被管理者的改变而改变,这种改变在一定程度上就是管理创新。例如因特尔(Intel)总裁葛洛夫(Andrew Grove)的管理创新就是因环境情况和被管理者的改变而改变:实行产出导向管理——产出不限于工程师和工人,也适用于行政人员及管理人员;在因特尔公司,工作人员不只对上司负责,也对同事负责;打破障碍,培养主管与员工的亲密关系等。

6.营销创新。营销创新是指营销策略、渠道、方法、广告促销策划等方面的创新。如雅芳(Avon)的直销和安利(Amway)的传销等都是营销创新。

7.文化创新。文化创新是指企业文化的创新。企业文化的与时俱进和适时创新,能使企业文化一直处于一种动态的发展过程。这样不仅仅可以维系企业的发展,更可以给企业带来新的历史使命和时代意义。

(四)创新性格

创新性格中最重要的是两大性格特征:一个是自信;一个是不怕失败,百折不挠。心理学调查研究发现:世界上95%的人都有自卑感,由于自卑感造成的人才埋没远远高于因社会环境造成的埋没。这种自我埋没极大地遏制了人们创造才能的发挥。

自卑的表现:我天生就不是那块料;我从小就笨,不如别人聪明;我肚子里的"墨水"太少,搞不了创新;我是女生,怎么也干不过男生;我的情况特殊,没有别人的条件好等等。自卑成了我们最大的敌人! 因此,一个创新者首先要自信,要相信自己能行! 在这里,和各位朋友分享一个提高自信心的体会:"觉得别人伟大,是因为自己跪着,站起来吧!"

创新面前没有权威,没有强者,只要我们敢于去创新,我们自己就是创新的强者。而且,科学告诉我们,每个人的创新潜力是一样的,只是释放的程度不同而已。另外,创新本身就是做前人没有做过的事情,因此,极有可能遇到失败。而成功者和失败者的区别在于:他们遇到的失败是相同的,但他们对待失败的态度截然不同。失败者让失败变成了真正意义的坏事,而成功者让失败变成了前进的新动力。其实,只要我们不放弃,是没有什么真正的失败的,除非我们放弃。

彼得·德鲁克说:决定经济向前发展的并不只是财富,他们只决定媒体、报纸、电视的头条,真正在GDP中占百分比最大的还是那些名不见经传的创新的中小企业;真正推动社会进步的也不是少数几个明星式的CEO,而是更多默默工作着的人,这些人也同样是名不见经传,甚至文化程度教育背景都不高,这些人中,有经理人、企业家,还有创业者。

相信自己不要放弃,你就会成为那个创新的人。

四、学以致用：一份行动建议

请永远记住：行动比想法更重要！现在，请参照以下建议行动：

如果你以前从没有接触过创新训练的话，请一定试着按照书中提示的自我训练去训练一下，这是"思维体操"的开始！

不动笔墨不读书！建议你看书时随手拿上笔，边划边写，随时记录思想的星火。时刻记得创造力是我们每个人最宝贵的资源，取之不尽，用之不竭！

初学创新的时候，能够看到问题很重要，所以，建议你先不要想着去做很大、很远的创新，期望一下子就改变自己的命运，而应先从身边的事物开始，也就是说先要练习发现身边事物的问题！比如，日常起居、工作方式、为人处世、店铺招牌、促销员的说明以及促销方式等，在这些方面都可以找到创新题材。

心里多问一句：现在的这些有什么问题吗？该怎样做才能更好些呢？

五、阅读资料：2012 年度创新营销十大杰出案例之一

小马奔腾《黄金大劫案》营销方案

获奖理由：品牌营销早已瞄上电影，从植入、贴片到微电影步步探索，电影自身的营销还能继续 OUT 吗？小马奔腾尝试着用一些其他行业里面的资源平台和新媒体方法来推广电影，线上与线下推广的结合，甚至借助 app 游戏进行营销，让这部制作成本 3000 多万的国产电影取得了超过 1.5 亿的票房。

《黄金大劫案》和《匹夫》同日在国内公映，比原计划提前了一天。此前，《泰坦尼克号》和《超级战舰》占据着 70% 以上的市场份额，其他影片空间狭小，不少业内人士担心两部国产新片有可能被一口吃掉。

电影作为一个快速消费的文化产品，整个传播周期必须非常短而快速，全包围式。

小马奔腾尝试着用一些其他行业里面的资源平台和一些方法来推广电影。好的营销不光是利用导演，而是懂得保护导演，发掘导演身上的价值。该片在上映后在口碑上引起了很大争议，但是在营销传播上，他们不排斥争议，相反更加"推波助澜"，因为引起争议说明宁浩品牌被关注了，对宣传起到了好的作用。

《黄金大劫案》新媒体宣传包括在官方微博、豆瓣网、人人网、时光网以及新媒体游戏的推广。官方累积发布微博 3000 余条，获得粉丝 3.27 万人。《黄金大劫案》的电影评分在豆瓣网达到 4 星（5 星标准），时光网达到 8 星（10 星标准）人人网累计获得互动参与（微访谈留言、状态上墙）68 万人次。全方位运用新媒

体,取得了短期内的信息爆炸,也是小马奔腾在成立整合营销部门以来第一个从结合线上线下做的方案,还做了移动 app 游戏等非常新颖的移动互联网营销。

由小马奔腾影业投资的《黄金大劫案》在好莱坞大片的夹击下,成为"五一"档唯一站住脚跟的国产影片,制作成本 3500 万元,宣传发行费用 1000 多万元,上映 9 天后,票房过亿元,目前票房约 1.5 亿元。

有一个关于青蛙的故事:

有两只青蛙,一只不小心跳到一个滚烫的锅里,它奋力一跳,竟超越了它从未越过的高度,成功逃脱;另一只跳到装着温水的锅里,悠闲自得,随着水温的升高,它忍受不住,开跳,不住地跳,但怎么也跳不出来,最终被水烫死了。这个故事告诉我们,挫折和困难往往是促成生存或成功的因素,顺境往往扼杀了活力。在现实生活中,许许多多的事例可以证明,很多人经历逆境的煎熬后,就像一块钢铁,愈被敲打,愈发坚韧,终于"百炼成钢",太多的人选择自我放弃,甘为生铁,庸庸碌碌地了却一生。也许有人会问:在巨大的困难面前,我个人能力如此渺小,不能改变大局,不放弃又能怎样? 社会发展至今,商业大潮席卷全球,"长江后浪推前浪,一浪更比一浪高","这是一个成就辉煌的年代,同时也是大浪淘沙的时代,""一人一马一杆枪,敢把皇帝拖下马"的江湖英雄注定是悲剧,是堂·吉诃德式的"傻瓜",只有将个人的力量融入团队的合力之中,才能充分发挥个人的能力,通过团队的共同努力实现个人的创业理想。也许面临困难,我们会彷徨,会焦虑,会裹足不前。但要记住:我们不能改变困难,但我们能改变自我,将我们的思想放下包袱,轻装上阵,作为团队中的一员,随时鼓舞自我,激励同仁,勤奋工作,承担责任,将你我变为真正的战士,从内心到面貌完成升华,以饱满的热情,对自己负责的态度,崇高的职业道德,做一个真正的职业人。哪怕我们每天有一点点进步,我们的团队就往前迈进了一大步。我们要在工作中,给自己加压负重,将工作做得细致,勇于展现自己的能力和特长。"万丈高楼平地起",从小事做起,将工作基础打得扎扎实实。

第八章　创新思维

[名言警句]

1. 聪明的年轻人以为,如果承认已经被别人承认过的真理,就会使自己丧失独创性,这是最大的错误。——歌德

2. 在科学上,每一条道路都应该走一走。发现一条走不通的道路,就是对于科学的一大贡献。——爱因斯坦

3. 如果你要成功,你应该朝新的道路前进,不要跟随被踩烂了的成功之路。——约翰·D. 洛克菲勒

[读前设问]

什么是创新和创新思维?创新思维有哪些特点?它产生的条件有哪些?企业的管理创新又有怎样的特点?

第一节　关于创新思维

一、思维与创新思维

简单地说,思维就是思考、思索,是为了完成某项任务大脑进行的活动。如果再分解一下,思就是想的意思,维指的是维度和秩序,因此,思维就是大脑为了解决某个问题而进行的不同维度的、有秩序的思考。而这里的不同维度和秩序就是我们常说的思维方式。

思维方式不同,对同一个问题的思考得到的结论也不同。小时候我们看电视或者电影,判断或批评一个人,常常从"好人还是坏人"的角度去评价。而这种非黑即白的思维方式就叫作"二元论"。此时思维的维度只有一个,判断的标准也只有一个,因此这种思维方式被称为"二分法"或者叫作一分为二。如果只从一

个维度去看待人,去思考事情,其结果或者可能性的答案就会很少。

随着我们日渐长大,发现也会出现"时好时坏的人""好的时候多坏的时候少的人"或者"难以判断他是好人还是坏人",这就不再是"一分为二"了,而是一分为多。这种情况的出现就要求我们要用复杂的思维方式来看待事物,用系统论的观点来认识事物。这就要求我们进行多维度、全方位的思考。比如对人的评价,随着我们知识和人生阅历的增多,我们会发现,评价一个人除了从"善恶"的角度去思考以外,还有别的角度,比如从财富的角度,可以分为"穷人、富人、中产阶级";从心态的角度,可以分为"积极的人、消极的人、乐观的人、悲观的人";从性格的角度,可以分为"内向的人、外向的人、温和的人、暴躁的人"等。从不同的维度去思考问题等到的答案会更加的丰富,而且,维度本身的增加有助于我们更好地认识事物的本质。在对复杂事物的认知上,运用什么样的思维方式至关重要。而正确地思维方式可以帮助我们迅速地接近事物的真相。

决定一个人的外在表现能力高低的,是思维能力。一个人表现出来的聪明才智,除了知识和技能等因素外,还有赖于思维方法的正确性。生活或者工作中我们常常可以看到,当遇到一个棘手的问题尤其遇到突发事件时,有些人能做到有条不紊,能从纷乱的现象中很快理出头绪来,从而迅速把问题解决;但也有些人正好相反,他们在遇到问题时很慌乱,心里乱糟糟的理不出头绪,甚至越理越乱,最后问题不但没有解决,反而把事情搞得更糟,这其中的差别就是思维能力的不同。

而思维主要由三个要素构成:

1. 智力

智力指人认识、理解客观事物并运用知识、经验等解决问题的能力,包括记忆、观察、想象、思考、判断等。"智力"的定义也可以概括为:通过改变自身、改变环境或找到一个新的环境去有效地适应环境的能力。智力取决于基因和幼年期后天环境的影响与教育,即天赋与后天教育的统一。但相对来说,后天教育对智力的高低起更加关键的作用。比如大家熟悉的狼孩的例子,就充分证明了这一点。智力主要表现为观察力、注意力、记忆力。

2. 知识

知识,是指人类在实践中认识客观世界(包括人类自身)的成果。它可能包括事实、信息,描述或在教育和实践中获得的技能。它可能是关于理论的,也可能是关于实践的。知识是通过学习和社会实践而得到的对事物的认识,主要指科学文化和社会经验等。比如,通过学习我们都知道了太阳系、银河系等天文知识;通过实践掌握了基本的为人处世的经验,从而能正确的对人做出判断。

3. 才能

"才"意指"备而未用(的知识、经验等)","能"意指"潜力",故"才能"是指一个人已经具备但未表现出来的知识、经验和体力、智力。才能是人们能有效地达到某种目的的心理能量。才能分两部分:一部分是特殊才能,比如音乐、舞蹈、体育、绘画等,这与人的天赋有关;另一部分属于一般才能,与后天的教育实践有关。

思维是一种能力,是先天与后天的结合,学习与实践的综合能力。在思维三要素中,智力是基础,有了智力,通过学习可以拥有一定量的知识与经验,将这些知识和经验运用于实践,就能培养起才能。这三要素对构成我们的思维能力都必不可少。

创新思维是指发明或发现一种新方式用以处理某件事情或者表达某件事物的思维过程,亦称为创造性思维。它是一个相对的概念,是相对于常规思维而言的。

我们知道,一个人的能力高低主要是思维能力在起作用,同样,构成创新能力的核心也是创新性思维能力。创新的过程主要分为两步:想和做。想实际上就是特指创新思维过程,而做则是指怎样把思维转化为行动和结果。做一件事情,要想有好的结果,首先是要想法正确,正确的思想才能产生正确的结果,因此,创新能力的核心也是创新思维能力。

在周总理答外国记者问中,对于像"中国银行有多少钱"这样问题的回答就运用了创新思维。常规思维的回答是"没多少钱"或者"无可奉告",但这两种回答都不能达到好的效果。而周总理的创新回答,既巧妙地规避了问题,又不破坏气氛,取得了超常规的效果,实在令人佩服!肯尼迪夫人杰奎琳曾说:"全世界我只崇拜一个人,那就是周恩来。"

创新思维是在常规思维的基础上发展起来的,但它是思维活动最积极,最有价值的形式,是思维的高级形式,是人类探索事物的本质,获得新知识、新能力的有效手段。德国物理学家普朗克说:"思考可以构成一座桥,让我们通向新知识。"他这里的思考,特指的创新思维。

粽子——各位,当你看到这两个字时,脑子里反映的是什么样的具体形式呢?三角形、扁平的、手掌大小,糯米和大枣的结合体。

好,这就是常规思维了。现在我引导大家做一个创新思维的练习:在保持粽子传统风味不变的前提下,我们还能做哪些改变呢?要求从不同的维度去思考,比如体积、口味等,把你想到的写下来。想完之后再判断一下,你的哪些设想是当前市场上没有的?能够商品化吗?

二、创新思维的特点

综合上面关于粽子的练习,我们来谈创新思维的特点。为了更加便于理解,还是与常规思想对比着来进行说明。

先看常规思想。常规思想之所以冠以常规二字,是因为它的主要特点是:习惯性,单向性和逻辑性。

我们先来看看习惯性。习惯性是一种思维定势,一提到思维定势,很多人认为它就是思维障碍,这是片面的。事实上,绝大多数人的行为90%以上都依赖于思维定势思考的结果。换句话说,这种思维的习惯既可能成为我们良好的"助手",帮我们形成正确的行为,也可能成为我们最坏的"敌人",把我们的思维拖入特定的陷阱。

[案例链接]

案例1

大象和老虎

在印度和泰国,驯象人在大象还是小象的时候,用一根铁链将它绑在钢柱或水泥柱上,无论小象怎么挣扎都无法挣脱。小象渐渐习惯了再也不挣扎,直到长成大象,可以轻而易举地挣脱链子时,也不挣脱。一根小小的柱子,一段小小的链子,拴得住一头大象,这不荒谬吗?可这荒谬的场景在印度和泰国到处可见。驯虎人本来可以像驯象人一样成功,他让小虎从小吃素,到小虎长大。老虎不知肉味,自然不会伤人。驯虎人的致命错误,在于他摔了一跤之后让老虎舔净他流在地上的血,老虎一舔而不可收拾,终于将驯虎人吃了。小象是被铁链子绑住,而大象则被习惯绑住。老虎曾经被习惯绑住,而驯虎人则死于习惯(他已经习惯于他的老虎不食人)。习惯几乎可以绑住一切,只是不能绑住偶然。比如那只偶然尝了鲜血的老虎。

案例2

上课铃声

同学们都知道,"铃声响进课堂",只要一听到铃声响,大家就知道上课了,或者是下课了。铃声响起代表一堂课的开始和结束。以至于时间长了大家形成了习惯心理之后,只要听到铃声就会意识到上、下课的时间,并反应在行为上。类似这样的思维定势对于规范个体的行为,形成良好的秩序是非常必要的。

接下来我们来看看思维的单向性。

案例 3

自作聪明的鱼

一天，上帝来到水里，想看看鱼类是怎样躲避人类的捕杀的，顺便给它们提提建议，找到生存的智慧。

马嘉鱼骄傲地说："我才不怕渔网呢。一旦遭遇拦截，我会使出浑身解数，勇往直前，从不退缩，愈陷愈冲，哪怕拼个鱼死网破。"

上帝赞许地点点头说，宁折不弯，坚强。

翘头鱼狡黠地说："我才不那么傻呢，我在水里自由嬉戏，一有风吹草动，就会四处逃窜，以最快的速度逃离现场，寻求安全可靠的地方。"

上帝似有所悟，说，随机应变，机灵。

章鱼幽幽地说："我很谨慎，一般不会出游，当然很少遇到危险。我身体非常柔软，可以将自己塞到任何想去的地方，我最喜欢做的事情就是藏在贝壳或海螺壳里，一旦进去就不再轻易离开。"

上帝鼓掌，说，以不变应万变，安全。

鲫鱼得意地说："那样太保守，没有自由。一旦觉察水中有动静，我就会一头铲到塘底的烂泥里，屏住呼吸，任由渔人的网在水里拉来扯去，设下陷阱也对我无效。"

上帝哈哈大笑起来，竖起大拇指，夸赞一番，说，聪明。

鲢鱼神气地说："那样有些自欺欺鱼哦。我的做法是，遇到网阻拦，我会使出浑身力气，纵身一跃，跳过网的最高端，轻易逃生。"

上帝认真点点头说，不错，绝处逢生，意外。

……

大家畅所欲言，都说出了自己拿手的逃生秘笈。上帝面露喜色，很欣慰。他决定化作一名渔人，去人间看看，鱼类的逃生方法收效究竟有多大。

他惊奇地看到，渔人捕捉马嘉鱼时，网由两只小艇拖着，三面敞开，一面大张旗鼓地拦截，一船船马嘉鱼被拖回港口。对付翘头鱼则是，在水中下一面网，渔人划着小船四处拍打水面，惊慌失措的鱼纷纷误撞上网。对付章鱼就更简单了，渔人把一个个海螺壳钻上孔，用绳子串在一起沉入海底，一条条章鱼就争先恐后地被捕。至于鲫鱼，渔人连网都不要，一根粗粗的绳索贴着水底拉过，看到水面冒出水花，渔人就一个网罩罩下去……

上帝很失望，他寄希望于鲢鱼，结果，却发现，鲢鱼成了人类的家养鱼，出现在家家户户的餐桌上。

所谓的单向思维,亦即二元论,亦即非此即彼,亦即黑白分明。也就是就是我们常说的"一棵树上吊死""一条道走到黑""撞了南墙也不回头"。特指思维比较僵化,不够灵活。

思维的逻辑性是指人们遵循着一些固有的常理,按照一定的模式进行思维。有人问,读书能有未来吗?人生真的能因为读书而变得成功吗?这个时候的正确回答是,能一定程度改变人生,但是不见得一定能取得成功。有人把两本书紧紧地按在一起,问中间有空隙吗?有空气吗?其实答案是有,因为没空隙没空气这两本书就会黏在一起,只是那种空隙你看不到而已。

通过对常规思维特点的了解,再来了解创新思维的特点就比较容易了,那就是:非定势性、多向性和非逻辑性。

非定势性表现了思维的开放性。如超市里出售的元宵,突破了传统的大小和颜色,出现了珍珠元宵和彩色元宵。

多向性则表现在遇到问题是不是单一的朝一个方向探索,而是从多角度、多渠道、多因素、多方法等方面考虑问题。

非逻辑性是常规思维和创新思维的重要区别。创新思维大多都有些不符合逻辑,超出常人的思想,甚至有的不被主流思维所接受。如历史上的商鞅变法、王安石变法、戊戌变法等,在当时是备受排挤打击和迫害,大都是很多年后才被普遍接受,才证明其先进性和合理性。

三、创新思维的方式

思维创新最常用的一种方式是逻辑推理。把不同排列顺序的意识进行相关性的推导就是逻辑推理。也即指有步骤地根据已有的知识及所占有的事实材料,导出新的认识或者结论的思维过程。常见的方式有:判断、推理、比较、分类、分析、综合、概况、归纳、演绎、检验、抽象等。

[案例链接]

案例4

1.ABC 三人都喜欢说谎话,有时候也说真话。某天,A 指责 B 说谎话,B 指责 C 说谎话,C 说 AB 两人都在说谎话。后来上帝通过读心术知道其中至少一个人说的是真话。请问谁在说谎话?

答案:运用假设排除法推理得出是 B 说的是真话,A 和 C 都是说谎话。

2.一个村子里,有 50 户人家,每家都养了一条狗。发现村子里面出现了 n 只疯狗,村里规定,谁要是发现了自己的狗是疯狗,就要将自己的狗枪毙。但问题是,村子里面的人只能看出别人家的狗是不是疯狗,而不能看出自己的狗是不是疯的,如果看出别人家的狗是疯狗,也不能告诉别人。于是大家开始观察,第一天晚上,没有枪声,第二天晚上,没有枪声,第三天晚上,枪声响起(具体几枪不清楚),问村子里有几只疯狗? 只有晚上才能看出病狗,并且一天晚上只能看一次。

答案:3 条!

推理过程:

A. 假设有 1 条病狗,病狗的主人会看到其他狗都没有病,那么就知道自己的狗有病,所以第一天晚上就会有枪响。因为没有枪响,说明病狗数大于1。

B. 假设有 2 条病狗,病狗的主人会看到有 1 条病狗,因为第一天没有听到枪响,是病狗数大于1,所以病狗的主人会知道自己的狗是病狗,因而第二天会有枪响。既然第二天也没有枪响,说明病狗数大于2。

由此推理,如果第三天枪响,则有 3 条病狗。按现实由此推导,但问题是:a. 村子里面的人只能看出别人家的狗是不是疯狗,b. 不能看出自己的狗是不是疯的,c. 如果看出别人家的狗是疯狗,也不能告诉别人,d. 第一天第二天就应该有枪响,abcd 都不符合实际。认识到其说自圆,这就是推理。

自我训练题

假设你进入新的公司做领导,面对一群完全陌生的下属,你需要尽快地了解他们,那么怎样才能做到呢?

提示:可以用分类的方法。

请结合上面的问题自我练习一下分类的方法,尽可能多地找出赖以分类的因素。

第二节　创新思维的产生

一、创新思维产生的条件

有句话说得好:事业的萌芽都源于一个问题。创新者与普通人的一个重要区别就在于:善于看到问题,发现问题,同时善于进行深度询问,从而有效地解决问题。

产生创新思维的条件有哪些呢?

1. 善于寻找问题,而不是等待问题。

问题意识是创造者除了创新精神外非常重要的一个特征。任何的创新都源于问题意识。善于发现问题、寻找问题是创新者的一项重要能力。

[案例链接]

案例5

掉落的苹果

三百多年前的一天晚上,一位青年坐在花园里观赏月亮。

他仰望那镶着点点繁星的苍穹,思索着为什么月亮会绕着地球运转而不会掉落下来。忽然,有个东西打在了他的头上,这并不很重的一击,把他从沉思中惊醒。他低头一看,原来,是一只熟透的大苹果从树上掉落下来。他捡起苹果,又一次陷入了沉思:为什么苹果不落向两旁,不飞向天空,而是垂直落向地面?这一定是地球有某种引力,把所有的东西都引向地球。青年眼睛一亮:苹果是这样,月亮也是如此,月亮一定是在地球引力的吸引下做高速运转。因为有引力,使它不能远离地球;因为有速度,使它不会像苹果一样掉落下来……

夜渐渐地深了,青年手中拿着苹果,开心地笑了。他就是发现万有引力的英国科学家牛顿。这一年,他才24岁。

一个很普通的想象引起了牛顿的注意,提出了一个一般人看起来没有问题的问题,从而使他发现了万有引力。准确地发现和提出问题就等于解决了问题的一半。

案例6

爱迪生的故事

爱迪生小时候就热爱科学,凡事都爱寻根追底,都要动手试一试。有一次,他看到母鸡在孵蛋,就好奇地问妈妈:"母鸡为什么卧在蛋上不动呢?是不是生病了?"妈妈告诉他,这是在孵小鸡,过一些日子,蛋壳里就会钻出鸡宝宝来。

听了妈妈的话,爱迪生感到新奇极了,他想,母鸡卧在鸡蛋上就能孵出小鸡来,鸡蛋是怎样变成小鸡的呢?人卧在上边行不行?他决定试一试。爱迪生从家里拿来几个鸡蛋,在邻居家找了个僻静的地方,他先搭好一个窝,在下边铺上柔软的茅草,再把鸡蛋摆好,然后就蹲坐在上边,他要亲眼看一看鸡蛋是怎样孵成小鸡的。天快黑下来了,还不见爱迪生回家,家里的人都非常着急,于是到处去找他。找来找去,才在邻居的后院找到了爱迪生。只见他坐在一个草窝上一动也不动,身上、头上沾有不少草叶。家里人见了,又生气又好笑,问他:"你在这儿干什么呢?"

"我在这儿孵蛋啊!小鸡快要孵出来了。"

"孵什么蛋,快点出来!"爸爸大声喝道。

"母鸡能孵蛋,我要看看怎样孵出小鸡来。"

"不行,不行! 快回家!"爸爸又呵斥道。

妈妈却没有责怪和取笑他,因为她知道这孩子的性格,微笑着说:"人的体温没有鸡的体温高,你这样孵是孵不出来的。"

爱迪生虽然没有孵出鸡来,但是通过这次孵蛋活动增长了知识。

在这里,问题意识更多的是指主动发现问题的意识。主动发现问题,也就是能够寻找问题而不是等待问题。

2. 能突破思维局限性

案例7

一间化学实验室里,一位实验员正在向一个大玻璃水槽里注水,水流很急,不一会儿就灌得差不多了。于是,那位实验员去关水龙头,可万万没有想到的是水龙头坏了,怎么也关不住。如果再过半分钟,水就会溢出水槽,流到工作台上。水如果浸到工作台上的仪器,便会立即引起爆裂,里面正在起着化学反应的药品,一遇到空气就会突然燃烧,几秒钟之内就能让整个实验室变成一片火海。实验员们面对这一可怕情景,惊恐万分,他们知道谁也不可能从这个实验室里逃出去。那位实验员一边去堵住水嘴,一边绝望地大声叫喊起来。这时,实验室里一片沉寂,死神正一步一步地向他们靠近。就在这时,只听"叭"的一声,大家只见在一旁工作的一位女实验员,将手中捣药用的瓷研杵猛地投进玻璃水槽里,将水槽底部砸开一个大洞,水直泻而下,实验室一下转危为安。在后来的表彰大会上,人们问她,在那千钧一发之际,怎么能够想到这样做呢? 这位女实验员只是淡淡地一笑,说道:"当我们在上小学的时候,就已经学过了这篇课文,我只不过是重复地做一遍罢了。"

这个女实验员用了一个最简单的办法来避免了一场灾难。《司马光砸缸》我们都学过,其实这个"缸"就可以看作我们的惯性思维,很多时候我们对很多机会视而不见,只因我们被我们的思维束缚住了。这个时候唯有打破,才能放飞我们的思维,进入一个新天地。

3. 勤于用脑,随机应变的灵活性

灵活性是指思维活动的灵活程度。它的特点包括:一是思维起点灵活,即从不同角度、方向、方面,能用多种方法来解决问题;二是思维过程灵活,从分析到综合,从综合到分析,全面而灵活地做"综合的分析";三是概括——迁移能力强,运用规律的自觉性高;四是善于组合分析,伸缩性大;五是思维的结果往往是多种合理而灵活的结论,不仅仅有量的区别,而且有质的区别。灵活性反映了智力的"迁移",如我们平时说的,"举一反三""运用自如"等。灵活性强的人,智力方向灵

活,善于从不同的角度与方面起步思考问题,能较全面地分析、思考问题,解决问题。

案例 8

胸腔叩诊和听诊器的发明

300 多年前,一位奥地利医生给一个胸腔有疾的人看病,由于当时还没有发明出听诊器和 X 射线光透视技术,医生无法发现病在哪里,病人不治而亡,后来经尸体解剖,才知道死者的胸腔已经发炎化脓,而且胸腔内积了不少水。结果这位医生非常自责,决心要研究判断胸腔积水的方法,但久思不得其解。恰巧,这位医生的父亲是个精明的卖酒商,父亲不仅能识别酒的好坏,而且不用开桶,只要用手指敲敲酒桶,就能估量出桶里面酒的数量。医生在他父亲敲酒桶举动的启发下想到,人的胸腔不是和酒桶有相似之处吗?父亲既然通过敲酒桶发出的声响可以判断桶里有多少酒,那么,如果人的胸腔内积了水,敲起来的声音也一定和正常人不一样。此后,这个医生再给病人检查胸部时,就用手敲敲听听;他通过对许多病人和正常人的胸部的敲击比较,终于能从几个部位的敲击声中,诊断出胸腔是否有病?这种诊断方法就是现在医学上所称的“叩诊法”。后来,这种“叩诊”法得到了进一步的发展,1861 年的某一天,法国男医生雷克给一位心脏有病的贵妇人看病时,为难了。正在为难之际,他忽然想起了自己在参与孩子游戏活动中的一件事情,孩子们在一棵圆木的一头用针乱划,另一头用耳朵贴近圆木能听到搔刮声,而且还很清晰。在此事的启发下,他请人拿来一张纸,把纸紧紧卷成一个圆筒,一端放在那妇人的心脏部位,另一端贴在自己的耳朵上,果然听到病人的心率声,甚至于比直接用耳朵贴着病人胸部听的效果更好。后来他就根据这一原理,把卷纸改成小圆木,再改成现在的橡皮管,另一头改进为贴在病患者胸部能产生共鸣的小盒,就成了现在的听诊器。

4.善于积累信息,并进行适时调用

重视积累信息对一个好的创新者来说非常重要。首先,有价值的创意要以大量的信息作基础,其次,了解信息才能了解创新的进展,以免费了很大力气研究出来的东西是已经被他人搞出的结果。好的创新者在对信息敏锐的同时,要及时地对有用信息进行记录以供随时调用。

二、管理创新的特点

管理创新(Management Innovation)经济学家约瑟夫·熊彼特于 1912 年首次提出了“创新”的概念。管理创新是指组织形成一创造性思想并将其转换为有用的产品、服务或作业方法的过程。即,富有创造力的组织能够不断地将创造性思想转变为某种有用的结果。当管理者说到要将组织变革成更富有创造性的时候,他们通常指的就是要激发创新。

管理创新是指企业把新的管理要素(如新的管理方法、新的管理手段、新的管理模式等)或要素组合引入企业管理系统以更有效地实现组织目标的活动。

任何企业的管理创新都只有一个目的:不断提高企业随时随地满足顾客的能力。

一般来说,管理创新过程包含四个阶段。

第一阶段:对现状的不满

在几乎所有的案例中,管理创新的动机都源于对公司现状的不满:或是公司遇到危机,或是商业环境变化以及新竞争者出现而形成战略型威胁,或是某些人对操作性问题产生抱怨。

例如,Litton 互联产品公司是一家为计算机组装主板系统的工厂,位于苏格兰的 Glenrothes。1991 年,George Black 受命负责这家工厂的战略转型。他说:"我们曾是一家前途黯淡的公司,与竞争对手相比,我们的组装工作毫无特色。唯一的解决办法就是采取新的工作方式,为客户提供新的服务。这是一种刻意的颠覆,也许有些冒险,但我们别无选择。"

很快,Black 推行了新的业务单元架构方案。每个业务单元中的员工都致力于满足某一个客户的所有需要。他们学习制造、销售、服务等一系列技能。这次创新使得客户反响获得极大改善,员工流动率也大大降低。

当然,不论出于哪一种原因,管理创新都在挑战组织的某种形式,它更容易产生于紧要关头。

第二阶段:从其他来源寻找灵感

管理创新者的灵感可能来自其他社会体系的成功经验,也可能来自那些未经证实却非常有吸引力的新观念。

有些灵感源自管理思想家和管理宗师。1987 年,Murray Wallace 出任了惠灵顿保险公司的 CEO。在惠灵顿保险公司危机四伏的关键时候,Wallace 读到了汤姆·彼得斯的新作《混沌中的繁荣》(Thriving on Chaos)。他将书中的高度分权原则转化为一个可操作的模式,这就是人们熟知的"惠灵顿革命"。Wallace 的新模式令公司的利润率大幅增长。

还有些灵感来自无关的组织和社会体系。20 世纪 90 年代初,总部位于丹麦哥本哈根的助听器公司奥迪康推行了一种激进的组织模型:没有正式的层级和汇报关系;资源分配是围绕项目小组展开的;组织是完全开放的。几年后,奥迪康取得了巨大的利润增长。而这个灵感却来源于公司 CEO—— Lars Kolind 曾经参与过的美国童子军运动。Kolind 说："童子军有一种很强的志愿性。当他们集合起来，就能有效合作而不存在任何等级关系。这里也没有勾心斗角、尔虞我诈，大家目标一致。这段经历让我重视为员工设定一个明确的'意义'，这种意义远远超越了养家糊口。同时，建立一个鼓励志愿行为和自我激励的体系。"

此外，有些灵感来自背景非凡的管理创新者，他们通常拥有丰富的工作经验。一个有趣的例子是上述那家 ADI 的 Art Schneiderman，平衡计分卡的原型就是出自他的手笔。在斯隆管理学院攻读 MBA 课程时，Schneiderman 深受 Jay Forrester 系统动态观念的影响。加入 ADI 前，他在贝恩咨询公司做了六年的战略咨询顾问，负责贝恩在日本的质量管理项目。Schneiderman 深刻地了解日本企业，并用系统的视角看待组织的各项职能。因此当 ADI 的 CEO Ray Stata 请他为公司开发一种生产质量改进流程的时候，他很快就设计出了一整套的矩阵，涵盖了各种财务和非财务指标。

这三个例子说明了一个简单的道理：管理创新的灵感很难从一个公司的内部产生。很多公司盲目对立或观察竞争者的行为，导致整个产业的竞争高度趋同。只有通过从其他来源获得灵感，公司的管理创新者们才能够开创出真正全新的东西。

第三阶段：创新

管理创新人员将各种不满的要素、灵感以及解决方案组合在一起，组合方式通常并非一蹴而就，而是重复、渐进的，但多数管理创新者都能找到一个清楚的推动事件。

第四阶段：争取内部和外部的认可

与其他创新一样，管理创新也有风险巨大、回报不确定的问题。很多人无法理解创新的潜在收益，或者担心创新失败会对公司产生负面影响，因而会竭力抵制创新。而且，在实施之前，我们很难准确判断创新的收益是否高于成本。因此对于管理创新人员来说，一个关键阶段就是争取他人对新创意的认可。

在管理创新的最初阶段，获得组织内部的接受比获得外部人士的支持更为关键。这个过程需要明确的拥护者。如果有一个威望高的高管参与创新的发起，就会大有裨益。另外，只有尽快取得成果才能证明创新的有效性，然而，许多管理创新往往在数年后才有结果。因此，创建一个支持同盟并将创新推广到组织中非常重要。管理创新的另一个特征是需要获得"外部认可"，以说明这项创新获得了独立观察者的印证。在尚且无法通过数据证明管理创新的有效性时，高层管理人员通常会寻求外部认可来促使内部变革。外部认可包括四种来源：

第一,商学院的学者。他们密切关注各类管理创新,并整理总结企业碰到的实践问题,以应用于研究或教学。

第二,咨询公司。他们通常对这些创新进行总结和存档,以便用于其他的情况和组织。

第三,媒体机构。他们热衷于向更多的人宣传创新的成功故事。

第四,行业协会。

外部认可具有双重性:一方面,它增加了其他公司复制创新成果的可能性;另一方面,它也增加了公司坚持创新的可能性。

自我训练题

1. 请列出杯子的 30 种用途。

2. 请列出导致交通堵塞的 10 种原因?

3. 请列出可以替代现行高考制度的 5 种办法?

4. 下面我们来做一个思维游戏,测试大家的创新思维素质。游戏的规则是这样,请同学们在纸上快速写出联想到的词汇,比如大海—鱼—渔船—天空……"

第一个词汇是"电"。请大家由此快速展开联想,在三分钟联想到的词汇越多越佳。比如:(1)电—电话—电视—电线—电灯—电冰箱—食品—鸡蛋……(2)电—闪电—雷鸣—暴雨—彩虹—太阳—宇宙—外星人……

第九章　创新思维训练

第一节　思维训练公式

[**案例链接**]

1899 年,爱因斯坦在瑞士苏黎世联邦工业大学就读时,他的导师是数学家明可夫斯基。师生二人经常在一起探讨科学、哲学和人生。由于爱因斯坦肯动脑筋、爱思考,深得明可夫斯基的赏识。

有一次,爱因斯坦突发奇想,问明可夫斯基:"一个人,比如我吧,究竟怎样才能在科学领域、在人生道路上留下自己的闪光足迹、做出自己的贡献呢?"这是一个"尖端"的问题,明可夫斯基表示要好好想一想,再予以回答。

三天后,明可夫斯基告诉爱因斯坦:答案有了!"快告诉我是什么?"爱因斯坦迫不及待地抱住老师的胳膊使劲摇了两下。一向才思敏捷的明可夫斯基此次却装出一副怎么也说不明白的样子,拉起爱因斯坦朝一处建筑工地走去,而且径直踏上了建筑工人们刚刚铺好的水泥地面。在建筑工人们的呵斥声中,爱因斯坦被弄得一头雾水,他不解得问明可夫斯基:"老师,您这不是领我误入'歧途'吗?""对、对,正是这样!"明可夫斯基顾不得工人们的指责,非常专注地说:"看到了吧? 只有尚未凝固的水泥路面,才能留下深深的脚印。那些凝固很久的老路面,那些被无数人、无数脚步走过的地方,你别想再踩出自己的脚印来……"

听到这里,爱因斯坦沉思良久,意味深长地点了点头。

从此,一种非常强烈的创新和开拓意识开始主导着爱因斯坦的思维和行动。用他自己的话说就是:"我从来不记忆和思考词典、手册里的东西,我的脑袋只用来记忆和思考那些还没载入书本的东西。"于是,爱因斯坦走出校园,初涉世事的几年里,他作为伯尔尼专利局里默默无闻的小职员,利用业余时间进行科学研究,在物理学三个未知领域里齐头并进,大胆而果断地挑战并突破了牛顿力学。在他刚刚 26 岁的时候,就提出并建立了狭义相对论,开创了物理学的新纪元,在科学史册上留下了闪光的足迹。

要创新,就不能因循守旧,要走不同于以前的路,寻求不同于以前的方法。从某种意义上来说,创新就是求不同,就是求异。创新思维的核心就是求异思维。

什么是求异思维

求异思维,是突破原有的思维限制,用新思路从新的角度寻求新方法的思维方式。它不受已有信息和常规思维方式的限制,另辟蹊径,不拘一格,是一种完全开放的思维方式。求异思维的主要特征是打破常规,标新立异。

[**案例链接**]

法国的白兰地酒在国内和欧洲畅销不衰,但难以在美国市场大量销售。为占领巨大的美国市场,白兰地公司耗资数万专门调查美国人的饮酒习惯,制定出各种推销策略,但因促销手段单调,结果是收效甚微。

这时有一位叫柯林斯的推销专家,向白兰地公司总经理提出一个推销妙法:在美国总统艾森豪威尔 67 岁寿辰之际,向总统赠送白兰地酒,借机扩大白兰地酒在美国的影响,进而打开美国市场。

白兰地公司总经理采纳了这个建议。公司首先向美国国务卿呈上一份礼单,上面写道:"尊敬的国务卿阁下,法国人民为了表示对美国总统的敬意,将在艾森豪威尔总统 67 岁生日那天,赠送两桶窖藏 67 年的法国白兰地酒。请总统阁下接受我们的心意。"然后,他们把这一消息在法美两国的报纸上连续登载。将向美国总统赠酒的新闻成为美国千百万人街谈巷议的热门话题。大家都盼望着总统生日的到来,好一睹 67 年白兰地的风采。

1957 年 10 月 14 日是美国总统艾森豪威尔的生日。法国人用专机将两桶白兰地酒运到华盛顿,身着宫廷卫侍服装的法国士兵雄姿抖擞、风度翩翩,他们护送那两桶经艺术家精心装饰、由壮士们抬着的白兰地酒步行经过宽敞的华盛顿大街,一路上,数以万计的美国市民夹道观看,盛况空前。直往白宫,白宫前的草坪上更是热闹非凡。上午 10 时,四名英俊的法国青年,穿着雪白的王宫卫士礼服,驾着法国中世纪时期的典雅马车进入白宫广场,由法国艺术家精心设计的酒桶古色古香,似已发出阵阵美酒醇香,全场沸腾了,美国人唱起了《马赛曲》,欢声雷动,掌声轰鸣。从此以后,争购白兰地酒的热潮在美国各地掀起。一时间,国家宴会、家庭餐桌上少不了白兰地酒。白兰地酒进军美国市场之后,白兰地公司的收益大幅度增加。白兰地公司总经理一再惊叹:"一本万利!一本万利!"

求异思维有广义和狭义之分。狭义的求异思维是指发散思维。广义的求异思维外延则宽泛得多,发散求异和转换求异属于其中两种基本类型。

　　发散性求异思维通过多视角多向性的思维辐射,力求发现尽可能多的解决途径。

[案例链接]

　　全国首届创造学术讨论会上,一位日本专家提出问题:曲别针都有什么用途?在场众人各抒己见,有人问专家:您能说出多少种? 专家说:300多种。"思维魔王"许国泰当场表示曲别针的用途远不止这些,至少有3000或者30000乃至趋于无穷的用途,并做了详细的解说。

　　许国泰所展示的思维方式就是发散求异的一种——交叉发散法,它借助多维坐标系,将各种信息连接形成交叉点,每一个交叉点就代表可能的创新点。具体运用时分四步:

　　一是确定中心,即确定所要研究的对象,也就是信息标图中零坐标,画成圆圈,像个魔球。如研究"笔"的革新,就以"笔"为中心。

　　二是画出标线,即用矢量标串起信息序列,根据"中心"的需要,画出几条坐标线。如研究"笔",就以"笔"为中心点,画出结构、功能、种类、时间等项坐标线。

　　三是注出标点,即在信息标上注明有关的信息点,如在"笔"的种类上标明:钢笔、毛笔、圆珠笔、铅笔等。

　　四是互相交合,即以一个标线上的信息为母本,以另一个标线上的信息为父本,互相交合后便可产生新信息。还是以"笔"为例:以"钢笔"为母本,以"音乐"为父本,互相交合便可产生"会唱歌的钢笔"或"钢笔定音器"等新产品;钢笔与电子表交合,可产生钢笔式电子表;与历史交合,可产生带有历史图表的钢笔;与数学交合,可产生带有九九表的钢笔;与温度计交合,可产生钢笔式温度计;与指南针交合,可制成带指南针的"旅游笔"。以"笔"为中心的交合法,还可以制成更多的新产品。

　　在发散求异的过程中,我们可以充分地运用联想、想象、猜想、推想等一切手段无限拓展思路,从问题的各个角度、各个方面、各个层次进行思考,从而获得众多的方案或假设。它侧重求异的多种可能性。

　　转换求异思维则更注重求异的灵活性。在特定情况下能够及时变通,灵活改变或者更换原来的思路,出奇制胜。

[案例链接]

　　亚历山大·弗莱明发现青霉素就是得益于转换求异。

　　当时的弗莱明,在实验室中收集培养了大量的有毒细菌,用来做实验。有一次,他无意发现其中一只盛放葡萄球菌的培养皿被杂菌污染,长出一大团青色霉花。但是,弗莱明并没有马上扔掉这个被污染的样本。他仔细观察,发现青霉周围的葡萄球菌好像消失了。于是转移目标,投入了对这团不知从何而来的青霉的研究中,经过长时间的研究和实验,弗莱明确定了这种青霉的分泌物有很强的杀菌效果,而且几乎没有毒性。这种物质就是青霉素。

弗莱明能发现青霉素,一个重要的原因就是,他及时地进行了思维转换。青霉素起初并不在他的研究范围之内,可是弗莱明看到它时,并没有简单地把它视为污染源,予以排除,却转而将其作为研究对象。如果他拘泥于自己原来的研究思路和研究对象,结果就会大大的不同了。

只有一个办法的办法,是最糟糕的办法。

创新求异不是天才的专利,普通人在学习工作生活中,也会灵机一动,迸出创造性思维的火花。区别在于,有些人是主动自觉地去求异创新,而多数人只会偶尔地或者不自觉地受益于这一思维方式。如果我们能够养成遇事主动求异的思维习惯,也会变成富于创造力的"天才"。

那么,如何养成这样的习惯呢? 最重要的是摆脱思维定势的束缚,实际上,求异思维习惯养成的过程就是不断克服思维定势的过程。

所谓思维定势,是在知识、经验、阅历、心理等诸多因素影响下形成的一种习惯性思维模式,它使我们在考虑问题时往往不知不觉沿着固定的思路去展开,虽然有轻车熟路的便利,但也容易陷入僵局,甚至会钻牛角尖。

定势思维是一种习惯性思维方式。有人说,习惯不可能根除,只能够被替换,至少对于大部人来说是如此。我们想要摆脱思维定势的不良影响,就要用一种新的良性的思维习惯来替换它。要建立这样的习惯,不妨记住一句话:只有一个办法的办法,是最糟糕的办法,除此之外,一定还有别的办法。凡事多想想,不要满足于找到了问题的一个答案。事物都有多种属性,包含了不同的方面,因此,解决问题的答案也不是唯一的。要有意识地运用求异思维,随时调整思路,更换角度,从新的方向去寻找不同的答案。日积月累,持之以恒,就可以逐渐摆脱定势思维的限制,打通求异创新之路。

[案例链接]

在一次欧洲篮球锦标赛上,保加利亚队对上了捷克斯洛伐克队。

比赛逐渐接近尾声,保加利亚队略占优势,领先 2 分,但此次锦标赛是循环制,保加利亚必须赢够 5 分才有资格出线。此时距离比赛结束只剩下 8 秒钟,在这短短的 8 秒钟内再赢得三分简直是痴人说梦,保加利亚队没有机会了,所有人都这么想。这时,保加利亚队的教练突然要求暂停,借机向队员们面授机宜。当比赛再次开始后,球场上出现了出人意料的一幕:保加利亚队员突然运球向自家篮下跑去,并迅速起跳投篮,球应声入网。全场观众目瞪口呆。这时比赛时间到了,裁判宣布双方打成平局,需要加时赛,观众们才恍然大悟。

加时赛的结果,保加利亚赢球6分,如愿以偿地出了线。保加利亚队以出人意料之举,为自己创造了一次起死回生的机会。

保加利亚教练在这里采用了逆向思维方式。逆向思维法就是反过来想,从事物的反面、对立面去思考问题,寻求解决办法。这种方法常常使问题获得创造性地解决。爱因斯坦就认为,把对立的或相反的东西统一起来会产生奇迹,是取得科学大发现的一条有效途径。

所以在遇到问题时,尝试反过来想,也许会有意想不到的收获。

[案例链接]

有一次,一位欧洲外交官问周总理:"请问总理先生,你们中国每年发行人民币的总额是多少?"对方不怀好意,存心挑衅,不管答还是不答,给出一个真实的数字还是随意编造一个,都有可能被抓住话柄。在场的人都面面相觑,总理却马上就做了回答:"中国每年发行的人民币总额是:十八元八角八分。"

总理在这里用的是侧向思维方式。所谓侧向思维,是从别的方面、别的领域着手,迂回地解决问题。旁敲侧击,触类旁通,取之于邻,都属于侧向思维。是啊,那时的人民币只有"10元、5元、2元、1元、5角、2角、1角、5分、2分、1分"几种面额,加起来正是十八元八角八分。看似给了对方一个确确实实的数字,但实际上却等于没有回答,避实就虚,四两拨千斤,让对方无隙可乘。总之,遇到问题,不要满足于一种答案,要打开思路,多方思考,有意识地寻求多种途径,久而久之,就会脱离定向思维的束缚,使你的思维充满活力和创造力,进入全新的境界。

当然,多想,并不是一味地胡思乱想,让自己疲惫不堪,贻误时机。

也不是刻意地去离经叛道,遇事就和别人唱反调。要分清事情的轻重缓急,看时机,看场合,适当适度地运用求异思维,凡事过犹不及。

自我训练

请一位同学说出一样大家常见的事物,其他同学尽可能多地说出它的用途。比如石头、铁丝等等。

第二节 想 象

一、什么是想象？

想象,顾名思义,就是想出形象。确切地说,是利用头脑中已有的形象加工出新形象的心理过程,同时也是用形象进行思维的过程。

每个人都有想象的能力。我们用眼睛看到的是已经存在的现实世界,闭上眼睛,看到的就是想象的世界。孩童的嬉戏玩耍,奇特的梦境,文艺作品里千奇百怪的艺术形象,生活中层出不穷的发明创造……这些都属于想象。

二、想象的类型

一般把想象分为两大类:有意想象和无意想象。

无意想象,是不由自主的自发性想象,既没有特定目的,也不受主观意识的控制。无意想象的典型代表是梦境。每个人都会做梦,但什么时候做梦,梦中会出现什么,却不在我们控制之中。无意想象是想象的初级状态。由于不受控制,没有约束,反而会在无意中突破思维局限,触动灵机。尤其是文艺创作者,常常从无意想象中获得启发。无意想象的信马由缰和文艺作品追求自由的审美特质相契合,往往化生出极富创造力的作品。

有意想象,是在主观意识的控制和支配下进行的自觉性想象。它受理性的指导,通常有一定的计划性。比如建筑工程师在设计建筑物图纸时,脑子里会预先想好建筑物的外观和内部布局设置等等。有意想象是想象的高级形态,在想象中占主导地位。

根据独立性、新颖性及创造性的不同程度,有意想象又被分为再造想象和创造想象。

再造想象是一种还原性想象,即在某种提示下进行的想象。比如阅读文学作品时,根据作者的文字描述,我们会在脑子里勾画人物、情节等各种静态画面或动态场景,从而如见其人、如闻其声、身临其境。这就是再造想象。通过再造想象,我们可以获得来自他人的经验、知识,因此可以说是一种学习性模仿性的想象。它在别人的引导提示下进行,感受到的是别人的意念。虽然一千个读者心中有一千个哈姆雷特,但这一千个却都是哈姆雷特,每一个都源自莎士比亚的描写。因此它的独立性、新颖性、创造性都是相对的。

创造性想象则不同，它是独立地完成新形象的过程，以独立、首创、新颖为主要特征。鲁迅先生在谈及文学创作时，说："所写的事迹，大抵有一点儿见过或听过的缘由，但决不全用这事实，只是采取一端，加以改造，或生发开去，到足以几乎完全发表我的意思为止。人物的模特儿也一样，没有专用过一个人，往往嘴在浙江、脸在北京、衣服在山西，是一个拼凑起来的角色。"不管是采取一端改造生发还是东拼西凑，所产生的形象都是崭新的，前所未有的，这就是创造性想象。创新发明，也同样如此，需要在头脑中建立一个虚拟的最终或者中间产品的模型，这个模型是以现实存在的事物为基础，加以创造生发改造而成的，是一个前所未有的新形象。

可见，创造想象是创造性活动的重要环节。没有创造想象，创造性活动就难以顺利进行。

创造性想象所创造出来的产物，只存在于我们的头脑中，它是一种假设的存在，而不是客观现实。其中很大的一部分，由于脱离了现实，甚至背离了事物的客观规律，永远不可能实现，常被人们称为空想或者妄想。比如巫术，比如文学作品中的神话世界。而另一部分，经过人们的不断努力和实践，已经或者正在由想象变成现象，这部分我们通常称之为发明创造。

三、想象与创新的关系

1. 想象是创新的源泉和动力。创新离不开想象。布莱克说："今天在实践中证明的东西，就是过去在想象中存在的东西。"人们努力地尝试，不断地创造条件，想把世界变成自己想要的样子，于是就有了各种各样的新事物，就有了创新，就有了进步。想象是文明进步的推动力，是创新的翅膀。

[案例链接]

齐奥尔科夫斯基被称为现代航天学之父。他不仅提出了用火箭作为星际交通工具的设想，而且推导出了火箭从起飞到最终飞出地球的系列方案和解决办法，包括液体燃料火箭，多节火箭构想以及著名的火箭运动公式，奠定了现代宇宙航行学的理论基础。

而推动他走向这一切成就的因素之一就是他年少时的幻想。

童年的他就很爱幻想，他曾经幻想"自己像猫一样，顺着绳子和竿子爬得很高，看得很远"。8岁的时候，母亲送给他一只氢气球，小齐奥尔科夫斯基拿着气球玩得很开心，一失手，气球飞上了天，越飞越远的气球触动了他朦胧的幻想：我们能不能坐着气球飞上天呢？

不久后一场猩红热使他严重耳聋，他在回忆时说："我的耳朵近乎全聋，因此成了邻近的儿童们嘲笑的对象。这个生理缺陷使我同人们疏远了,但却使我发奋读书,用幻想来忘却所有的烦恼。"

在此后的人生道路上,他克服了种种困难,读书,思考,研究,一步步走向自己的梦想世界。

2. 想象是一种特殊的实验工具、检验手段。巴甫洛夫说:"鸟儿要飞翔,必须借助于空气与翅膀,科学家要有所创造则必须占有事实和开展想象。"雨果说:"科学到了最后阶段,便遇上了想象。"在很多科学发明或者理论的创造创建过程中,想象都充当了重要的工具。尤其是那些条件受限,暂时或者永远不可能通过实物来验证的理论,它们只能利用一些已知的条件,在假设的基础上,凭借想象完成推导或者验证。爱因斯坦创立相对论,就充分地利用了想象实验。其中最著名的是追光实验和理想电梯的实验。但无论是以光的速度追逐光线,还是乘坐电梯以自由落体的速度下降,这样的实验条件是很难进行实物操作的。只能以想象的形式进行。这种想象是在真实物理和逻辑的基础上做的延伸和假设,不能说百分之百的准确可靠,但是却是检验创新思维是否有效的重要工具。

四、如何培养创造性想象力?

想象不是无本之木,无源之水。车尔尼雪夫斯基说:"想象应服从现实,而且,它必须承认,它的最虚幻的创造也只有从现实所表现的东西上去抄袭。"想象来源于现实,来源于我们的知识和经验。它"不过是展开的或者复合的记忆"。是我们对现实生活在头脑中的各种表象进行分离加工重组的结果。现实生活是想象的源泉和材料,对现实了解得越多,对生活的体验越深刻,创造想象才越有可能结出创造之果。"缺乏智慧的幻想会产生怪物,与智慧结合的幻想是艺术之母和奇迹之源。"

所以,要培养和提高创造性想象力,就要做到:

第一,不断汲取知识,学习他人的经验。要多读书,勤请教。

[案例链接]

发明大王爱迪生,从小就博览群书,不管处于何种境地,他都一直保持着如饥似渴的求知欲,坚持阅读。他说:我对于科学、艺术、企业及其他一切都有兴趣。天文学、化学、生物学、物理学、音乐、哲学、机械学,什么都读。只要是关于世界进步的,什么学问都不憎恶。我读科学学会的刊物,读商业的新闻,又读关于演戏的东西,读关于运动的东西,我因此得以理解世界。每次进行实验前,他总是尽可能地收集有关的著作和资料,加以吸收和了解以后,才开始做实验。

约翰逊曾经这样描述爱迪生:"一天晚上,我走进房间,发现爱迪生坐在那里,脚边一本摞一本地放着5英尺高的化学及化工书籍,那是他从纽约、伦敦巴黎索购来的。他夜以继日地研究这些材料,吃饭也不离工作台,睡觉只是在椅子上靠一靠。仅用了6个星期的时间,他就读完了这些书,并写下了厚厚的一本提要,还按照方程式做了2000次试验,最后终于得出了结果——一个适合于他的要求的发现。"

"他山之石,可以攻玉"。通过学习,借鉴别人的经验,可以从中受到启发、获取灵感,更可以避免一些不必要的错误和重复,少走弯路。

[案例链接]

有一个民间发明者,被朋友称为"物理天才",只有小学学历的他,作品曾获过省级嘉奖。后来,他全身心地投入到了"永动机"的发明创造中。永动机,一直被称为发明界的神话。几百年来,无数的发明者包括很多科学家都幻想着制造出永动机,但却无一成功。因为它最终被证实违背了物理学的能量守恒定律。但是他却偏偏要挑战这一神话。他放弃了丰厚的收入,变卖房产和车子,将全部资产投入到了这项研究中,历时十几年,终于制造出来自己梦寐以求的"永动机"。望着自己的成品,他非常激动。他坚信自己的努力没有白费,付出总会有收获。他希望能申请国家专利。但有关部门对此的评价是:这在物理原理上是讲不通的,违背了牛顿力学;同时也不符合国家专利新颖、创造性、实用性的标准规定,是不能申报专利的。

其实,有很多像他这样的发明者,他们头脑灵活,很有想象力,但是虽然呕心沥血,最终劳而无功,很令人惋惜。如果能够多看看书,多学习一下,而不是一味地埋头苦干,就不会这样了。

第二,要善于观察,注重切身体验,对现实事物和现象的特征及变化保持敏感,积累专属于自己的生活经验和素材。巴甫洛夫就是在连续几十年对动物观察的基础上,提出了条件反射概念,创立了高级神经活动学说,并以此获得了诺贝尔奖。他在实验室的墙壁上写着:"观察,观察,再观察。"

也只有密切关注现实世界,关注生活,才能把握住时代的脉搏,了解人们的需求。现实的需求指引创新想象的方向和目标,只有适应社会良性需求的发明,才会有生命力,才可能产生社会价值,才可能是有意义的发明。

[案例链接]

一天,英国发明家维利·约翰逊同一位鞋厂老板聊天,老板正在为产品滞销发愁,希望能发明出更畅销的鞋。

当晚,约翰逊躺在床上,琢磨怎样帮鞋厂老板出奇制胜。在不经意间,他回忆起幼年的一件往事:上小学时,为了计算从家到学校的路程,他常常边走边数,看从家到学校一共要走多少步,然后再量出一步的距离,便可大概算出路程。想到这里,约翰逊的脑海突然冒出一个想法,如果发明一种可以测量距离的"计步鞋",肯定能够畅销。

深思熟虑后,约翰逊便动手干起来。他在一双特别加工的鞋垫内设置了微电脑,鞋面则装有显示器。穿鞋的人每走一步,所走距离的数据便会在鞋面上显示出来。

后来,他又对"计步鞋"做了进一步改进,开发出穿上后可以计算时间,测量距离,显示一个人跑步速度快慢的"测速鞋"。"测速鞋"投放市场后,深受中小学生和运动员的喜爱,被誉为"魔鞋"。在欧美上市的第一年就销售了 10 万多双。

第三,要有积极的心态,旺盛的求知欲,对生活对事业充满热情。捷普洛夫说:"一个人的想象活动与其情绪生活是紧密地联系着的。……创造想象的重大创造,永远产生于丰富的感情之中。"创造性想象是一个积极主动的心理过程,只有对生活充满热情,充满好奇的人才会自觉自愿地处处留心事物的各种变化,不遗余力地追寻其中的奥妙。如果对一切都熟视无睹,习以为常,不去问,不去想,又怎么可能有所创新呢?

[案例链接]

在锯子被发明以前,采伐木料的基本工具是斧子,斧子用来砍荆棘灌木还勉强可以,但是采伐大块的木料,就耗时又费力。有一天,鲁班进山采木料,无意中被茅草划破了手指。为什么茅草会这么容易就割破手指呢? 鲁班仔细观察茅草,发现它的叶子边缘布满锋利的小齿。思索的过程中,他又发现蝗虫在啃草叶,捉住一看,蝗虫的牙齿上也是长满了小齿。鲁班受到启发,最终发明了锯子。用来采伐木材,果然又快又省力。

虽然这只是一个传说,锯子的发明者是谁,至今颇有争议。但有一点不可否认,茅草很多人都见过,很多人也被割破过手指的,甚至他们也留意到茅草叶上的小齿子,但是却没有几个人会把这些和采伐联系到一起,更没有几个人会着手去实现这样的想象。创造发明者和普通人的区别就在这里:创造发明者们有改良改善生活的勇气和热情,有探索求知的欲望。这种热情和欲望使他们随时保持着对生活对自然的观察注意,并自然而然地把一些现象变化同自己思考的问题联系到一起,能够及时捕捉到刹那的灵感。而其他的人,他们不是没有才识,也不缺乏观察力,但是他们的心思放在别的地方,所以就算看到了,也不会去多想,最终与创新发明擦肩而过。

自我训练

1. 想象体验。

首先调整自身状态。深呼吸,排除杂念,身心完全放松。

然后选择想象对象。尽量选择你喜欢的或者向往的事物:比如一件你想要的事物,你理想的生活状态等等。

现在开始想象。想象你得到了你喜欢的物品,它的样子越来越清晰,每一个细节都浮现在你面前。你以你的方式欣赏它,使用它,甚至把它展示给身边的人一起分享。或者想象你的生活变成了自己希望的样子,一点点地按照自己的设计把这种生活的样子展现出来。尽力去脑子里完成一个完整的画面或者过程,想象每一个可能发生的细节,包括人们的表情和话语,越逼真越好。

完成以后,回忆一下刚才的经过,然后分析:这个事物或者这种状态对你来说是不是最好的,最完美的,有什么缺陷没有,同时,对于你周围的人,对于其他人来说,是不是有同样的价值?

2. 据英国媒体报道,伊朗年轻科学家阿里·拉兹希(Ali Razeghi)日前表示,他已经发明出了"时间机",可以用来预测未来5至8年将要发生的事件。

拉兹希对伊朗法尔斯通讯社表示,这种装置依靠复杂的计算方法,通过与使用者的接触可以预测其未来5至8年的情况,准确率高达98%。目前,他已经在伊朗官方机构"战略发明中心"进行了注册。

身为该中心管理者之一的拉兹希,年仅27岁,不过在他名下已经有其他179项发明。他说:"过去10年中,我一直在研究该项目。我的发明很容易放入一个个人电脑包中,它可以预测使用者未来5到8年的生活详情……它不会将你带到未来,但它可以将未来带回到你面前。"

拉兹希表示,通过他的新发明,伊朗政府可以预测与外国发生军事冲突的可能性,也可以预测外汇兑换价及石油价格波动。"一个政府能预见未来5年的情况,就可以提前为挑战的到来做好准备。因此,一旦我们具备了大规模生产能力,我们就会向各个国家和个人进行市场推广。"

拉兹希还说,他的亲朋好友们曾批评他欲扮演"造物主"。但这种装置并不违反宗教价值观,而且美国人已经投入了无数资金来研发此类机器,而他只花了很少的钱就达到了目标。

这是一则来自网络的报道。根据以上描述,完成以下题目:

想象一下时光机会给我们的生活带来什么样的改变。

你认为,这种时光机是真的吗? 真的可以预测未来吗? 如果你觉得可能,说出你的依据。如果你认为不可能,同样陈述你的理由。

第三节　发散性思维和集中思维

一、发散性思维

什么是发散性思维,这个思维也可以称之为扩散性思维,或是说求异思维,这是一种方向、途径、角度都不同的一种设想,主要是为了能够探求各种不同的答案,从而使问题最终能够获得比较圆满的解决方法。这是一种具有一定特色的思维方法。

1. 发散性思维可以充分发挥人的想象力,突破原有的知识圈,从一点向四面八方想开去,并通过知识、观念的重新组合,寻找更新更多的设想、答案或方法。

例如,一词多组、一事多写、一题多解或设想多种路子去探寻改革方案时的思维活动。

发散思维是不依常规,寻求变异,对给出的材料、信息从不同角度,向不同方向,用不同方法或途径进行分析和解决问题的。一题多解的训练是培养学生发散思维的一个好方法。它可以通过纵横发散,使知识串联、综合沟通,达到举一反三的目的 ,其缺点是评分难以制定出切实的标准答案,容易渗入主观因素。

2. 发散性思维是一种重要的创造性思维、具有流畅性、变通性和独创性等特点。

例如,风筝的用途可以"辐射"出:放到空中去玩、测量风向、传递军事情报、作联络暗号、当射击靶子等等。

3. 这种思维方法可广泛应用于企业产品开发。如鹅的综合利用,除鹅肉外,它的毛就有许多用途:刁翎,可直接出售;窝翎,用于做羽毛球;尖翎,供做鹅毛扇;鹅绒可加工衣、被、枕等产品。此外,鹅血可以加工血粉做饲料添加剂,鹅胆可做胆膏原料,鹅胰可提炼药物等等。

二、如何培养你的发散性思维

1. 发挥想象力

德国著名的哲学家黑格尔说过:"创造性思维需要有丰富的想象。"

一位老师在课堂上给同学们出了一道有趣的题目:"砖都有哪些用处?"要求同学们尽可能想得多一些,想得远一些。马上有的同学想到了砖可以造房子、垒鸡舍、修长城。有的同学想到古代人们把砖刻成建筑上的工艺品。有一位同学的回答很有意思,他说砖可以用来打坏人。从发散性思维的角度来看,这位同学的回答应该得高分,因为他把砖和武器联系在一起了。

[案例链接]

　　一位妈妈从市场上买回一条活鱼,女儿走过来看妈妈杀鱼,妈妈看似无意地问女儿:"你想怎么吃?""煎着吃!"女儿不假思索地回答。妈妈又问:"还能怎么吃?""油炸!""除了这两种,还可以怎么吃?"女儿想了想:"烧鱼汤。"妈妈穷追不舍:"你还能想出几种吃法吗?"女儿眼睛盯着天花板,仔细想了想,终于又想出了几种:"还可以蒸、醋熘,或者吃生鱼片。"妈妈还要女儿继续想,这回,女儿思考了半天才答道:"还可以腌咸鱼、晒鱼干吃。"妈妈首先夸奖女儿聪明,然后又提醒女儿:"一条鱼还可以有两种吃法,比如,鱼头烧汤、鱼身煎,或者一鱼三吃、四吃,是不是?你喜欢怎么吃,咱们就怎么做。"女儿点点头:"妈,我想用鱼头烧豆腐,鱼身子煎着吃。"

　　妈妈和女儿的这一番对话,实际上就是在对孩子进行发散性思维训练。

　　培养学生的创造性既要靠老师,也要靠家长。要善于从教学和生活中捕捉能激发学生创造欲望、为他们提供一个能充分发挥想象力的空间与契机,让他们也有机会"异想天开",心驰神往。要知道,奇思妙想是产生创造力的不竭源泉。

　　在寻求"唯一正确答案"的影响下,学生往往是受教育越多,思维越单一,想象力也越有限。这就要求教师要充分挖掘教材的潜在因素,在课堂上启发学生,展开丰富合理的想象,对作品进行再创造。

　　2.淡化标准答案,鼓励多向思维

　　学习知识要不唯书、不唯上、不迷信老师和家长、不轻信他人。应倡导让学生提出与教材、与老师不同的见解,鼓励学生敢于和同学、老师争辩。

　　单向思维大多是低水平的发散,多向思维才是高质量的思维。只有在思维时尽可能多地给自己提一些"假如……"、"假定……"、"否则……"之类的问题,才能强迫自己换另一个角度去思考,想自己或别人未想过的问题。

　　老师在教学中要多表扬、少批评,让学生建立自信,承认自我,同时鼓励学生求新。训练学生沿着新方向、新途径去思考新问题,弃旧图新、超越已知,寻求首创性的思维。

[案例链接]

　　有一篇题为《一切为了考试》的中学生作文,记述了一个"奇怪的梦":

　　"记不清是哪天晚上,我做了一个奇怪的梦:

　　四面楚歌,十面埋伏,真是莫名惊诧。

一元二次方程的判别式是什么？

茅盾原名？——教科书上写着：沈雁冰——老师说是沈德鸿，无所适从。

烈日当空。氢氧化铝分子式。蚊子叮在脖子上，啪！电视节目是《血的锁链》，父亲不让看电视。春眠不觉晓，多困啊！又是可恶的二元二次方程式，监考老师严峻的脸。一张53分的数学试卷，我吓得大哭……

氢原子只有一个电子，我只有一个脑子，怎么塞得下这么多的化学方程式。宪法为什么是国家根本大法？一切为了考试。"

文章生动而形象地再现了一个中学生的梦境。这是一个中学生在殚精竭虑的拼争和无奈时的呐喊。作者将强烈的创新意识，大胆的思维方式引进作文，思想信马由缰，纵横驰骋，内容腾挪闪错，时空交替变换，意境奇幻诡谲，传神地表现了一个中学生临考前不胜重负的心理，读后发人深省。

3.打破常规、弱化思维定势

法国生物学家贝尔纳说过：妨碍学习的最大障碍，并不是未知的东西，而是已知的东西。

有一道智力测验题："用什么方法能使冰最快地变成水？"一般人往往回答要用加热、太阳晒的方法，答案却是"去掉两点水"。这就超出人们的想象了。

而思维定势能使学生在处理熟悉的问题时驾轻就熟，得心应手，并使问题圆满解决，所以用来应付现在的考试相当有效。但在需要开拓创新时，思维定势就会变成"思维枷锁"，阻碍新思维、新方法的构建，也阻碍新知识的吸收。因此，思维定势与创新教育是互相矛盾的。"创"与"造"两方面是有机结合起来的，"创"就是打破常规，"造"就是在此基础上生产出有价值、有意义的东西来。因此，首先要鼓励学生的"创"，如果把"创"扼杀在摇篮里，何谈还有"造"呢？

4.大胆质疑

明代哲学家陈献章说过："前辈谓学贵有疑，小疑则小进，大疑则大进。"质疑能力的培养对启发学生的思维发展和创新意识具有重要作用。质疑常常是培养创新思维的突破口。

孟子说："尽信书不如无书。"书本上的东西，不一定都是全对的。真理有其绝对性，又有其相对性，任何一篇文章都有其可推敲之处，鼓励学生大胆怀疑书本，引导学生发表独特见解，这是提升学生创新能力的重要一环。在质疑过程中，学生创造性地学，教师创造性地教。质疑能将机械性记忆变为理解性记忆，让学生尝到学习、创造的乐趣。

反省思维是一种冷静的自我反省，是对自己原有的思考和结论采取批判的态度并不断给予完善的过程。这实际上是一种良好的自我教育，是学生学会创新思维的重要途径。

5.学会反向思维

反向思维也叫逆向思维。它是朝着与认识事物相反的方向去思考问题,从而提出不同凡响的超常见解的思维方式。反向思维不受旧观念束缚,积极突破常规,标新立异,表现出积极探索的创造性。其次,反向思维不满足于"人云亦云",不迷恋于传统看法。但是反向思维并不违背生活实际。

三、发散性思维事例

我国生产抽油烟机的厂家都在如何能"不粘油"上下工夫,但绝对不粘油是做不到的,用户每隔半年左右还得清洗一次抽油烟机。美国有一位发明家却从相反方向去考虑问题,他发明了一种专门能吸附油污的纸,贴在抽油烟机的内壁上,油污就被纸吸收,用户只需定期更换吸油纸,就能保证抽油烟机干净如初。这就是反向思维的典型实例。

20世纪50年代,世界各国都在研究制造晶体管的原料锗。其中的关键技术是将锗提炼得非常纯。诺贝尔奖获得者、日本的著名的半导体专家江崎和助手在长期试验中,无论怎样仔细操作,总免不了混入一些杂质,严重影响了晶体管参数的一致性。有一次,他突然想,假如采用相反的操作过程,有意地添加少量杂质,结果会是怎样呢? 经过试验,当锗的纯度降低到原先一半时,一种性能优良的半导体材料终于诞生了。这是反向思维的又一成功事例。

美国朗讯公司的贝尔实验室,是一个令人肃然起敬的名字。那里培养了11位诺贝尔奖获得者,产生了改变世界的十大发明。很多理工科毕业生把进入贝尔实验室工作看作是一种无上的光荣。贝尔实验室作为世界一流的研发机构,它有什么特点呢? 在贝尔实验室创办人塑像下镌刻着下面一段话:"有时需要离开常走的大道,潜入森林,你就肯定会发现前所未有的东西"。

让我们也常常潜入"森林",另辟蹊径,去发现、去领略那前人从未见过的奇丽风光吧,这时,你就可以欢呼:"啊,这片天地是我首先发现的,大家都来看吧!"

四、集中思维

集中思维是指把问题所提供的信息集中起来,思路朝着同一个方向聚敛前进,得出一个正确答案的思维,也叫聚合思维、求同思维,是从若干不同的事物中或从同一事物的不同方法综合出一种结果来的思维。它与发散思维相反,不是以某个对象为中心,而是通过多种事物或同一事物的多侧面的分析、比较、评价、选择,而后找出其中能使问题获得圆满解决的可能性或结论。中国的诗词,有着悠久的历史,更是集中思维的体现。马致远的《天净沙·秋思》共描写了10件景物:枯藤、老树、昏鸦、小桥、流水、人家、古道、西风、瘦马、夕阳。如果孤立地看,那么一点意境也没有,可是把它们集中为一个整体来看,那就是一幅优美的风景画,这就是收敛思维的作用。其特点是多向思考,旨皆归一。目的在于迅速筛选,使问题得到正确解决。北宋郭熙对山景进行多向思考,认为"春山淡冶如笑,夏山苍翠如滴,秋山明净如洗,冬山澹澹如睡",最后皆归:同是山景,四时不一。又如,《邹忌讽齐王纳谏》,也运用了集中思维的方法。先写邹忌问妻、问妾、问客人,通过三问实证,发举弊端,并由治家悟察治国。经由多向比较,思维集中到入朝见齐威王进谏,旨归齐威王纳谏。文章以小喻大,以近为譬,最终使齐威王下令广开言路,修明政治,以图国事。

集中思维方法

第一步:将发散思考中产生的想法,用卡片写下来,每张卡片上写一个。

第二步:分析每张卡片,将内容相关、内在联系比较紧密的卡片放到一起。

第三步:仔细思考内容相似的卡片的内在联系,将形成的新的思想材料,写成卡片,追加上去。

第四步:反复整理卡片,进行各种不同的排列。

第五步:这样不断地调整,不断地思考,我们的思想就会从发散思维时的不同方向,逐渐指向一个方向,进而指向一个中心点,直到我们满意为止。

集中思维的特征

1.定向性:即思维应指向某一目标。

[案例链接]

有位医生看到儿子睡觉时眼珠有时转动,他感到奇怪,连忙叫醒儿子,儿子说你打断了我的梦。医生想:眼珠转动和做梦有什么联系呢? 于是,他又观察了妻子和一些病人做梦时的变化,然后进行了归纳推理并得到结论:

有关因素被研究内容

儿子、好动、做梦有眼珠转动

妻子、好静、做梦有眼珠转动

病人、瘫痪、做梦有眼珠转动

结论:做梦是睡眠时眼珠转动的原因。

2.连续性:思维进行方式步步推进,环环相扣,这是由逻辑思维的因果琏所决定的。

[案例链接]

有一年,澳大利亚牧场上的羊群得了一种病:不停地叫、跳、打斗,最后衰弱不堪而死亡。澳大利亚科学家贝内茨决定寻找发病的原因。

有一天，他突然想到，这种病一定是神经系统的病，而金属铅会引起中枢神经系统的损害，羊是否吃了含铅的牧草才得病的呢？他给两批羊注射了氯化氨后，病羊的症状明显减轻。但给第三批羊注射后，没有任何效果，贝内茨百思不得其解，后来反思自己的判断：羊病是否还有别的什么原因？

经过思考，他想到缺乏某种元素也会引起疾病，如缺维生素B会引起脚气病；缺铁会引起贫血，羊是否是缺之某种元素呢？如果是这样，那为什么第一、第二批羊注射氯化氨后，病羊的症状明显减轻，而第三批羊无效呢？他进一步想到，是否三批的针剂有差异，假设第一、第二批注射的氯化氨中，恰好有某种羊所需要的元素，第三批中没有这种元素，治好羊病是无意中的事。关键是要分析三次注射样品的相同和相异点。

经过仔细的分析，第一、第二批氯化氨中含有铜元素，而第三批没有铜元素，他初步断定羊病是缺铜造成的，经试验，羊群的病被治愈了。

3.可行性：可行性是指想出的办法或方案对最后的产品形成是否可行，是否真正具有价值或是否值得这么做的评估。如：

"家有老鼠怎么办？"

A："买老鼠药、用老鼠夹、养猫、把老鼠洞堵上……"

B："把房子拆了挖老鼠洞，把老鼠一网打尽。"

这里A的可行性比B好。

五、集中思维案例

《爱丽丝漫游迷惑图》一书中有一个智力题：餐桌上的一碟盐被偷吃了，小偷可能是毛虫、蜥蜴和猫三者之一。它们带去受审，供词有：毛虫说，蜥蜴偷吃了盐；蜥蜴说，是这样；猫说，我根本不吃盐。已知三者中至少有一个讲了假话，也至少有一个说了真话，那么是谁偷吃了盐？（答案：毛虫）

分析时，根据问题中心，步步假设，排除假设的判断。最终找出唯一正确的答案，这种思维方式就是集中思维。

一般说，创造性思维的主要特点是对问题的敏感性，观念的流畅性，对心理定势的灵活性，观念的新奇性（独创性）。分析能力是指"人们在能够形成一种新的象征性结构以前，常常必须打破原有的结构"。综合能力是指"许多创造性思维要求把一些观念组织成一种较大的，包摄性更广的观念形式"。重组或重新定义的能力引自格式塔心理学派的观点，他们认为创造性思维关键在于突破旧的结构，进行重组和再定义。评价能力对于创造性思维也是很重要的。因为，若评价中的批评过多、限制太多,会影响新观念的产生;但若缺少适当的评价,会得不到任何结果。所以,仍需对产生出的各种观念进行评价、选择。评价时可思考下列问题,如,这种意见是否正确? 都与什么意见相关? 其中哪些观点最好,哪些方法最好,效益如何? 实施的可能性如何等。

六、在创造性思维的培养中,发散思维和集中思维是不可分割的整体

在获取多种材料及更多的假设与创造思路方面,发散思维尤显其长;聚合思维则在科学检验与系统论证,选优汰劣中不可缺少。集中思维就是对扩散思维提出的多种设想进行整理、分析、选择,再从中选出最有可能、最经济、最有价值的设想,加以深化和完善,使之具体化、现实化,并将其余设想中的可行部分也补充进去,最终获得一个最佳方案。

扩散思维和集中思维都是创新思维的重要组成形式,两者互相联系,密不可分。任何一个创新过程,都必然经过由扩散到集中,再由集中到扩散,多次循环往复的思维过程,直到问题的解决。

扩散思维体现了"由此及彼"及"由表及里"的思维过程,而集中思维体现了"去粗取精"和"去伪存真"的思维过程。也就是,先要"多谋",再来"善断"。

在创新活动中,只有通过扩散思维,提出种种新设想,然后才谈得上如何通过集中思维从中挑选出好的设想,可见,创造性首先表现在扩散上。当然扩散和集中是辩证统一的,都是为了达到创新和创造的目的。

七、发散性思维训练

练习 1:字的流畅

请在 10 个"十"字上加最多三笔构成新的字

十、十、十、十、十、十、十、十、十、十

请在"日"字、"口"字、"大"字、"土"字的上、下、左、右,上下一起各加笔画写出尽可能多的字来(每种至少 3 个)。

练习 2:观念的流畅

尽可能多地说出领带的用途

尽可能多地说出旧牙膏皮的用途

什么"狗"不是狗,什么"虎"不是虎

什么"虫"不是虫,什么"书"不是书

什么"井"不是井,什么"池"不是池

练习 3:雨伞存在的问题:

1. 容易刺伤人；

2. 拿伞的那只手不能再派其他用途；

3. 乘车时伞会弄湿乘客的衣物；

4. 伞骨容易折断；

5. 伞布透水；

6. 开伞收伞不够方便；

7. 样式单调、花色太少；

8. 晴雨两用伞在使用时不能兼顾；

9. 伞具携带收藏不够方便；等等。

解决方案：

1. 增加折叠伞品种；

2. 伞布进行特殊处理；

3. 伞顶加装集水器，倒过来后雨水不会弄湿地面；

4. 增加透明伞、照明伞、椭圆形的情侣伞、拆卸式伞布等；

5. 还可以制成"灶伞"，除了挡风遮雨外，在晴天撑开伞面对准太阳，伞面聚集点可产生 500℃ 的高温，太阳伞成了名副其实的"太阳灶"，用途一下子就拓宽了许多。

练习4：方法发散

(1)用"翻"的办法可以办成哪些事？

(2)每天早晨有许多职工乘汽车上班，交通非常紧张，有哪些办法可以改变这种状况呢？

(3)你对电话机的铃声可以做哪些改变？

(4)要调动学生学习的积极性，有哪些方式可以运用？

练习5：结构扩散

用 8 根火柴做 2 个正方形和 4 个三角形(火柴不能弯曲和折断)。

一般在正方形中做三角形都容易从对角线入手，但对角线的长度大于正方形的边长，所以反过来想，又组成三角形，又有相同的边长，那就要错开对角线。

练习6：因果关系发散

如果没有了蚊子，人会发生什么事情？

练习7：材料扩散

如果可以不计算成本，还可以用哪些材料做衣服？

练习8：0 是什么？(至少想出 30 种)

脑袋、地球、宇宙、圆、英文字母 O、氧元素符号、鸡蛋、扣子、面包、铁环、孙悟

空的紧箍咒、杯子、麻子、圆满、结束

练习9：谁更胖？

两个朋友外出旅游，夜晚在一家旅馆过夜，谈到了体重的问题。两个都认为自己比对方瘦，但到底谁更胖呢？看来只有称一称才知道了。于是他们向旅馆借体重秤，可旅馆只有一台小磅秤，而且最多只能称20千克的物品。这该怎么办呢？

其中一人拿来一些小小的道具，就把问题解决了？你知道他是怎么做的吗？

第四节　美妙的联想

一、案例：

战争是一个极其复杂的矛盾体，面对瞬息万变的战场风云，指挥员必须具备超常的洞察力，善于见微知著，要做到这一点，就需要指挥员开启联想思维。透过事物之间的普遍联系，发现问题的症结所在，拿出令人惊叹的绝招。历史上优秀的军事家凭借联想思维产生了许多奇谋良策，在变幻莫测的战场上，运筹帷幄，奇兵制胜。

1944年4月，苏军决定对彼列科普发起反攻。为此，苏军调集了一个集团军的兵力，谋划一举歼灭德军。按当时情况，即使苏军的计划能够顺利实现，这场战斗最快也得半个月的时间才能获胜。然而，由于苏军指挥员从细微的事变中发现了取胜的契机，大大加快了战争进程。

4月6日晚，天气骤变，彼列科普地区突降大雪。早晨，苏集团军炮兵司令在暖烘烘的掩蔽部里，注意到刚刚进来的集团军参谋长的双肩上薄薄地落了一层雪。其边缘部分有些融化了，水珠清晰地勾画出肩章的轮廓。这一发现，使炮兵司令员突然联想到：由于天气转暖，敌人掩体内的积雪，带雪的湿土被抛出来，就会暴露他们的兵力部署，这位炮兵司令随即命令加强观察。

果不出苏军炮兵司令员的意料，此时的德军正在清扫掩体内的积雪，于是苏军便实施了不间断地侦察和航空照相，仅用了3个多小时就查明：德军第一道战壕前一片洁白，只有少数几处湿土，由此推断敌人第一道战壕内只有零星值班人员；而第二三道战壕则被大量泥土覆盖成黑褐色，由此断定敌兵力主要部署在第二三道战壕内；同时还发现敌人在阵地上设有许多分支目标，因为原来已经暴露的许多目标周围无任何变化。这样苏军查明了敌人的防御编成，发起攻击前对敌人阵地进行了猛烈而又准确的炮火攻击,仅用8天多一点时间。就攻破了敌人防线,取得了俘敌3.8万余人的辉煌战果。

二、联想思维的定义

联想思维是指人脑记忆表象系统中,由于某种诱因导致不同表象之间发生联系的一种没有固定思维方向的自由思维活动。主要思维形式包括幻想、空想、玄想。其中,幻想,尤其是科学幻想,在人们的创造活动中具有重要的作用。

1. 联想思维的特征:连续性 、形象性 、概括性

2. 联想思维的类型

①接近联想。是指时间上或空间上的接近都可能引起不同事物之间的联想。比如,当你遇到大学老师时,就可能联想到他过去讲课的情景。

②相似联想。是指由外形、性质、意义上的相似引起的联想。如由照片联想到本人等。

③对比联想。是由事物间完全对立或存在某种差异而引起的联想。其突出的特征就是背逆性、挑战性、批判性。

④ 因果联想。是指由于两个事物存在因果关系而引起的联想。这种联想往往是双向的,既可以由起因想到结果,也可以由结果想到起因。

⑤相关联想:是指联想物和触发物之间存在一种或多种相同而又具有极为明显属性的联想。例如看到鸟想到飞机。

3. 联想思维的作用:在两个以上的思维对象之间建立联系、为其他思维方法提供一定的基础,活化创新思维的活动空间,有利于信息的储存和检索。

三、联想思维的方法

1. 类比法:是把陌生的对象与熟悉的对象、把未知的东西与已知的东西进行比较,从中获得启发而解决问题的方法。如:蛋卷为什么会碎?浙江省某食品机械厂的技术人员一次去贵阳某糕点厂安装蛋卷机,在本厂总装试车很满意的蛋卷机,在贵阳却不听使唤了,蛋卷坯子出来后,都在卷制过程中碎掉了。他们在原料、配方、卷制尺度等很多方面花了许多精力也解决不了问题,后来,他们看到贵阳即便是阴天,晾在外面的湿衣服半天也能干,他想起丝绸厂空气湿度不当会造成断丝。蛋卷在卷制过程中碎掉可能也与空气湿度有关,于是,他们采取了在本车间及机器内保湿加湿的措施,漂亮的蛋卷终于做出来了。

类比法的实施分为:直接类比、仿生类比、因果类比、对称类比。

直接类比:根据原型的启发,直接将一类事物的现象或规律用到另一类事物

上。如日本企业在扣子上戳个小洞注入香水,成为"香扣子"。

仿生类比:根据气步甲虫(当它遇敌时会喷出一种液体"炮弹")德国科学家研制了世界上最先进的二元化学武器。狗鼻子灵敏,人们发明了"电子警狗",灵敏度达到狗的 1000 倍。

因果类比:这是根据某一事物的因果关系推出另一个事物的因果关系,而产生新成果。如,美国一位教授根据放浴池里水流旋向的研究,推断出台风旋向的结论。

对称类比:这是利用对称关系进行类比而产生新成果。如:原来化妆品都是女人的专用,根据对称类比,男士化妆品应运而生了。

2. 移植法:是指把某一事物的原理、结构、方法、材料等转到当前研究对象中,从而产生新成果的方法。

移植法的实施分为:原理移植、结构移植、方法移植、材料移植。

原理移植:就是将某种科学技术原理转用到新的研究领域。如:根据贺卡,台湾一位业余发明家将其移植到汽车倒车提示器上,"倒车请注意"。

结构移植:就是将某事物的结构形式和结构特征转用到另一个事物上,以产生新的事物。如,拉链,某公司为有口蹄疫地区的动物做了数双短筒拉链靴。美国将拉链移植到外科手术的缝合。

方法移植:就是将新的方法转用到新的情景中,以产生新的成果。如香港一集团的老总根据参观荷兰的"小人国"——荷兰风光的缩影,建成了"锦绣中华园",年收入 1000 万元。

材料移植:亚硫酸锌具有白天能吸收光线、夜间发光的特性,有人用它制造电器开关、夜光工艺品、夜光航标灯、夜光门牌等。

四、联想思维训练

1. 在两个没有关联的信息间,寻找各种联想,将它们联结起来。

例:粉笔—原子弹 粉笔—教师—科学知识—科学家—原子弹

(1)足球—讲台;

(2)黑板—聂卫平;

(3)汽车—绘图仪;

(4)油泵—台灯

2. 分别在下面每题的字上加同一个字使其组成不同的词

(1)自、睡、味、触、幻、感

(2)阔、大、博、东、告、意

(3)具、教、理、士、边、家

3. 试用移植法解决自行车防盗问题。

4. 对汽车进行因果联想。对方便面进行相似联想。对生命进行相关联想。

5. 从下列信息为出发点写出综合联想链。轧路机：黑板。粉笔：原子弹。足球—讲台。

6. 借助于联想,进行创新设想:高楼大厦、电视、打火机。

第五节　直觉思维

一、什么是直觉思维

【直觉测验】

1. 在猜谜语游戏中你是否成绩不错?

2. 你是否喜欢和别人打赌,赌运是否很好?

3. 你是否常感到你一见某个人,便十分了解他?

4. 你是否经常在别人说话之前,便知道其内容?

5. 你是否无缘无故地不信任别人?

6. 你是否为自己对别人第一印象的准确而感到骄傲?

7. 你是否常有似曾相识的经历?

8. 你是否经常在飞机(汽车、火车)出发之前,因害怕该航班出事,而临时改变旅行计划?

9. 你是否无缘无故地讨厌某些人?

10. 你是否相信"一见钟情"?

11. 你是否一看见一幢房子便感到合适与舒适?

12. 你是否经常一拿起电话便知道对方是谁?

13. 你是否常听到某些"启示"的声音,告诉你应该做些什么?

14. 你是否相信命运?

15. 你是否有过噩梦,而其结果又变成事实?

16. 你是否在半夜里因担心亲友的健康或安全而忽然惊醒?

17. 你是否经常在拆信之前,便已知道其内容?

18. 你是否经常为其他人接着说完话?

19. 你是否常有这种经历:有段时间未能听到某一个人的消息了,正当你在思念之时,又忽然接到他(她)的信件、明信片或电话?

20.你是否一见某件衣服,就感到非得到它不可?

答是的记1分,答否的记0分,累计所得分数,并按如下标准进行评价:10~20分,有很强的直觉能力。有着惊人的判断力,当你将它用于创造时一定会取得巨大成功。1~9分者,你有一定的直觉能力。但常常不善于运用它有时让它自生自灭,应该加强对它的培养,让它成为你事业的好帮手。0分者,你一点也没有发展自己的直觉能力。你应该试着按直觉办事,就会发现直觉。

【基本介绍】

直觉思维是指人在现有知识、经验的基础上,对一个问题未经逐步分析,仅凭感觉直观的把握事物的本质和规律,迅速解决问题或对问题做出某种猜想或判断的思维活动。

直觉思维是一种不受人类意志控制的特殊思维方式,它是基于人类的职业、阅历、知识和本能存在的一种思维方式。直觉思维作为一种心理现象贯穿于日常生活、事业和科学研究领域,特别在创造性思维活动的关键阶段起着极为重要的作用。简言之,直觉就是直接的观察。

直觉是人们在生活中经常应用的一种思维方式。小孩亲近或疏远一个人凭的是直觉;男女"一见钟情"凭的是各自的直觉;军事将领在紧急情况下,下达命令首先凭直觉;足球运动员临门一脚,更是毫无思考余地,只能凭直觉。

科学发现和科技发明是人类最客观、最严谨的活动之一。但是许多科学家还是认为直觉是发现和发明的源泉。诺贝尔奖获得者、著名物理学家玻恩说:"实验物理的全部伟大发现,都是来源于一些人的直觉。"伟大的科学家爱因斯坦也曾说过:"我相信直觉和灵感。"

[案例链接]

梅里美特工

梅里美是一名出色的特工。一次他接受了一项任务——潜入某使馆获取一份间谍名单。这是一个艰巨而棘手的任务,因为此名单放在一个密码保险箱内,梅里美只有想方设法获知密码,才能打开保险箱安全返回,否则任务完不成还将暴露自己。据情报透露,保险箱的密码只有老奸巨猾的格力高里知道,于是梅里美在所在机构的安排下进入使馆成为格力高里的秘书,他凭着自己的才智逐步获得了格力高里的信任。可是,尽管这样格力高里始终没提过保险箱密码一事。梅里美多次试探打听也毫无结果,这时上级已经下达命令,限三天时间让梅里美交出间谍名单。梅里美焦急万分,到了最后一天的晚上他决定铤而走险。

梅里美进入格力高里的办公室,试图用自己掌握的解密码技术打开保险箱,可是一阵忙碌之后他发现一切都是徒劳,一看表发现离警卫巡查的时间仅剩十分钟了。怎么办?突然,他的目光盯在了墙上高挂着的一部旧式挂钟,挂钟的指针都分别指向一个数字,而且从来没有走过。梅里美猛然想起自己曾经问过格力高里是否需要修钟,格力高里摇头说自己年龄大了,记性不好,这样设置挂钟是为了纪念一个特殊时刻的。想到这,梅里美热血沸腾,他立即按照钟面上的指针指定的数字在关键的几分钟内打开保险箱拿到了名单。

梅里美的"急智"天才在同行中被传为佳话。首先梅里美是一名经验丰富的优秀特工,他具备丰富的反间谍知识;其次,鉴于格力高里的特点——年纪较大,老奸巨猾,像密码这类重要文件应该是随身携带或放于一隐秘处,但是格力高里的阅历使他更高一筹,他用一部普通的挂钟就锁住了机密;另外,梅里美脑际中梦寐以求的问题就是密码,所以在紧要关头他能从挂钟上领会到玄机,得到直觉的灵感。

【主要特点】

从培养直觉思维的必要性来看,直觉思维有以下三个主要特点:

1. 直接性和高效性

直觉往往是对问题从总体上把握,它从问题的已知的信息入手,没有机械地按部就班地逻辑推理环节,一下子从起点跳到终点,直接触及问题的要害。

2. 敏感性和预见性

直觉是瞬间的感觉,这种感觉有很强的敏感性,科学家和发明家们对直觉都是非常敏感的,而这种敏感性就具体体现在对问题的答案的预见性上。

伊恩·斯图加特说:"直觉是真正的数学家赖以生存的东西。"许多重大的发现都是基于直觉。欧几里得几何学的五个公式都是基于直觉,从而建立起欧几里得几何学这栋辉煌的大厦;哈密顿在散步的路上迸发了构造四元素的火花;凯库勒发现苯分子环状结构更是一个直觉思维的成功典范。

3. 结论的不确定性

直觉思维的成果往往只是一种建立在经验基础上的猜测,其正确性有待于实践进一步的检验和证明。

4. 自信性

成功可以培养一个人的自信,直觉发现伴随着很强的"自信心"。相比其他的物质奖励和情感激励,这种自信更稳定、更持久。当一个问题不用通过逻辑证明的形式而是通过自己的直觉获得,那么成功带给他的震撼是巨大的,内心将会产生一种强大的学习钻研动力,从而更加相信自己的能力。

[案例链接]

巴顿将军与卢森堡之战

乔治·巴顿(George S. Patton),美国四星上将,是一位充满传奇色彩的人物。据《巴顿将军》一书中叙述:1944 年 12 月,在卢森堡的一次战役中,有一天凌晨 4 点,美国的巴顿将军急匆匆地把秘书叫到办公室,秘书见他衣冠不整,半穿制服半穿睡衣,知道他是刚下床有重要事情要口授。

原来,巴顿将军夜半醒来时突然想到:德军在圣诞节时将会在某个地点发起进攻。他决定先发制人,于是急着向秘书口授了作战命令。

果然不出他所料,几乎就在美军发起攻击的同时,德军也发动了进攻。由于美军的先发制人,终于阻止了德军的进攻。

后来,巴顿将军曾两次谈到,这次军事行动是当他半夜 3 点无缘无故醒来时猛然想到的。

二、直觉的作用

直觉出现的时机,是在大脑功能处于最佳状态的时候,形成大脑皮层的优势兴奋中心,使出现的种种自然联想顺利而迅速地接通,因此,直觉在创造活动中有着非常积极的作用。

1. 帮助人们迅速做出优化选择

在创新过程中,常常会遇到许多复杂的情况,往往需要我们从许多种方案中选择最优方案,怎样选择呢? 实践证明,仅仅依靠逻辑思维,是无法完成的,有时候必须依靠直觉。

法国数学家庞卡莱说:"所谓发明,实际上就是鉴别,简单说来,也就是抉择,怎样从多种可能中做出优化的抉择呢? 经验表明,单单运用逻辑思维,就是按逻辑规则进行推理是没法完成的,而必须依靠直觉。"

[案例链接]

丁肇中和"J"粒子

大家都知道,丁肇中是著名的华裔实验物理学家,他因发现一种质量大、寿命长的奇诡粒子——J 粒子,而荣获 1976 年诺贝尔物理学奖。

他是怎么样发现这种粒子的呢?

原来,在从事基本粒子研究时,丁肇中凭直觉判断出重光子没有理由一定要比质子轻,很可能存在许多有关的特征而又比较重的粒子。当时理论上并没有预言这些粒子存在,而是直觉判断使得丁肇中选择了探查粒子存在的科研课题。

经过几年的潜心研究,他终于发现了比质子重的光特征粒子——J粒子。关于这个发现的难度,丁肇中说:"这好比在一个下雨天,每秒钟在某个地方落下100亿颗雨滴,其中有一颗是带颜色的,我们要将它找出来。"

2. 帮助人们做出创造性的预见:

有着渊博知识和丰富经验的创造者,凭借卓越的直觉思维能力,常常能够在纷繁复杂的科学研究中,敏锐地直观地觉察到某一科学现象背后隐藏的科学奥秘,从而创造性地预见到将来在这方面很有可能会产生新思想、新理论或新成果。

[案例链接]

爱迪生和阿普顿

爱迪生有着许许多多的发明创造,凭着勤奋和努力,他一生取得了白炽灯、电影等2000多项发明,被美国人誉为"大众英雄"。

可是,年轻的时候,只读过小学三年级的爱迪生却常被别人瞧不起。爱迪生曾经有个助手,名叫阿普顿,毕业于普林斯顿大学数学系,他就常讥笑爱迪生是个只会瞎摆弄的"莽汉"。为了让阿普顿谦虚些,也为了让阿普顿对科学有真正的认识,爱迪生决定出个难题给他。

一天,爱迪生把一只有孔的废玻璃灯泡交给阿普顿,让他算算灯泡的体积。阿普顿拿着灯泡看了看,觉得灯泡应该是梨形的,心想,虽然计算起来不容易,但还是难不住我。

阿普顿拿尺子上下量了量灯泡,并按灯泡画了张草图,然后列出了一大堆密密麻麻的算式。他算得非常认真,脸上渗出汗珠来。几个小时过去了,桌上堆满了算过的稿纸。又一个小时过去了,爱迪生来看他算好了没有,阿普顿边擦汗边摇头:"快了,算了一半多了。"

爱迪生强忍住笑:"还是换个别的办法试试吧!"阿普顿头也不抬:"我这个办法是最简单、最精确的,你还是等着看结果吧。"

阿普顿根本没有快要完成的样子。爱迪生于是拿过灯泡,一下沉到洗脸池中,让灯泡灌满了水,然后把灯泡里的水倒入量筒里。

阿普顿这才恍然大悟,爱迪生的办法才是简洁而精确的!将水灌入灯泡,灯泡里水的体积和灯泡的体积是一样的,再将水倒入量筒,也就量出了灯泡的体积。毫无疑问,身为数学家的阿普顿,他的计算才能及逻辑思维能力是令人钦佩的,然而,这个问题表明,他所缺少的恰恰是像爱迪生那样的直觉思维能力。

[案例链接]

居里夫人在深入研究铀射线的过程中,凭直觉感到,铀射线是一种原子的特性,除铀外,还会有别的物质也具有这种特性。想到了立刻就做! 她马上扔下对铀的研究,决定检查所有已知的化学物质,不久就发现另外一种物质——钍也能自发发出射线,与铀射线相似。居里夫人提议把这种特性叫作放射性,铀和钍这些有这种特性的元素就叫作放射性元素。这种放射性使居里夫人着了迷,她检查全部的已知元素,发现只有铀和钍有放射性。

她又开始测量矿物的放射性,突然她在一种不含铀和钍的矿物中测量到了新的放射性,而且这种放射性比铀和钍的放射性要强得多。凭直觉,她大胆地假定:这些矿物中一定含有一种放射性物质,它是今日还不知道的一种化学元素。有一天,她用一种勉强克制着的激动的声音对布罗妮雅说:"你知道,我不能解释的那种辐射,是由一种未知的化学元素产生的……这种元素一定存在,只要去找出来就行了! 我确信它存在! 我对一些物理学家谈到过,他们都以为是试验的错误,并且劝我们谨慎。但是我深信我没有弄错。"在这种信念的驱使下,居里夫人终于和她丈夫一起发现了新的放射性元素:钋和镭。居里夫人还以她出色的工作,两次荣获诺贝尔奖。

三、直觉思维的培养与自我训练

【自我培养】

直觉是不可言传的预感,有人称之为第六感觉,它像人的肌肉那样,可以因锻炼而发达。

直觉思维能力的强化可从以下几点入手:

1. 获取广博的知识和丰富的生活经验

在前面已经指出,直觉的产生不是无缘无故、毫无根基的,它是凭借人们已有的知识和经验才得以出现的,因此,直觉往往比较偏爱知识渊博、经验丰富的人。从这种意义上说,获取广博的知识和丰富的生活经验是直觉强化的基础。

[案例链接]

吉姆的故事

吉姆,一个直觉型的人;伊丽莎白,一个感觉型的人,在同一家化妆品生产公司就职。一天,总经理仓促地将所有部门经理叫到一起开一个紧急会议。他用一些数字,草草地画了一张公司经济状况糟糕的图表。他还说,如果情况还得不到改善的话,他将不得不采取裁员和其他一些减少开支的措施。

会议戛然而止,所有的部门经理在离开时都一头雾水。吉姆和伊丽莎白马上秘密地开始核对彼此的会议记录。伊丽莎白非常清楚总经理所列数据的含义,因此她意识到公司的确陷入了财政危机。当她在笔记本上进一步计算之后,她得到了比会议上更糟的再清楚不过的结论。

尽管吉姆对数字没有天分,但他也十分警觉。他一走进会议室就意识到什么地方不对劲儿了,而且他现在有一种感觉,事情绝对不只总经理所说的那么简单。吉姆发现平常轻松和蔼的总经理忽然变得焦躁不安,而且他还看到几个部门经理偷偷地交换眼神。他告诉伊丽莎白,总经理与负责研究和开发的副总经理关系十分紧张。尽管在会议上没有提及此事,但吉姆猜测可能是公司期望甚高的正在开发中的新的皮肤护理产品生产线出了问题,而这会对基本生产线造成很大的影响。

结果是,吉姆和伊丽莎白都对了。总经理几天后宣布了这个坏消息——而且是出于完全不同的原因,正如我们所知,吉姆和伊丽莎白都没有感到惊讶。

2.学会倾听直觉的呼声

直觉思维凭的是"直接的感觉",但又不是感性认识。人们平常说的"跟着感觉走",其中除去表面的成分以外,剩下的就是直觉的因素。直觉需要你去细心体会、领悟,去倾听它的信息、呼声。当直觉出现时,你不必迟疑,更不能压抑,要顺其自然,顺水推舟,做出判断、得出结论。

[案例链接]

辣椒的故事

有一名学生在栽培辣椒苗时,他用细铁丝捆住弯曲的辣椒茎秆,意外地发现这棵被细铁丝缚住的辣椒结果率高于未缚茎秆的辣椒植株。他凭直觉感到这一现象绝非偶然,一定有它的科学性。他抓住这一直感,在老师的帮助下,有意识地进行了实验,以两排辣椒植株作为实验对象,一排辣椒均用细铁丝缚住茎秆,另一排则不缚;实验结果证实了这名同学的直觉是正确的。原来,用细铁丝缚住植株茎秆,有效地控制了光合产物的向下运输,使果实生长所需的营养得到进一步保证,从而提高产果率,增加产量。这一发现受到有关人士的赞同和认可。

3.要培养敏锐的观察力和洞察力

直觉突出的特点是其洞察力及穿透力,因此,直觉与人们的观察力及视角息息相关,观察力敏锐的人,其直觉出现的几率更高,直抵事物本质的效果更强。因此,要有意识地培养自己的观察力,特别是提高对那些不太明显的软事实,如印象、感觉、趋势、情绪等无形事物的观察力。

【自我训练】

1.扎实的基础是产生直觉的源泉

直觉不是靠"机遇",直觉的获得虽然具有偶然性,但绝不是无缘无故的凭空臆想,而是以扎实的知识为基础。若没有深厚的功底,是不会迸发出思维的火花的。

2.设置直觉思维的意境和动机诱导

"跟着感觉走"是我们经常讲的一句话,其实这句话里已蕴涵着直觉思维的萌芽,只不过没有把它上升为一种思维观念。这就要求教师转变教学观念,把主动权还给学生。对于学生的大胆设想给予充分肯定,对其合理成分及时给予鼓励,爱护、扶植学生的自发性直觉思维。

【日常训练】

1.如果你丢了什么东西,不要急着东找西翻,而是凭直觉回忆应该丢在哪里了,然后径直到那里去找。

2.参加考试,对于选择题,如果对题目理解不是很清楚,应凭直觉做题。

3.在公共汽车上,凭直觉猜测在你身边的这个人是干什么的?

【延伸训练】

松弛

把右手的食指轻轻地放在鼻翼右侧,产生一种正在舒服地洗温水澡的感觉;或仰面躺在碧野上凝视晴空的感觉。以此进行自我松弛,这有利于右脑机能的改善。

回想

尽量形象地回想以往美好愉快的情景,训练时间以 2~3 分钟为宜。

想象

根据自己的心愿去想象所希望的未来前景,接着生动活泼地浮想通过哪些途径才能得以成功。开头闭眼做,习惯之后可睁眼做。

听古典音乐

听舒缓的音乐,想象音乐所表达的意境。如听莫扎特的曲子,直接接触他的感情,会使直感力变得敏锐。

用左手拿筷子

不妨先试两天,然后中间休息一天,再继续两天,为此坚持一个月左右。

在书店立读

即使忙得不可开交,也要抽空逛逛书店。牢牢地盯着书目来推想书中写着什么。

向似乎办不到的事情挑战

有时,灵感是在被逼得走投无路时突然产生的,简直是绝路逢生,不要惧怕艰难的工作,要勇敢地去挑战。

回到童心

回想幼儿时期唱过的歌,玩过的游戏,并历历在目般地描绘出当时的情景,有助于增强记忆源泉——海马功能。

第六节　灵感思维

一、灵感与灵感思维

【何为灵感】

"灵感"(inspiration)一词源于古希腊,指"神灵之气",是有"神"和"气息"两词复合而成。

灵感是何物? 答案永远是仁者见仁智者见智。

爱迪生说:"天才,那就是一分灵感,加上九十九分汗水。"

柴可夫斯基说:"灵感是这样一位客人,他不爱拜访懒汉。"

列宾说:"灵感,不过是顽强地劳动而获得的奖赏。"

所谓灵感,是创造性劳动过程中出现的一种功能达到高潮的心理状态。这种状态在文学、艺术、科学、技术等活动中,能突然产生富有创造性的思路。灵感时间极短,几秒钟而已,当灵感产生时,人们可突然找到过去长期思考而没有得到的解决问题的办法,发现一直没有发现的答案。

[案例链接]

袁隆平的"梦"

"我做过一个梦,梦见杂交水稻的茎秆像高粱一样高,穗子像扫帚一样大,稻谷像葡萄一样结得一串串,我和我的助手们一块在稻田里散步,在水稻下面乘凉,做个禾下乘凉的幸福农民。"这个禾下乘凉梦,袁隆平做了两次。

【何为灵感思维】

灵感是一种顿悟,灵感思维则是一个过程,也就是灵感的产生过程。即经过大量的、艰苦的思考之后,在转换环境时突然得到某种特别的创新性设想的思维方式。正所谓"踏破铁鞋无觅处,得来全不费工夫"。

[案例链接]

众所周知的阿基米德定律就是凭灵感解决疑问的例证。

希洛王要做一项金王冠奉献给永恒的神灵,并且如数给了制作金王冠所需要的黄金。金匠做了一项重量与黄金数量相等的王冠。有人怀疑金匠贪污了部分黄金,并且掺进了相同重量的白银,但苦于没有证据。国王要阿基米德动动脑筋,但阿基米德苦思冥想却找不到解决的办法。

他知道金与银的比重不同,同重的金与银体积也不同,要想知道金冠中是否含有同等重量的白银时,阿基米德很清楚解决问题的关键就是测知金冠的体积。用怎样的办法才能测出结构复杂的金冠体积呢? 当他带着问题跨入浴缸时,看到浸入水中的身体与浴缸溢出的水就想到两者体积相同,即刻得出了测量金冠体积的办法:把金冠置入水中,被金冠排开的水的体积就是金冠的体积。他运用这种方法断定王冠里掺入了比黄金轻的白银。并因此发现了浮力定律,即阿基米德第一定律。

其实,灵感与灵感思维是密不可分的。但为了学习的方便,我们将它们分开来谈。

二、灵感的特点与灵感思维的规律

【灵感的特点】

其一,灵感的产生具有随机性、偶然性。有心栽花花不开,无意插柳柳成荫。灵感通常是可遇不可求的,至今人们还没有找到随意控制灵感产生的办法。人不能按主观需要和希望产生灵感,也不能按专业分配划分灵感的产生。

其二,灵感产生是世界上最公平的现象。任何能正常思维的人都可能随时产生各种各样的灵感,无论是贫民还是权贵,不论是知识渊博的科学家还是贫困地区的文盲都会产生灵感。

其三,它不为人的意志所左右,也不能预订时间。人们无法通过意志让灵感产生,也无法事先计划它的到来,它总是"不期而至"。

其四,灵感具有"采之不尽,用之不竭"的特点。这是灵感最为特殊的特点,越开发灵感产生得越多。

其五,灵感具有稍纵即逝的特点,如果不能及时抓住随机产生的灵感,它可能永不再来。著名的英国科学家 W·贝弗里奇说:"带上一个笔记本,随时记下闪过脑际的有独到之处的念头,不放过任何一个极细小的思维闪光。"不少名人都有随身带着笔记本的好习惯,有些勤奋好学的人,也是这样做的。更有趣的是著名作曲家施特劳斯,有一次灵感来了,他竟把闪现于脑际的优美旋律写在身穿的白衬衣的袖子上,这就是世界名曲——蓝色多瑙河。

其六,灵感是创造性思维的结果,是新颖的、独特的,人产生灵感时往往具有情绪性,当灵感降临时,人的心情是紧张的、兴奋的,甚至可能陷入迷狂的境地。

提示:为了避免事后悔恨,一定要随身携带笔! 当灵感来临时,把它写下来是留住它的最好办法!

俄国化学家门捷列夫试图按照化学元素的性质,编制元素周期表,但很长时间都没有成功。有一次,他一连三天三夜没有睡觉,坐在桌旁研究,由于太疲劳了,只得去睡一会儿。但他的大脑并没有停止工作,在梦中奇迹般地完成了周期表的编制工作。他说:"我梦见了周期表,各种元素都按它们应占的位置排好了,骤然醒来,立即写在一张小纸上,后来发现只有一处需要修改。"

【灵感思维的规律】

古今之成大事业、大学问者,必经过三种之境界:

昨夜西风凋碧树。独上高楼,望尽天涯路。

衣带渐宽终不悔,为伊消得人憔悴。

众里寻他千百度,蓦然回首,那人却在,灯火阑珊处。

——清·王国维

一般来说,灵感思维具有以下规律:

其一、灵感产生于大量的信息输入后。灵感的产生,如同电压加到一定的高度,突然发光,电路接通,就能大放异彩。因此这就需要在进行科技创新活动的过程中,不断地观察分析,不断地往头脑里输入大量的信息。如阅读相关资料、上网搜查、请教专家等等,都是信息输入的过程。

其二、灵感产生于长期的、艰苦的创造劳动后。灵感思维的基础在于创造性活动,如果没有创造性活动,也就不会有灵感。长期的、艰苦的创造活动使大脑的神经绷紧,思维能力达到了突破的边缘,故一旦有一个诱因,即自己需要的信息刚露头,就能立即引起大脑神经的强烈共鸣,灵感就此产生。

其三、灵感产生于一定的诱因。大量的信息、大量的创造性活动使创造力处于饱和状态,此状态需要一定的诱因,才能产生质的飞跃。

[案例链接]

用"风"灭火

1987 年 5 月 6 日,对于中国人民来说是个难以忘怀的日子,更是许多亲历过的人心中无法磨灭的痛。因为从这一天开始,大兴安岭林区燃起了持续一个月的大火。这场特大的森林火灾共造成 400 多人死亡,50000 多人无家可归,不仅房屋等遭到破坏,而且大量的森林资源被付之一炬。

话说伊春林区的一位师傅,他从小就在大兴安岭做护林员。大火之后,他走在到处黑乎乎的林区,望着满目的荒凉,心中充满了难以表达的悲怆。曾经,许多的林木是他亲手栽下,就像自己的孩子一样,他每天巡视时甚至会和这些树木说说话,但现在,一切都不复存在。

这位师傅在难过之余,想到:其实林区每年都有小范围火灾发生,关键是当时的灭火是否及时。他感觉,现有的灭火器材都不理想。于是,他开始思考:什么样的灭火器更好使呢?

这位师傅每天冥思苦想,但不得要领,始终想不到更好的办法。他的学历很低,也就是小学文化,对那些机械呀、电器呀什么的,基本上是不懂。

但他没有放弃,每天一闲下来他就想灭火器的事儿。日子就这样一天天过去了,大约在他想了半年之后,有一天林区停电,到了晚上他就在小屋点起了蜡烛,继续想灭火的事情。但依然没有什么头绪,也理不出思路来。他叹了口气准备睡觉,于是吹灭蜡烛躺在了床上。但就是这个吹蜡烛的动作忽然提醒了他!黑暗中他看到了思想的火花在眼前一闪!

——我在做什么?吹蜡烛。"吹"不就是在灭火吗?那么是用什么灭的火?吹蜡烛时要用力吹才行,不是风又是什么?难道风可以灭火吗?

一直以来,在这位师傅的头脑中以为风助火势,林区着了火最怕伴随着刮风了,一刮风火就会越烧越旺。所以,他从没想到过风还能灭火。

想到了用风灭火,师傅激动得再也睡不着了,他终于想明白了:当局部的风小于局部的火时,风是助火的;当局部的风大于局部的火时,风就是灭火的。因此,完全可以制造"风力灭火器"!当这位师傅第二天把这个想法上报领导时,得到了大力支持。后来,由研究所的工程师们研制成功了"风力灭火机",并以这位师傅的名义申报了专利。

三、灵感思维详述

【灵感思维的类型】

1. 自发灵感

即在对问题进行较长时间的思考过程中,所思考问题的答案或启示在头脑中突然闪现的思维方法。

[案例链接]

罗斯福与"联合国"的命名

1941 年 12 月,太平洋战争爆发,26 个反轴心国家结成联盟,准备在新年发表反法西斯的联合宣言。为了给这个大同盟起个名字,美国总统罗斯福、英国首相丘吉尔等领导非常费心,想了"同盟""联盟"等不少名字都不中意,就各自休息了。有一天早晨,罗斯福穿衣服时,突然喊叫起来:"我想出来了!"把仆人吓了一跳。罗斯福吩咐:"送我到丘吉尔房间去!"仆人奔跑着把罗斯福的轮椅推到丘吉尔的房间。罗斯福说:"温斯顿,叫'联合国'行不行?"丘吉尔满脸肥皂沫,笑着说:"太好了。"罗斯福靠自发灵感,后来征得同盟国家主要首脑的同意,就这样定下来了。

2. 触发灵感

即对问题已进行较长时间探索的基础上,在接触到相似或相关的事物时,瞬间引发出所思考问题的某种答案或启示的思维方法。

[案例链接]

苍蝇拍的发明

1905 年,塞缪尔·克拉姆宾博士放下所研制的消灭家蝇工作去看一场棒球赛。家蝇是一种令人讨厌的小动物,但是人们似乎对它们所带来的疾病问题漠不关心。在第八局的后半局,比分相平,这时轮到本地球队击球。观众叫嚷:"用劲打! 用劲打!"另外一些则高呼"重拍! 重拍!"

突然间,克拉姆宾在他的大脑里把它们联系在起来:拍苍蝇! 他甚至没有注意到比赛是如何结束的。苍蝇拍因此被发明了——你难道不想拥有这样的专利权吗?

3. 诱发灵感

即思考者根据自身的生理、爱好、习惯等方面的特点,采取某种方式或选择某种场合,有意识地寻求所思考问题的答案或启示的方法。可选择适合自己思考的时间空间,如清晨卧床、沐浴、听音乐、散步等过程中。

4.激发灵感

即指面临紧急情况时,大脑处于高度的积极思维状态,急中生智,所思考的问题答案或启示此时有可能在头脑中突然闪现。

[案例链接]

北京涮羊肉的来历

涮羊肉起源于元代。700多年前,元世祖忽必烈统帅大军南下远征,经过多次战斗,人困马乏,饥肠辘辘。于是他吩咐部下烧火杀羊。正当伙夫宰羊割肉时,探马突然飞奔进帐,禀告敌军大队人马已追赶而来,离此仅有10里路程。但饥饿难耐的忽必烈一心等着吃羊肉,他一面下令部队开拔,一面高声叫喊:"羊肉,拿羊肉来!"要吃清炖羊肉当然来不及了,而生羊肉怎能端上来让主帅吃?怎么办?这时只见主帅大步流星向火灶走来,伙夫知道他性情暴躁,于是急中生智,飞快地切了十多片薄羊肉,放在锅中沸水里搅拌了几下,待肉色一变,马上捞入碗中,撒上细盐、葱花、姜末等佐料,双手捧给刚来到灶旁的主帅。忽必烈抓起肉片送进口中,他接连吃了几碗后,挥手掷碗,翻身上马率军迎敌。结果旗开得胜,生擒敌将。

在举行庆功宴时,忽必烈特别点了战前吃的那种羊肉片。这回伙夫精选了优质绵羊腿部的"大三叉"和"上脑嫩肉",切成均匀的薄片,再配上麻酱、腐乳、辣椒、韭菜花等多种调料,涮后鲜嫩可口,将帅们吃后赞不绝口,忽必烈更是喜笑颜开。伙夫忙上前说道:"此菜尚无名字,请帅爷赐名。"忽必烈一边涮着羊肉片,一边笑着答道:"我看就叫涮羊肉吧。"

【灵感思维的激发】

引发灵感最常用的一般方法,就是愿用脑、会用脑、多用脑,也就是遵循引发灵感的客观规律,科学地用脑。

会用脑。凡是善于引发灵感,能够形成创造性认识的人,都很会用脑。一般人以为显而易见的现象,他们产生了疑问;一般人用习惯的方法解决问题,他们却有独创,他们的特点是喜欢独立思考,遇事多问几个"为什么?"多提出几个"怎么办?"因为任何创新项目的完成,都是独立思考和钻研探索的结果。因此,就不能迷信、不能盲从、不能只用习惯的方法去认识问题;或只用结论了的说法去解决问题,也不能迷信专家、权威。而是要从事实出发,从需要出发,去思考问题,去探索问题。去寻找新的方法、新的答案、新的结论。

多用脑。要促进灵感的产生,就必须多用脑,因为人的认识能力,是在用脑的过程中得到锻炼从而不断提高的。所谓多用脑,不是指不休息地连续用脑,而是要把人脑的创新潜能充分地发挥出来。爱因斯坦对为他写传记的作家塞利希说:"我没有什么特别才能,不过喜欢寻根刨底地追求问题罢了。"在这个寻根刨底的过程中,最常用的方法就是用脑思考。他自己深有体会地说:"学习知识要善于思考、思考、再思考,我就是靠这个学习方法成为科学家的。"

"数字化教父"尼葛洛·庞帝说:"我不做具体研究工作,只是在思考。"微软的比尔·盖茨,他从小就表现出勤于思考、善于思考的特点。

由此可见,科学用脑是开发大脑创造潜能、引发灵感,形成创造性认识的最一般、最普遍适用的方法。

【日常训练】

1.时间漂移

解决问题→悬而未决的问题→思考直至疲劳→休息娱乐→在思考→再休息→……

2.梦境控制

首先,必须坚信自己是可以控制自己的梦境

其次,要有强烈的心理暗示和动机

第三,用简单的句子在心里默念自己的目标

第四,暗示自己区分现实与梦境

第五,醒来后,根据梦境内容,把自己的灵感与所思考的问题互相参照,找出它们之间相关联之处

四、学以致用

请永远记住,行动比想法更重要! 现在,请参照以下建议行动:

●创新面前没有失败,只是多走了一条没有走通的路而已。因此,要创新,就不要怕失败!

●敢于去想象,连想都不敢想,怎么能做出创新成果呢? 因此,不仅要坚持自己的想法,还要继续自己独特的想法!

●牢牢记住这两个问题:难道只能这样吗? 还能做哪些改变?

●要经常问一句:在这件事上,我的思维是否已经被框住了? 是否需要突破?

●要有意识地选择一些有挑战性的创新题目来做,也就是说难度大一些的,这样的练习是很重要的,因为没有经过努力所得到的创新就不是真正的创新。

第十章　创新的方法

第一节　创新分类法

一、创新方法的概述

在 21 世纪真正有价值的人是能够创新的人。他不是一个只会使用别人的方法做事情的人,他不是那种只会听话做事情的一颗棋子,一个木偶。因为,在如今的竞争之下,唯一可以延续的竞争优势就是创新。任何东西都可以很容易地被模仿,只有创新很难被模仿。而创新一旦被模仿,你唯一的办法就是继续创新。那么什么样的人才能创新呢?长期以来,科学家和发明家的创造发明,被人们蒙上了一层神秘的色彩,以为普通人不可企及。

其实我们每个人都拥有巨大的潜能,开发好了,任何一个人都会有大的作为。例如,美国著名的创造工程学家奥斯本 21 岁那年失业了。一天到报社应聘,考官问:"你从事写作有多少年?"奥斯本直言相告:"只有三个月,但是请你先看一看我所写的文章吧。"考官看完后说:"从你的文章中看出,你既无写作经验,又缺乏写作技巧,文句也不够通顺,但内容却富有创造性,暂时录用,试一试。"奥斯本从主考官的评语中,深刻领略和体会到"创造性"三字的极端重要性。参加工作以后,强迫自己奉行"每日一创新"的精神,积极主动地开发自己潜藏于脑海中的创造力,并尽最大的努力在工作中发挥出来。

这个从未受过高等教育的奥斯本,由于从事各种工作都"极有创意"很快就从一个小职员发展为企业家,并写出了著名的《思考的方法》一书,成为当代创造工程的奠基人之一。奥斯本的个人经历充分说明,即便是个没有受过多少教育的人,只要能充分发掘潜藏的创造力,也能获得大的成功。像这样的例子古今中外比比皆是,我国山西省绛县小学二年级学生李珍就有三项发明获国家专利;中学生史丰收发明了独特的速算法;北京工人吴作礼只有高小文化却有30多项发明;上海15岁的姑娘杜冰蟾1990年发明了震惊世界的"汉字全息码";发明火车的斯蒂芬森是个煤矿的小办事员;发明蒸汽织布机的卡特莱特是个牧师;发明发动机的法拉第是书店的装订工;发明照相机的法国人达盖尔是画家。

由此可以看出,每个人都具有创新的潜力。然而仅有创新的潜力、创新的意识、没有创新的方法,创新就永远只能停留在"点子"阶段。好的创意出现后,需要以某种方法或技巧为先导,经过反复的实践和探索,才能取得创新的成功。方法是人类探索科学真理的钥匙。人们认识事物、解决问题都需要有正确的方法。方法和技法可以说比内容和事实更重要。法国著名的生理学家贝尔纳曾说过:"良好的方法能使我们更好地发挥天赋的才能,而笨拙的方法则可能阻碍才能的发挥。"巴普洛夫也曾指出:"好的方法将为人们展开更广阔的图景,使人们认识更深层次的规律,从而更有效地改造世界。"

二、创新技法的定义

创新是人类社会发展的助推器,也是改变历史进程和世界格局的主要动力。可以说人类社会从低级到高级、从简化到复杂、从原始到现代的进化历程,就是一个不断创新的过程。通俗地说,就是别人没想到的你想到了,别人没发现的你发现了,别人没做成的你做成了,这就是创新。那么,什么是创新技法呢?所谓创新技法是从创造技法中套用过来的。是创造学家根据创造性思维发展规律和大量成功的创造与创新的实例总结出来的一些原理、技巧和方法。

在不同的国家,学者又把创新技法称为"创造技法""创新技法""发明技法"和"创造工程"等。在创新活动中,创新技法起着重要的作用。它可以启发人的创造性思维,拓展创新思维的深度和广度;它能够缩短创新探索的过程,直接产生创新成果;它还能培养和提高人们的创造力和创造成果的实现率。

三、创新方法的分类

创新技法被运用于实践活动的萌芽发生于20世纪30年代。20世纪30年代初,美国内布拉斯加大学教授R.克劳福特提出了"特性列举法",并首先在大学开始讲授。1939年,美国学者奥斯本提出了头脑风暴法。1942年,美籍瑞士天文学家F.兹维基制定了"形态分析法"。1944年,美国哈佛大学科学家W.J.J.戈登制定了"综摄法"。一时之下,许多创新的技法纷纷出现,并被大量的应用到科学、经济、教育等各个方面,这些技法的涌现,丰富和发展了创新技法的思维宝库。据不完全统计,目前世界上的创新技法已经有几百种,可谓硕果累累,并且还在以指数的方式不断增加,其中常用的有100多种,最常用的约30种。这些方法和程序对于从事创造创新活动的人来说具有一定的指导意义,对于初学者更是如此。

如此多的方法,我们必须有选择地进行学习。黑格尔认为:"方法是任何事物所不能抗拒的、至高无限的力量。"创新技法是为创新活动提供的无穷力量。由于各种方法都有各自的特点、局限性和适应范围。为了便于学习使用,在这里一些主要用于高端科技研发的方法就没有收录进来,而是选择了最广泛、最实用的创新方法。

创新的方法有多种分类法。特别需要指出的是所有的分类都是相对的。每种分类方法都只是研究者本人从自己的认识和经验出发而进行的,只代表作者本人的观点;即使是初学者,也可以有自己的分类方法并给自己的创造技法命名。这与创新发明的本质是一致的。如何分类并不重要,重要的是如何熟练地掌握创新方法,所以推荐给大家一种简单的分类法,既分为两大类:一类是解决"寻找解决怎样去创新",也就是怎样提出创新的设想和解决问题的方案;另一类是解决"选择发明要创新什么",也就是如何进行创新的选题,怎样提出问题。

第一类的方法叫作"构思的方法",第二类方法叫作"选题的方法。"随后介绍的方法中,希望点列举法就属于"选题的方法"。

第二节 希望点列举法

英国著名戏剧家、诗人莎士比亚说:"希望在任何时候都是一种支撑生命的安全力量。"一个人的希望总是与自己面临的问题或社会需求密切相关。人们在碰到困难时,总是希望找到解决困难的方法。在工作效率低时,总是希望找到省时省力的措施。古代,人们就有"千里眼""顺风耳""上天"和"入地"的希望,如今都一一如愿以偿了。满足需求和希望不仅是一切发明的出发点,也是所有发明的最终目的。只要我们用心寻求人们的希望,就能在"希望"的海洋里自由畅想,就会有取之不尽的创新源泉。希望点列举法不必拘泥于原有事物的基础,甚至可以在一无所有的前提下从头开始。从这个意义上说,希望点列举法是一种主动型创造技法,更需要想象力。在人类历史上,远大的理想造就了许多伟大的人物。在现实生活中,无尽的希望同样造就出众多的发明家。

希望点列举法,是创造技法宝库中常用的创新利器,是以人们提出的种种希望或愿望作为出发点,分类、归纳、列举、整理,得出新的创新方向或目标的创新技法。它可以不受原有物品的束缚,因此,它是一种积极、主动型的创造发明方法。

运用这种技法,许多发明创造者获得过激动人心的成果。

按照希望点所对应的对象,希望点列举法可以分为两种:目标固定型和目标离散型。

第一种是目标固定型,指以确定的对象为目标,通过列举希望点,形成对该对象改进和创新的设想或方案,是对现有事物本身存在的不足和缺点进行改进的希望。因此,可简称为"找希望"。现在,市场上有许多新产品都是根据人们的"希望"研制出来的。例如:

人们希望茶杯在冬天能保暖,在夏天能隔热,就发明了一种保温杯。

人们希望有一种能在暗处书写的笔,就发明了内装电池,既可照明,又可书写的"光笔"。

人们希望洗手后不用毛巾擦也能干手,于是发明了电热干手机。

人们希望打电话时能看到对方的形象,就发明了可视电话。

人们希望夜间上下楼梯时,灯能自动亮,自动灭,于是就发明了声光控开关等等。

[案例链接]

方便面的发明

日本人是喜欢吃面的民族,因此拉面的生意特别好,每天总是会看到很多人排队等着吃拉面。但随着生活节奏的加快,人们需要更快速、更方便的面食。日本的料理师父安藤百福联想到,如果面条只要用开水冲泡就可以食用,该有多方便、多好?这种面食肯定会有市场。于是,他开始了研制用开水冲泡就可以食用的方便面,经过三年的奋斗与研究改进,终于研制成功用开水冲泡就可以食用的方便面,这种方便面一上市,立即广受消费者的喜爱,成为市场上的抢手货。

第二种是目标离散型,指没有确定的目标和对象,通过对全社会各层面的群体在不同时间、地点、条件下列出的希望点,寻找创造的落点并形成有价值的创造课题。该方法侧重于自由联想,可以简称为"找需求"。

[案例链接]

"小菜一碟"的崛起

1998年,"小菜一碟"(南京云露调味品有限公司)的创始人胡小平在一位卖榨菜的朋友建议下,在露天农贸市场上卖起了榨菜。一天,一位顾客买了他一坛榨菜叫他送去,在送菜时,他灵机一动,自己为何不化被动为主动呢?第二天,胡小平就不去农贸市场摆摊,而是带着样品逐家推销了。通过几年的打拼,胡小平在南京水西门批发市场开了家"榨菜世界",总经销乌江、名山等中国知名的榨菜,并得到了南京"榨菜大王"的美誉。

运用希望点列举法,要注意从三个层面分析人们的需求。从一般意义上讲,美国心理学家马斯洛把人的需求分为五大部分:生理需求、安全需求、社交需求、尊重需求和自我实现需求。因此,在运用希望点列举法进行创新时,首先要结合时代背景,针对对象的不同年龄、性别、文化、爱好、种族、区域、信仰等,对其五种需求进行分析。还有一种特殊群体所具有的需求,如残障人士或孤寡老人、精神病人、有特殊嗜好的人等,要针对他们在特定条件下的特殊需求进行重点分析。相对于眼前的现实需求,还有一种是潜在的未来需求,善于研究和发现潜在需求是希望点列举法的灵魂。许多世界知名企业都很重视对潜在需求的研究和开发,以使企业具有强大的发展潜力和后劲。

希望点列举法训练

1. 基本步骤

(1)采用观察联想法、书面收集法、集体讨论法、访问谈话法、抽样调查法等方式,可以一人,也可以多人,对现有某个事物提出希望或改进措施,列举希望点。

(2)用希望点列举法进行发明创造的典型做法是:召开希望点列举会,5～10人参加为宜,主持人发动与会者围绕主题列出希望点。会议一般举行1～2小时,产生50～100个希望点即可结束。会后,再对各种希望点进行分析整理,从中选出若干项进行专题研究,并制定出具体的创新方案。

2. 注意事项

(1)要对每位参与者的希望点和改进措施详细记录。

(2)可把大家的希望点公布,激发每位参与者的想象力和积极性。

(3)任何希望都可以说,尽可能地解放思想,无拘无束地思考问题,不必顾虑自己的想法是否"荒唐可笑"。

(4)当一个主题提出50个以上希望点时,应停止当天的讨论,第二天继续进行,以对原有的希望点唤起新的联想,提出更好的创新设想。

3. 练一练

(1)请对"纸"进行希望点列举并提出改进设想。

(2)"可降解塑料"除了应用于快餐盒外,还可以应用在哪些项目上?(塑料袋及不易回收的塑料制品)

(3)你希望下列物品将来成为什么模样:

钢笔　衣服　手机　照相机　汽车　糖果　电脑　快餐

第三节 奥斯本检核表法

所谓的检核表法,是根据需要研究的对象之特点列出有关问题,形成检核表。然后一个一个地来核对讨论,从而发掘出解决问题的大量设想。它引导人们根据检核项目的一条条思路来求解问题,以利于比较周密的思考。其中最著名的是奥斯本检核表法。

一、世界上第一张检核表

奥斯本的检核表法是针对某种特定要求制定的检核表,主要用于新产品的研制开发。奥斯本检核表法是指以该技法的发明者奥斯本命名、引导主体在创造过程中对照 9 个方面的问题进行思考,以便启迪思路、开拓思维想象的空间、促进人们产生新设想、新方案的方法。

奥斯本检核表法是一种产生创意的方法。在众多的创造技法中,这种方法是一种效果比较理想的技法。由于它突出的效果,被誉为创造之母。人们运用这种方法,产生了很多杰出的创意,以及大量的发明创造。

亚历克斯·奥斯本是美国创新技法和创新过程之父。1941 年出版《思考的方法》提出了世界第一个创新发明技法"智力激励法"。1941 年出版世界上的第一部创新学专著《创造性想象》,提出了奥斯本检核表法,此书的销量高达 4 亿册,已超过《圣经》。

具体内容:

奥斯本的检核表法属于横向思维,以直观、直接的方式激发思维活动,操作十分方便,效果也相当好。

下述九组问题对于任何领域创造性地解决问题

亚历克斯·奥斯本

都是适用的,这 75 个问题不是奥斯本凭空想象的,而是他在研究和总结大量近、现代科学发现、发明、创造事例的基础上归纳出来的。

(1)现有的东西(如发明、材料、方法等)有无其他用途? 保持原状不变能否扩大用途? 稍加改变,有无别的用途?

人们从事创造活动时,往往沿这样两条途径:一种是当某个目标确定后,沿着从目标到方法的途径,根据目标找出达到目标的方法;另一种则与此相反,首先发现一种事实,然后想象这一事实能起什么作用,即从方法入手将思维引向目标。后一种方法是人们最常用的,而且随着科学技术的发展,这种方法将越来越广泛地得到应用。

某个东西,"还能有其他什么用途?""还能用其他什么方法使用它?"……这能使我们的想象活跃起来。当我们拥有某种材料,为扩大它的用途,打开它的市场,就必须善于进行这种思考。德国有人想出了300种利用花生的实用方法,仅仅用于烹调,他就想出了100多种方法。橡胶有什么用处?有家公司提出了成千上万种设想,如用它制成:床毯、浴盆、人行道边饰、衣夹、鸟笼、门扶手、棺材、墓碑等等。炉渣有什么用处?废料有什么用处?边角料有什么用处?……当人们将自己的想象投入这条广阔的"高速公路"上就会以丰富的想象力产生出更多的好设想。

(2)能否从别处得到启发?能否借用别处的经验或发明?外界有无相似的想法,能否借鉴?过去有无类似的东西,有什么东西可供模仿?谁的东西可供模仿?现有的发明能否引入其他的创造性设想之中?

当伦琴发现"X光"时,并没有预见到这种射线的任何用途。因而当他发现这项发现具有广泛用途时,他感到吃惊。通过联想借鉴,现在人们不仅已用"X光"来治疗疾病,医生还用它来观察人体的内部情况。同样,电灯在开始时只用来照明,后来,改进了光线的波长,发明了紫外线灯、红外线加热灯、灭菌灯等等。科学技术的重大进步不仅表现在某些科学技术难题的突破上,也表现在科学技术成果的推广应用上。一种新产品、新工艺、新材料,必将随着它的越来越多的新应用而显示其生命力。

(3)现有的东西是否可以做某些改变?改变一下会怎么样?可否改变一下形状、颜色、音响、味道?是否可改变一下意义、型号、模具、运动形式?……改变之后,效果又将如何?

如汽车,有时改变一下车身的颜色,就会增加汽车的美感,从而增加销售量。又如面包,给它裹上一层芳香的包装,就能提高嗅觉诱惑力。据说妇女用的游泳衣是婴儿衣服的模仿品,而滚柱轴承改成滚珠轴承就是改变形状的结果。

(4)放大、扩大。现有的东西能否扩大使用范围?能不能增加一些东西?能否添加部件,拉长时间,增加长度,提高强度,延长使用寿命,提高价值,加快转速?……

在自我发问的技巧中,研究"再多些"与"再少些"这类有关联的成分,能给想象提供大量的构思设想。使用加法和乘法,便可能使人们扩大探索的领域。

"为什么不用更大的包装呢?"——橡胶工厂大量使用的粘合剂通常装在一加仑的马口铁桶中出售,使用后便扔掉。有位工人建议粘合剂装在五十加仑的容器内,容器可反复使用,节省了大量马口铁。

"能使之加固吗?"——织袜厂通过加固袜头和袜跟,使袜子的销售量大增。

"能改变一下成分吗?"——牙膏中加入某种配料,成了具有某种附加功能的牙膏。

(5)缩小、省略。缩小一些怎么样?现在的东西能否缩小体积,减轻重量,降低高度,压缩、变薄?……能否省略,能否进一步细分?……

前面一条沿着"借助于扩大""借助于增加"而通往新设想的渠道,这一条则是沿着"借助于缩小""借助于省略或分解"的途径来寻找新设想。袖珍式录像机、折叠自行车等就是缩小的产物。没有内胎的汽车轮胎,就是省略的结果。

(6)能否代用。可否由别的东西代替,由别人代替?用别的材料、零件代替,用别的方法、工艺代替,用别的能源代替?可否选取其他地点?

如在汽体中用液压传动来替代金属齿轮,又如用充氩的办法来代替电灯泡中的真空,使钨丝灯泡提高亮度。通过取代、替换的途径也可以为想象提供广阔的探索领域。

(7)从调换的角度思考问题。能否更换一下先后顺序?可否调换元件、部件?是否可用其他型号,可否改成另一种安排方式?原因与结果能否对换位置?能否变换一下日程?……更换一下,会怎么样?

重新安排通常会带来很多的创造性设想。飞机诞生的初期,螺旋桨安排在头部,后来,将它装到了顶部,成了直升飞机,喷气式飞机则把它安放在尾部,说明通过重新安排可以产生种种创造性设想。商店柜台的重新安排,营业时间的合理调整,电视节目的顺序安排,机器设备的布局调整……都有可能导致更好的结果。

(8)从相反方向思考问题,通过对比也能成为萌发想象的宝贵源泉,可以启发人的思路。倒过来会怎么样?上下是否可以倒过来?左右、前后是否可以对换位置?里外可否倒换?正反是否可以倒换?可否用否定代替肯定?……

这是一种反向思维的方法,它在创造活动中是一种颇为常见和有用的思维方法。第一次世界大战期间,有人就曾运用这种"颠倒"的设想建造舰船,建造速度也有了显著的加快。

(9)从综合的角度分析问题。组合起来怎么样?能否装配成一个系统?能否把目的进行组合?能否将各种想法进行综合?能否把各种部件进行组合?等等。

例如把铅笔和橡皮组合在一起成为带橡皮的铅笔,把几种部件组合在一起变成组合机床,把几种金属组合在一起变成种种性能不同的合金,把几件材料组合在一起制成复合材料,把几个企业组合在一起构成横向联合……

小结:

奥斯本检核表法是一种具有较强启发创新思维的方法。这是因为它强制人去思考,有利于突破一些人不愿提问题或不善于提问题的心理障碍。提问,尤其是提出有创见的新问题本身就是一种创新。它又是一种多向发散的思考,使人的思维角度、思维目标更丰富。另外核检思考提供了创新活动最基本的思路,可以使创新者尽快集中精力,朝提示的目标方向去构想、去创造、创新。奥斯本检核表法有利于提高发现创新的成功率:创新发明最大的敌人是思维的惰性。大部分人思维总是自觉和不自觉沿着长期形成的思维模式来看待事物,对问题不敏感,即使看出了事物的缺陷和毛病,也懒于去进一步思索,不爱动脑筋,不进行积极的思维,因而难以有所创新。因为检核表法的设计特点之一是多向思维,用多条提示引导你去发散思考。如奥斯本创造的检核表法中有九个问题,就好像有九个人从九个角度帮助你思考。你可以把九个思考点都试一试,也可以从中挑选一两条集中精力深思。检核表法使人们突破了不愿提问或不善提问的心理障碍,在进行逐项检核时,强迫人们思维扩展,突破旧的思维框架,开拓了创新的思路,有利于提高发现创新的成功率。

利用奥斯本检核表法,可以产生大量的原始思路和原始创意,它对人们的发散思维,有很大的启发作用。当然,运用此方法时,它还要和具体的知识经验相结合。奥斯本只是提示了思考的一般角度和思路,思路的发展,还要依赖人们的具体思考。运用此方法,还要结合改进对象(方案或产品)来进行思考。运用此方法,还可以自行设计大量的问题来提问。提出的问题越新颖,得到的主意越有创意。

奥斯本检核表法的优点很突出,它使思考问题的角度具体化了。它也有缺点,就是它是改进型的创意产生方法,你必须先选定一个有待改进的对象,然后在此基础上设法加以改进。它不是原创型的,但有时候,也能够产生原创型的创意。比如,把一个产品的原理引入另一个领域,就可能产生原创型的创意。

奥斯本检核表法的核心是改进,或者说,关键词是:改进! 通过变化来改进。其基本做法是:首先选定一个要改进的产品或方案;然后,面对一个需要改进的产品或方案,或者面对一个问题,从不同角度提出一系列的问题,并由此产生大量的思路;第三,根据第二步提出的思路,进行筛选和进一步思考、完善。

二、训练步骤：

（1）根据创新对象明确需要解决的问题；

（2）根据需要解决的问题，参照表中列出的问题，运用丰富想象力，强制性地一个个核对讨论，写出新设想；

（3）对新设想进行筛选，将最有价值和创新性的设想筛选出来；

过程注意：

（1）要联系实际一条一条地进行核检，不要有遗漏。

（2）要多核检几遍，效果会更好，或许会更准确地选择出所需创新、发明的方面。

（3）在检核每项内容时，要尽可能地发挥自己的想象力和联想力，产生更多的创造性设想。进行检索思考时，可以将每大类问题作为一种单独的创新方法来运用。

（4）核检方式可根据需要，一人核检也可以，三至八人共同核检也可以。集体核检可以互相激励，产生头脑风暴，更有希望创新。

训练实例：

训练1：通用汽车公司训练

（1）为了提高工作效率，不能利用其他适当的机械吗？

（2）现在使用的设备有无改进的余地？

（3）改变滑板，传送装置等搬运设备的位置或顺序，能否改善操作？

（4）为了同时进行各种操作，不能使用某些特殊的工具或夹具吗？

（5）改变操作顺序能否提高零部件的质量？

（6）不能用更便宜的材料代替目前的材料吗？

（7）改变一下材料的切削方法，不能更经济地利用材料吗？

（8）不能使操作更安全吗？

（9）不能除掉无用的形式吗？

（10）现在的操作不能更简化吗？

训练2：德国奔驰公司训练内容

（1）增加产品——能否生产更多的产品？

（2）增加性能——能否使产品更加经久耐用？

（3）降低成本——能否除去不必要的部分？能否换用更便宜的材料？能否使零件更加标准化？能否减少手工操作而搞自动化？能否提高生产效率？

（4）提高经销的魅力——能否把包装设计得更引人注意？能否按用户、顾客要求卖得更便宜?

三、案例分析:

案例一

发明创造技法之形态改变法

圆溜溜的西瓜容易滚动碰伤,运输也不方便。于是,科学家经过反复研究,培育出了方形西瓜。这样装载和运输起来就方便多了。

发明创造技法之一扩大增加法和缩小省略法

书报上的字太小,老年人看不方便,就借助放大镜来看。放大镜的作用,就是把字"扩一扩"。

原来的电视屏幕较小,看电视节目费力,所以大屏幕彩电相继问世。这是把屏幕的面积和电视的体积"扩一扩"。

很多人喜欢看围棋比赛,但棋盘太小,不可能像看篮球一样观战。于是,把棋盘的面积和棋子的大小"扩一扩",做一个特大的棋盘挂在墙上演示比赛,让棋迷们一饱眼福。

伞是人们常用的挡雨避阳工具,有人将它的面积扩大、再扩大,变成了街头巷尾摆摊者使用的晴雨大伞、露天海滨浴场游客享受的太阳伞,使伞又找到了新的用途。

发明创造技法之联想法

一天,武汉市的王帆同学去姑姑家,看见姑姑正忙着绣花。只见姑姑绣花时,总要先把针尖朝下一扎,拉直绣线,然后翻转手腕,使针尖朝上,再朝上扎出来,手就这样一针上一针下来回不停地动。王帆问姑姑:"这样上下翻转不累吗?"姑姑说:"累。绣一天花,手腕又酸又痛!"王帆看着姑姑劳累的样子,便想能不能改进一下这种传统的绣花方法呢?

又有一天,王帆在电视上看到渔民织网的情景,渔民拿着两头尖尖的梭子直着穿过来,直着穿过去,就把网织好了,根本不用翻转手腕。王帆马上联想到:把绣花针也制成跟织网梭一样两头带尖、中间开孔的样子,不就解决了翻转手腕的问题吗?于是,他请在机械厂做工的姑父做了一根两头有尖,把针鼻挪到针中间的绣花针。姑姑一试,果然省力,手腕不再酸痛,而且因为减去了翻转手腕的动作,还提高了效率。这项小发明获得了第四届全国青少年创造发明比赛一等奖。

案例二

我们生活中利用组合进行发明创造的例子

如果你细心观察和思考,就可以发现你周围的许多东西是由两种或两种以上的物体组合而成的。如带橡皮的铅笔是由橡皮和铅笔组合而成,电水壶是由电热器与炊壶组合而成。带日历的手表,带温度计的台历架,带有圆珠笔的钢笔等,都是由两种东西组合而成的一种新东西。

编码杆秤

杆秤这种传统的计量工具,使用时间不下千年了。但由于它的秤杆和秤砣是分开的两个部件,所以携带很不方便,特别是有些人还利用换秤砣的方式坑人,使消费者深受其害。于是,四川的张鹏程同学对传统的杆秤做了改进,他在杆秤上开槽,把秤砣做成条形,并把两者通过活节铆在一起,使两者不能分开,再刻上编码。不用时,可以把秤砣镶在杆秤的槽里,既携带方便,又可防止弄虚作假,有利于维护消费者的利益。

这项名为"编码杆秤"的小发明荣获了第五届全国青少年发明创造比赛一等奖。其成功之处就在于巧妙地将秤杆和秤砣这两件"形影不离"的部件综合在一起,把传统的杆秤来了一番革命性的变革,是成功地运用组合的范例。

观察与思考:

我们身边的事物(如手机、钱包、证件等)可以怎样改进?

第四节　组合发明法

橡皮和铅笔是两种不同的用品,一位贫穷的画家威廉把它们组合在一起,发明了把橡皮包在铅笔头上的铅笔。他获得了专利。他把这个专利和专利权卖给了拉巴地布铅笔公司,使该公司每年仅专利费一项收入,就达 50 万美元。有一家音乐工业公司的技术员豪斯菲尔德,把超声检查仪与计算机图像识别两项技术组合起来,发明了能够进行人体内探测的 CT 扫描仪器,因而获得了诺贝尔医学奖。

这项发明技法叫组合法。它是在创造发明中,把多种技术成果综合在一起,构思出新颖的设计和独特的功能的方法。

组合法是详细构思设想的有效途径。有人对 1900 年以来的 480 项重大成果进行了分析,发现从 1950 年以后,组合型的成果的数量远远超过了突破型发明的数量,成为占主导地位的技术。组合型的技术发明使技术更加完善、成熟。

一、组合法的实现方式

组合法也有一定的规律可循。在有了某个创造性设想,或者谋求某种特殊功能的时候,我们可以从原理的组合、内插式组合、辐集式组合等三种形式,从不同的角度进行发明设计。

（一）原理的组合

所谓原理的组合,是指以已有的技术原理为基础通过巧妙的组合,创造出新的功能或新颖的事物的方法。例如,体内长结石的病人很多,结石病人多有剧烈疼痛等痛苦。一般治疗中采取外科手术的方法,摘除结石。但有许多结石病在手术后仍容易复发。若用药物治疗,可以排除小的体内的结石,而较大块的结石却难以通过服药来化解或排除。医生们一直在寻求着不做手术而排除人体内结石的方法。英国一家医疗研究中心提出了一项不需外科手术而粉碎结石的发明。这种发明是把两个原理巧妙地结合而得到的。一个原理是超声波可以破碎岩石,当然也可以破碎人体内的结石。但如果是把超声波加强到能够破碎人体内的结石时,人体也损坏了。用什么方法,既能破碎结石,又不损坏人体呢? 他们想到了椭球内,一个焦点发出的光线或波会在另一个焦点聚焦的原理。根据这两个原理,他们建一个水槽,让结石病人躺在其中,使体内结石处于椭球内的一个焦点上,在另一焦点发射超声波。经过约 1 分钟的超声波冲击,体内结石就会化成小碎块,然后通过服用药物就可以排除。磁半导体的发明也是霍尔效应与磁阻效应的结合。

（二）内插式组合

内插式组合,是以一项技术措施、方法为主,再插入其他的技术措施、方法达到新功能的组合设计方法。有人说当今的技术有两个特点,一是结构变得越来越复杂,二是操作变得越来越简单。在现代技术中被认为最重要的技术——电子计算机技术是一个复合的技术产品。计算机最早出现于 1890 年,由霍勒斯里发明。这台机械的计算机能识别穿了孔的卡片,能计算,后来还能用于数据贮存和检索。但是这台庞大的机器的真正普及应用是在电子学发展,特别是晶体管的出现以后才实现的。计算机专家们把晶体管技术插到霍勒斯里的计算机技术中,使计算机更快速化、更多功能和小型化,才使计算机技术变为影响到现代人生活中多个方面的技术。

这种组合可应用于很多小的技术产品。比如,用于锻炼身体的计步鞋,就是将计步器插入到鞋底中实现的。将电炉插到水壶中,便产生了电水壶的新产品。

将喷水的环节插入电熨斗中,出现了喷雾式电熨斗,等等。

(三)辐集式组合

辐集式组合,是选取一项通用的技术或通用的技术产品,列出它所有可能应用的方面或所有可以与之结合的技术产品,以产生新的发现或发明的方法。

比如超声波技术,是一个通用的技术手段。它现在已发现的用途有:超声波熔化,用于熔化密度不同的金属,能够明显地将密度不同的金属分层熔出。超声波焊接,利用超声波装置放出的波,引起铝板表面发生小爆炸,除掉铝板表面的氧化膜,然后进行焊接。超声波烧结,通过在烧结物上加超声波,缩短烧结时间。超声波切削,利用超声波加到切削刀具上,以防止切削刀具与被切割物件之间熔化、粘着。还有我们比较熟悉的超声波搅拌,用在混凝土构件制造中。超声波探伤,可用于机器的整机检查。

超声波的这些应用是从一种应用技术和原理辐射出去,产生新的发明设想。你能利用这种辐集式组合,再创造、发明新产品吗?

二、训练步骤

(一)选定目标。

(二)选择合适的组合物体和方法。

(三)运用扩散思维尽可能多地提出组合设想或方案。

(四)运用比较分析法,找出最具可行性和最优化的方案。

(五)具体实施。

(六)测试实施结果并改进。

过程注意:

运用组合发明法要注意些什么问题呢? 有哪些要领?

(1)组合要有选择性

世界上的事物千千万万,把它一样一样不加选择地加以组合是不可能的,应该选择适当的物品进行组合,不能勉强凑合。如台湾宏碁公司(Acer)总裁施振荣在20世纪80年代向西德专利局申请一项专利,涉及液晶显示电子表与笔组合的一项技术方案,西德专利局认为,这一组合并未产生新的技术效果,液晶显示电子表与笔依然各自发挥各自的作用。驳回了该申请。

(2)组合要有实用性

通过组合提高效益、增加功能,使事物相互补充,取长补短,和谐一致。例如,将普通卷笔刀、盛屑盒、橡皮、毛刷、小镜子组合起来的多功能卷笔刀,不仅能削铅笔,还可以盛废屑、擦掉铅笔写错的字、可作镜子照,大大增加了卷笔刀的功能,很有实用性。

(3)组合应具创造性

通过组合要使产品内部协调,互相补充,相互适应,更加先进。山东省青岛市合江路小学五年级刘筱锴同学发明保健电热烘鞋器。当鞋子湿了,将烘鞋器插入鞋里,可以把鞋烘干。这个烘鞋器用电熨斗芯作热源,用铜管、铜片当散热器,把除臭味的药粉填撒在散热片之间,用尼龙袜套起来。这样的组合确是有创造性的。

三、案例分析

组合法在发明创造中被经常运用,发明家们把各种看似毫不相关的东西放在一起,努力发现其中的内在联系,以便组合成新的更有价值的新产品。尤其在信息化时代,产品之间的关系更加丰富,今天,我们把手机说成是"银行""电影院""邮政局"不算过分,将来,把手机说成是"钥匙""保镖""身份证""登机牌"也是完全可能的。

案例一

沙漏是最古老的计时工具,有了时钟之后,沙漏就没有了用途,我们只能在电脑操作"等待"中或在玩具中看到它的踪影。而日本的玩具商人竟然把沙漏与电话组合为一体,创造出了新的价值。在日本,电话费用是以3分钟为计价单位的,打电话的人不容易掌握时间,往往因多说一句话而超过了一次计费时间。这个情况在这位商人的脑海中激起了联想——把沙漏与电话组合起来,把沙漏安装在电话机上,沙子每漏完一次正好3分钟,打电话的人看着沙子流淌打电话,不仅心里有数,而且会感到别有一番乐趣。这种款式电话一上市就深受客户欢迎,电话机新生意迅速超过了原来的玩具生意。沙漏与电话机组合是原理的组合,古代的沙漏与现代的电话组合产生"奇特感"效果,把沙漏计时与防止通话超时结合起来符合人们的利益。

案例二

在千行百业中,医药业是一个发展比较快的行业,竞争也十分激烈。药品中,感冒药销量最大,所以,感冒药的品种也非常多。吃感冒药可以缓解感冒症状,可是,感冒药有着明显的副作用——白天吃药容易瞌睡,晚上吃药睡觉很难受。中国盖天力公司经过科技攻关,发明了两种感冒药,一种感冒药服用后不瞌睡,另一种药服用后睡觉不难受。所以,公司决定将两种药按服用时间组合起来,两片一组,一片白天服用,另一片晚上服用。为了区分两片的不同服用时间,将白天服用的用白色片衣,晚上服用的用黑色片衣,整个药品形象地取名为"白加黑"。于是,我们会看到盖天力这样的广告:"白天服白片,不瞌睡;晚上服黑片,睡得香;消除感冒,黑白分明。""白加黑"感冒药获得了巨大的成功。按照消费的时间特性,以"作息"为内在联系,将产品功能分时定位,组合成合乎消费者需求的人性化产品,这是"白加黑"取胜的关键。

观察与思考

1. 举出 3 种是组合发明的物品,并指出它们是什么物品组合的?

2. 判断发明的标准是:新颖性、创造性和实用性。请以这"三性"判断下列两件发明能否成功,并说明理由。

(1)多功能旅行筷。筷子是空心的,顶上加个帽盖,空筷里可以放些调味器、牙签。

(2)厨房多用刀。旋下刀柄(内装电动旋转盘、插头等),在刀柄上装上附件,可以打蛋、洗碗。刀装上刀柄,可以切菜、刨丝、开瓶盖、开罐头、刨皮等。

为了节省空间,增加灵活性和功能,人们发明了不少组合用具,如组合螺丝刀、组合玩具、组合家具等。请你也来发明一种组合用具。可画图说明,也可制成模型或实物。

第五节　移植法的几种类型

一、什么是移植法

所谓移植法,是指把某一事物或领域中已有的原理、技术、功能、方法、材料等转移到另一事物或领域中,导致新设想诞生的方法。换言之,移植法是在不同事物或领域中进行模仿的一种方法,是已有成果在新情境下的延伸、拓展和再创造。中国的一句古话"他山之石,可以攻玉"可谓这种方法的恰当比喻。

因为灵活地运用拓展移植,可以使创造者避开盲目思考和重复研究的弊病,简单而快捷地取得创造成果,所以移植法作为一种创新通法,被广泛应用于许多领域。

科学研究中的移植法:

在科学研究活动中,将一个学科领域中发现的新原理或新技术,应用或移植到其他领域里去,往往可以使研究者的基本思想豁然开朗,或者会成为所研究问题的关键性解决办法。许多历史上重大的科学成果,重要的哲学科学思想都来自移植。正如英国一位生物学家 W. I. B. 贝弗里奇说:"移植是科学研究中最有效、最简便的方法,也是应用研究中运用最多的方法。"

而现代科学技术发展的特点之一是各门学科之间的相互渗透和相互联系越来越密切,因此在现代科学研究活动中,移植法的运用变得更为重要。它不仅是科学发展的一种重要方法,而且,有不少重大的科学成果也都是来自移植其他领域的新原理和新方法。因此,有些研究人员有意识地采用一种新技术,然后寻找一些可以把这种新技术运用在其中的课题,以便借助于新技术的特殊优点另外开辟出一条新的研究途径。例如,有些科学家往往有意识地在两门学科交接处的领域内,利用这两个学科领域内各自的原理和技术,并使其结合起来,进行所谓的"边缘"研究。在受过系统训练的科学工作者手中,这是一种很见效的研究方法。利用物理学的原理和技术,研究生物学、化学、地质学、天文学和医学等等,不仅取得了许多重要成果,而且,在已开创出的新研究途径上,逐步形成了许多新兴的学科分支。

商业中的移植:

移植是商界常见的事,中国改革开放,把欧美的商业模式移植到中国来,而中国的经济发展从东部沿海向西部推进,东部的成熟项目也向西部地区移植。这种移植的思维作用不可小视。例如,养鸡场农场主给鸡戴劣质隐形眼镜避免鸡们相互打架,大大地提高了鸡的产蛋率,农场主的这一举措想必是受到了近视眼的启发,是根据相似性"以人度鸡"的原理移植。

二、移植法的类型

1. 原理移植

原理移植是指把某一领域中的原理应用于另一个不同的领域,从而产生新设想的方法。

[*案例链接*]

有的科学家鉴于一般的汽车在南北极并不适用,于是想制造一种极地使用的汽车。但是,这种汽车是什么样的呢?他们百思不得其解。后来,他们看见南极的企鹅,平时走路摇摇晃晃,不慌不忙,速度很慢,但面临生死存亡的紧急关头,会一反常态,用腹部贴在雪地上,双脚蹬动,能在雪地上飞速前进。由此,科学家们得到启发,设计出一种宽阔的底部贴在雪地上,用轮勺推动,速度可达每小时50多公里的雪地汽车。

这个例子就是科学家们把企鹅滑行的原理用在了汽车制造上。

[*案例链接*]

电子语音合成技术最初用在贺年卡上,后来就把它用到了倒车提示器上,又有人把它用到了玩具上,出现会哭、会笑、会说话、会唱歌、会奏乐的玩具。

天津市自立中学的李思梦同学则把这一原理移植到盲杖上,用声光提示为盲人做道路引导,从而发明了智能化盲杖。

一天上学路途中,她看到两位盲人互相搀扶着,其中一人手持竹竿缓慢寻找盲道。关心弱势人群的理念激发了她的创新灵感,设计出智能化盲杖草图。当盲人行走在铺设内置金属丝的盲道砖上,电磁感应系统马上感应出盲道位置,随之语音系统发出语言提示,让盲人在现代化技术指导下安全行走。在试制中,她学会电路焊接,掌握了电动钻的使用技术,动手能力得到提升。智能化盲杖现已获得国家知识产权局颁发的专利证书。其作品获天津市青少年科技发明大赛一等奖,第六届国际发明展览会银奖。李思梦同学被评为第五届中国少年科学院小院士。

2. 功能移植

功能移植是指通过设法使某一事物的某种功能也为另一事物所具有而解决某个问题。比如,拉链最初用在衣服上,后来有人把它用在自行车外胎上。而当把拉链用在外科手术伤口的缝合上时,得到的"手术拉链"比针线缝合快10倍,且不需要拆线,大大减轻了病人的痛苦。

[案例链接]

猫眼夜视仪

我们都知道,在漆黑的夜晚,猫能清楚地观察老鼠的一举一动并敏捷地抓住它。猫为什么能在黑暗中看清东西呢?就在于猫眼的视网膜上具有圆锥细胞和圆柱细胞,圆锥细胞能感受白昼普通光的光强和颜色,圆柱细胞能感受夜间的光觉。

后来英国人珀西·肖根据这一原理,把猫眼具有的功能移植,发明了猫眼夜视仪。据说,他发明的动机是有次开车行经山路时遇上大雾,使他视线不明,他看到两颗亮亮的东西,也就是路边猫的眼睛反射车灯光线,因此在1933年发明出猫眼,并于1935年5月30日在英国提出专利申请。夜视仪的功能是把图像的亮度增强显示,通过图像增强器后,其可视距离达2000米。

3. 材料移植

材料移植就是将材料转用到新的载体上,以产生新的成果。例如:用塑料和玻璃纤维取代钢来制造坦克的外壳,不但减轻了坦克的重量,而且具有避开雷达的隐形功能。而亚硫酸锌(白天吸光,夜间发光)既可以用于制电器开关,又可以用于制作夜光工艺品、航标灯、门牌、钥匙等。

树脂材料现在也是被广泛应用的一种材料。在我们的生活中,配眼镜,可以选树脂镜片;去补牙,也要用到树脂材料;而喝的牛奶,包装也用到树脂材料;装修材料更是离不开树脂。

4. 方法移植

方法移植即把某一学科、领域中的方法应用于解决其他学科、领域中的问题。拍卖由现实移植到网络就是方法移植的一个典型例子。

在不久之前,拍卖的典型形象还是:一个拍卖人,将那些艺术品收藏家召集在一个安静的房间里,收藏家们坐在椅子上,竖起耳朵进行竞价。而今,由于 eBay 网上拍卖公司的成立,拍卖已经变得大众化了,人们只需要触摸鼠标就可以参与拍卖。

人们最熟悉的拍卖方式是一件物品挂牌出售,出价最高者取胜。拍卖物品通常是一件古董或油画。而在 eBay 上,被拍卖品可能是一个糖果盒或一部二手手机等。在 Google 网上,对关键搜索旁边的广告位的拍卖,带给公司超过 100 亿美元的收入。在有的国家,甚至房子也通过拍卖来销售。普遍的特征是有一个卖家和多个买家。买家为了得到物品相互竞争,出价最高者取胜。

5. 技术移植

技术移植,即把某一领域中的技术运用于解决其他领域中的问题。

最早的发泡技术是从做面包和蒸馒头开始的。面团经过发酵,进入烘箱后,内部产生大量气体,使体积膨胀,变成松软可口的面包。这种可使物体体积增大,重量减轻的发酵方法,移植到塑料生产中,便有了价廉物美的泡沫塑料。这种塑料质地轻,防震性能好,可以作为易碎或贵重物品的包装材料,也可用来制作救生衣等。发泡方法用在金属材料上,德国制造出了泡沫金属,可以充填工艺构件中的洞隙,还可以悬浮在水上,有很大的开发价值。这一技术还可以移植到更多的领域。比如,移植到采光材料,可制造出采光柔和,又不透明的发泡玻璃;移植到金属,有质轻而坚韧的发泡金属;移植到隔热品,有发泡橡胶等。

6. 结构移植

结构移植,即将某种事物的结构形式或结构特征,部分地或整体地运用于另外的某种产品的设计与制造。

在利用结构移植法时,要从需要解决的问题出发,结构形式或结构特征部分地或整体地运用,寻求应用他物的合理结构。要广泛研究事物本身的结构,寻求开发它的应用领域,从而去进行创造发明。

比如,蜂窝是一种费料少但强度高的结构,把这一结构移植到飞机制造上,就可以减轻飞机的重量而提高其强度;把这一结构移植到房屋建筑上,可制造蜂窝砖,既能减轻墙体重量,又隔音保暖。

[案例链接]

竹蜻蜓和直升飞机

竹蜻蜓是我国古代劳动人民发明的一种玩具。用竹片削成螺旋桨形状,插在一圆杆上,手搓动圆杆快速旋转时,螺旋桨就可飞上天。明代传入欧洲,法国人称之为"中国陀螺"。1939年,美籍俄国人西科斯基制造出一架VS—900直升机,这是世界上第一架实用型直升机,就是由一大一小两个"竹蜻蜓"组合而成。

[案例链接]

微残芯自动铅笔

许多发明创造实际上是形态特征的创造,物体的功能往往是从结构上体现出来的。当某一事物的结构、功能与待要发明的事物所需功能相近时,该结构也许就能满足目标的使用功能,正是这种相似性的存在,为结构移植提供了广阔的空间。物体的功能往往是从结构上体现出来的。

天津市耀华中学李畅发现,普遍使用的自动铅笔铅芯长从60毫米到120毫米。有多种型号,使用中被浪费的残芯约从6毫米到17毫米不等,约有十分之一。因此要研制残芯量在1毫米以下的自动铅笔。

自动铅笔结构基本相同,笔的内部有弹性阻尼环,以此维持离开卡头的铅芯不至于脱落,但弹性阻尼环离出铅端口6毫米以上,造成残芯的长度约在15~17毫米。

李畅发明的微残芯自动铅笔,采用了结构移植发明技法,将阻尼环由内置变为外置,不仅节约了还较前更方便了。

上面,我们分别介绍了几种常用的移植法的类型。但在创新过程中,还可能会出现多种类型的结合。

[案例链接]

无基板充气太阳灶

充气太阳灶太阳能对人们极有吸引力,但目前的太阳灶造价高,工艺复杂,又笨重(50千克左右),调节也麻烦,野外工作和旅游时携带就不方便了。上海的连鑫等同学在调查研究的基础上,明确了主攻方向:简化太阳灶的制作工艺,减轻重量,减少材料消耗,降低成本,获取最大的功率。他们首先把两片圆形塑料薄膜边缘粘结，充气后就膨胀成一个抛物面，再在反光面上贴上真空镀铝涤纶不干胶片。用打气筒向内打气，改变里面气体压强，随着所打入气体的增多，上面一层透明膜向上凸起，反光面向下凹，可以达到自动会聚反射光线的目的。这种"无基板充气太阳灶"只有4千克重，拆装方便，便于携带，获第三届全国青少年科学发明创造比赛一等奖。

该发明实际上是多种移植的结果：他们把充气玩具的技术，日常商品商标的不干胶贴片，凸透镜似的抛物面结构，移植到新的太阳灶上来，他们把课本上的光学、流体力学的原理等知识，移植到太阳灶的设计上，从而成功地完成了小发明。

阅读材料

自然界，生物的进化史就是一部解决困难化解危机的百科全书。

从诞生于这个宇宙的第一天起，各种生物就不得不面临着这个错综复杂而又瞬息万变的生存环境，他们为了生存不断地接受挑战，并运用独一无二的策略去化解危机。也就是说，即使是面临同一问题，不同的生物也会有不同的自我保护方式。现在，科学家正逐步意识到，对于我们人类而言，这些不同种属的生物所启用的自我保护方式是一个大型的资料库。我们可以将之应用到生活中的各种领域中，比如说建筑业、医学、能源产业、交通、食品制造业，以及食品包装业。

生物仿生学是指对于每一种独一无二的生物进行研究，模拟其内在的、环保的、天然的特性，并将其应用于生活中，以此来化解我们日常生活中面临的困难。

以下是一些应用了仿生学科技的高端成果：

新型空调：向白蚁取真经

在津巴布韦的哈拉雷，矗立着一座体型庞大的办公及购物群——约堡东门购物中心。该购物中心并没有安装空调，但是它凉爽宜人，它所消耗的能量只是与它同等规模的常规建筑的十分之一。

它的设计灵感来源于非洲的白蚁，这些小生物们能够在它们的塔楼巢穴中维持一个恒定的温度。它们经常开启和关闭自己塔楼巢穴中的气口，使得巢穴内外的空气得以对流——冷空气从底部的气口流入塔楼，与此同时热空气从顶部的烟囱流出。这一发现被建筑大师麦克·皮尔斯应用到了建筑领域中，以期能够在一个闭合的空间里高效节能地，并且不用相关设备地控制温度。

这项仿生科技的应用，不仅是节能增效，有利于环境保护，而且省下的空调设备的成本汇聚成了涓涓细流，造福了该建筑的租赁者，他们所付出的租金比周边建筑的租赁者要少了20%。

风力涡轮机：创意来自驼背鲸

来自于宾夕法尼亚州的西彻斯特菲尔德大学的弗兰克·费什博士对于驼背

鲸的鳍状肢边缘的凹凸肿块非常感兴趣,并对此做了大量研究。他认为,这些凹凸缺口理论上看来会阻碍驼背鲸在水中的运动,但是事实并非如此。费什博士发现,这些奇妙的肿块有着恰到好处的形状,并且长在恰到好处的位置,这些可以帮助像鲸一样笨拙的大型动物行动灵巧。因为这些肿块所造成的漩涡将生成8%的浮力,以及减少32%的摩擦力。

受此灵感的启发,费什博士发明了鲸动力,并将其应用于涡轮叶片,研制出新型的在叶片边缘制造出突起和结节的叶片。使用这种叶片的风力涡轮机,有着更高的效率和可靠性,以及超低的噪音。这种叶片也可应用于水力发电涡轮机、抽水泵和通风设备中。

箱仔鲀造就节能车

最近,戴姆勒·克莱斯勒汽车公司的设计师设计出了一款新型的概念车,造型就是模仿那种异乎寻常且其貌不扬的热带箱仔鲀。设计师将其命名为"仿生型车",并实现了多年来一直追求的节能减排的梦想,即成功减少20%的燃油消耗,以及降低80%的氮氧化合物的排放量。每加仑的柴油可以使这款车跑满70英里,同样这款车也可使用天然气或者生物柴油作为动力。到目前为止,这款车型已经遥遥领先于近期正在将研发的所有概念车。

"壁虎侠"机器人

很难想象出比昆虫更加灵活的生物,它们拥有着与生俱来的能力能够吸附在各种物体的表面,并且能够如同在水平地面行走一样地飞檐走壁。这点深深地打动了机器人研制者。昆虫的眼睛具有更高的分辨率,并且能看到比人类视野更宽阔的全景;另一方面,他们能够轻易地适应并融入到瞬息万变的环境中。这些都为科技的发展,探索的进行和防御的开展提供了很大的参考作用。

美国国防部高级研究计划局最新研制的机器人就是仿生科技的一大例证。他们借鉴了昆虫和爬行动物的特性,旨在研发出可以漫步地球可以飞檐走壁也可以在别的物体表面行走的机器人。无论是从外观还是从动作上看,"机器粘人"都像极了壁虎,它运用摩擦牢牢地固定在光滑的物体上;"绝妙攀登者"则像是螳螂,每秒钟可以移动66厘米(相当于其体长的1.5倍)。

英国巴斯大学的研究者同样致力于仿生机器人,模仿能够跳跃的昆虫。因为缺少肌肉,昆虫不得不依赖于瞬间发力,就像拉直一根弹簧并瞬间放松。运用这种原理,"机器跳人"借助于自身类似的系统,可以跳跃高达50厘米。

罗德里·阿莫里,机器人的研制者,希望可以研发出改良后的版本,研制出可跳跃可弹动的机器人。这样一来,就可以不再使用美国航空和宇宙航行局的探测器在火星的表面笨拙地践踏了。

三、移植法的运用要点

在运用移植创新技法时，一般有以下两种思路：

1. 成果推广型移植。成果推广型移植就是把现有科技成果向其他领域铺展延伸的移植，其关键是在搞清现有成果的原理、功能及使用范围的基础上，利用发散思维方法寻找新载体。

2. 解决问题型移植。就是从研究的问题出发，通过发散思维，找到现有成果，通过移植使问题得到解决。

另外，为了更好地运用移植，我们还要注意以下一些方面。

要学好理论知识。移植法与已有的理论知识相联系，任何有价值的科学理论，都不仅仅是科学认识的结果，同时也是新的科学认识的起点和方法。

要多注意联想与类比，因为移植往往要以联想、类比为前提。运用移植法来研究未知对象，首先要把陌生的对象和熟悉的对象进行比较，把未知的东西和已知的东西联系起来，寻求不同对象之间的共同点和相似点。两个对象之间的共同点、相似点愈多，运用移植法的客观基础就愈坚实，取得成功的可能性就愈大。而联想、类比恰恰能够在更广阔的领域内，把表面上看来相去甚远的东西联系起来，为从一个领域向另一个领域过渡提供中介，从中找到运用移植的线索和思路。

思考与练习

练一练

观察我们周围的发明，哪些可以运用"原理移植"进行改良创造？

观察我们周围的发明，哪些可以运用"功能移植"进行改良创造？

观察我们周围的发明，哪些可以运用"材料移植"进行改良创造？

观察我们周围的发明，哪些可以运用"技术移植"进行改良创造？

观察我们周围的发明，哪些可以运用"方法移植"进行改良创造？

观察我们周围的发明，哪些可以运用"结构移植"进行改良创造？

思考

我手里有一把小刀，你能根据这把小刀的特点、功能，结构来发明什么东西呢？

你能否运用原理移植（功能移植、材料移植、技术移植、方法移植、结构移植）法进行一些发明设想，并尝试完成它。

第六节　头脑风暴法

一、案例

神仙会

最初是毛泽东于抗日战争时期在延安整风的一次会议上讲的,是对中国共产党党内而言。神仙会的主要特点是"三自"和"三不",就是自己提出问题,自己分析问题,自己解决问题;不打棍子,不戴帽子,不抓辫子。

1959 年底到 1960 年 2 月,民主建国会和全国工商联召开全国代表大会,出席会议的代表有近 2000 人。由于中共党内这时正在开展"反右倾"运动,他们也害怕在会上搞批判斗争,所以思想上很紧张。为了帮助民建和工商联开好这次会议,中共中央统战部部长李维汉向民建、工商联领导人陈叔通、黄炎培等建议,采用"神仙会"的方式来开会。

1960 年 7 月下旬到 9 月,民革、民盟、民进、农工党、九三学社和致公党六个民主党派分别召开中央全会扩大会议,这些会议同样采用了"神仙会"的方式,和风细雨,敞开思想,提出问题,辨明是非,提高认识,会议开得很成功。刘少奇、周恩来、李维汉等还专门到会上作了报告。毛泽东、刘少奇、周恩来、朱德、邓小平等中共领导人会见了参加会议的全体人员,并同他们一起照了相。毛泽东在同各民主党派见面的谈话中,高度称赞了"神仙会"。

2013 年 2 月 8 日,中共中央总书记习近平来到北京祥龙出租客运公司和司机们聊天,也采取了神仙会的聊天方式。

"诸葛会"

俗话说:三个臭皮匠,抵得上诸葛亮。这句话,充分说明了集体的智慧是无穷的。

自古以来,无论是治理国家,还是行军打仗,是广开言路、善于纳谏,还是刚愎自用、自以为是,都是决定国家兴衰、战争胜负的重要因素。最典型的例子莫过于西楚霸王项羽和汉高祖刘邦了。刘邦善于听从部属的意见和建议,重用萧何、张良等良臣,遂由弱转强,最终在楚汉战争中夺取胜利;而项羽刚愎自用,连唯一的谋臣亚父范增的话都听不进去,最后落得个乌江自刎,令多少英雄千古叹息。

话说远了，我们防暴队就非常重视开门纳谏，每个月的勤务分析会就是广开言路的最好证明，我们称之为"诸葛会"。

我军素来有军事民主的好传统，"诸葛会"可以说是军事民主的最佳体现。参加会议的有大队领导、分队领导和每个小队的队员代表。而召开这个会议的目的，就是要倾听各方面的声音，尤其是普通队员的心声。因为普通队员每天都战斗在一线，对勤务的情况最熟悉、最了解，也最能反映客观实际，所以他们最有发言权。

召开勤务分析会，既是队员当家做主的一种表现，也是队领导工作作风的一种反映。开门纳谏，说明队领导没有搞"一言堂"，没有一个人说了算，而是要集中集体的智慧，充分调动广大队员的积极性、主动性和创造性，有利于增强队员的主人翁意识，使大家感到防暴队是大家的防暴队，自己就是防暴队的主人，积极为防暴队建设出谋划策乃义不容辞的职责所在。也正是基于此，队员们能够站在主人翁的立场，为这支队伍的发展建设考虑，注意观察日常执勤中的点滴，留意存在的问题，队友间相互提醒、互相帮助、互相督促，努力把工作做得更好。

"诸葛会"前，各小队的代表都会认真综合本小队队员的意见和建议，做到全面真实反映情况。会上，大家集思广益，畅所欲言，既总结了经验，介绍了好的做法，也客观分析了存在的问题、不足和隐患，并提出了建设性的意见。队领导认真倾听队员的发言，对于队员们总结的好的经验和做法，给予充分肯定，并在全队推广；对存在的不足，迅速找出症结所在，采取有效措施，消除安全隐患，解决突出问题，弥补存在不足，推动勤务工作向良性的轨道发展。

同时，指定专人负责，将会议纪要上网公布，既便于所有队员了解会议情况，及时推广经验，认真吸取教训，努力查找不足，不断改进工作，又让大家对会议精神的落实情况进行监督，确保把各项措施落到实处。

"诸葛会"无疑是一种非常好的工作制度和工作方法。但是制度也是靠人来执行的，制度再好，如果落实不好，那也只是一纸空文。正如毛泽东同志在《党委会的工作方法》一文中说的那样，工作抓而不紧，等于不抓。

近7个月来，我们较好地实行了这项制度。实践证明，正因为我们以正确的态度来看待并落实好这项制度，才使得我们的成绩得以继续发扬，存在的不足得以迅速改进，我们的工作才会卓有成效，得到各方的认可。

"诸葛会"好处多多，我们应该长期坚持，并在其他各项工作中加以推广。

摘自《海地维和日记》，解放军出版社出版

二、头脑风暴法

在第三章中，我们介绍了一种新的创新方法。这种方法主要用于小团队的创新活动。它与神仙会、诸葛会有相似之处,这就是头脑风暴法。

1. 什么是头脑风暴法

头脑风暴法最初用在广告的创新上,是世界上最早付诸实用的创造方法。

在介绍这种方法时,奥斯本曾说:"1939 年,当时在我担任经理的公司里,首先采用了有组织地提建议的方法。最初的参加者把它叫作闪电式构思会议。这一名称相当确切。因为在这种场合所说的闪电构思,是针对突击解决独创性问题需要开动脑筋而言的。这就是说,每一个人都要像突击队员那样勇敢地向共同的目标突进。"

韦氏国际大字典中把这种方法定义为:一组人员通过开会方式对某一特定问题出谋献策,群策群力解决问题。

这种产生很多的新观点的问题解决方法在一组人间进行,参与者可以随意将头脑中和研讨主题有关的见解提出来,然后再将大家的见解重新分类整理。在整个过程中,无论提出的意见和见解多么可笑、荒谬,其他人都不得打断和批评。这种方法,可以使每个参与者在决策过程中,将思考相互冲击,得出个人想不到的、富有创造性的问题解决方案。因此,这种方法也称为智力激励法或脑力激荡法。

奥斯本的智力激励法问世后,很快得到推广应用。目前在世界范围内,智力激励法已经是应用最广泛,最普及也最受欢迎的提升创造力的方法。

硅谷著名的设计公司艾迪欧的创始人强调:"头脑风暴是艾迪欧文化的灵感引擎。"艾迪欧的每一名设计师都花费 5% ~ 10% 的时间来参与头脑风暴会议。

头脑风暴法能够在社会、经济、管理、教育、新闻、科技、军事、生活等很多方面提供有效服务。诚如奥斯本所说:"只要遵循智力激励的规则,此法几乎可以解决各方面的问题。"另外经常参加智力激励的人,对自身的创造能力培养也有好处,可使之想象力丰富,思维敏捷,善于创新。

头脑风暴法在推广中,许多学者又针对其不足以及具体的情况,对它加以改造,从而发展形成了多种类型的智力激励法。如默写式智力激励法(635 法)、卡片式智力激励法(CBS 法)与菲利普斯 66 法等。我们下面只简单介绍其中的默写式智力激励法。

默写式智力激励法

默写式智力激励法,又叫"635"法。它是由一位德国学者针对德国人惯于沉思的性格特点,对奥斯本的 BS 法进行改良得到的方法。

每次会议由 6 人参加,每人用书面提出 3 个设想,要在 5 分钟内完成,这就是"635"法的来由。

开"635"法会议时,主持人宣布议题,解释参加人提出的疑问后,发给每人几张空白卡片(最好稍大一点),每张卡片标上相隔距离较大的 1、2、3 号码,在第 1 个 5 分钟内,每人按议题在 3 个号码后面分别填上 3 个设想,然后把卡片传给右邻。在下一个 5 分钟里,每人从传递到自己手中的别人所填的 3 个设想中受到启发,再继续填写 3 个设想,或者补充、完善、丰富、发展别人的设想,反正不能让卡片从自己手中空轮过去。这样多次传递,半小时传了 6 次,每人的原始卡片轮递一周后,共可产生 108 个设想。卡片填满则用手中的备用卡片续之。

"635"法可以避免许多人争相发言而使设想遗漏的弊病,对于有些不善言谈,怯于争言的与会者来说,默写也不失一种好办法。再者,由于有卡片上的设想,不需设记录员,也省去整理记录、归纳分类之举,因为卡片上的设想是分好类的书面材料了。

练习与思考

请运用"头脑风暴法"尽可能多地想出含有两个或两个以上数字的成语

试使用智力激励法的组织形式和实施步骤来解决一个创新的实际问题。

阅读材料

坑道战法

9 月 21 日,夏季攻势刚刚结束,美步兵第七师、步兵第二十五师和韩军第二师、第六师各一部,共 8 个步兵营,在 75 辆坦克、100 余门火炮及航空兵的掩护下,分 3 路向刚与第二十七军部队交接完防务的第六十七军金化以东 1.5 公里的甘凤里至北汉江一线阵地发起试探性进攻。

激战终日,占去第六十七军 3 个前沿支撑点。而付出的代价是 1140 余人伤亡,15 辆坦克被击毁。

从 9 月 29 日开始,"联合国军"采取"逐段攻击,逐步推进"的战法,首先从西线开始发动了进攻。

第四十七军第一四一师夜月山、天德山至铁原以西 8～10 公里地段的大马里地段首当其冲,受到了美步兵第三师第十五、第六十五两个团在 100 门火炮和 60 多辆坦克支援下的猛烈冲击。防守夜月山阵地的第一四一师一个连,在炮火掩护下,与敌人激战终日,连续击退敌人 14 次冲击,最后,工事全被摧毁,坚守主峰的守备分队一个排全部牺牲,阵地被敌占领。

此战,第一四一师前沿分队共杀伤敌人 800 余人。然而天德山阵地却屹立未动。

没奈何,范佛里特立马把摊子铺开。

10 月 3 日,范佛里特集中美骑兵第一师全部、美步兵第三师第七团、第十五团(含菲律宾营)、泰国第二十一团、英联邦第一师,在200余辆坦克、300余门火炮(105毫米以上)和大量航空兵支援下,又向第六十四军第一九一师防守的高浪浦里北6公里的防内洞阵地、高旺山阵地、第四十七军第一三九师防守的高作洞阵地、第一四一师防守的天德山和大马里一线40公里正面发动了猛烈进攻。

志愿军西线防守部队按彭德怀司令员"积极防御、节节抗击、反复争夺、歼灭敌人"的指示,有重点地部署兵力、火力,以坚决阻击与连续反冲击,英勇顽强地与敌人进行了激烈的战斗,每一阵地均经数次乃至数十次反复争夺才能决定其归属。打剩下10~30余人连队,在当时不是一个两个。

这种阵地战打起来异常艰难。第六十四军扼守的高旺山、马良山等要点战况最为激烈。这是谢正荣师长所率第六十四军第一九一师防御地域,进攻之敌为英联邦第一师和美骑兵第一师第五团一部。每天,敌人均以1~2个团的兵力向第一九一师阵地猛扑。

10月3日,麦克唐纳准将的英步兵第二十八旅先扑了上来,与第一九一师前沿分队发生小规模接触。

次日,英联邦第一师全师投入,全面展开攻击。

战至下午16时,在击退英军的多次冲击后,因伤亡过大,谢正荣命令部队主动撤出高旺山(355高地)及其以西227高地,收缩阵地,固守马良山(477高地)一线阵地。

5日,英联邦师的进攻重点指向马良山及其西南的216.8高地,并改取集中兵力、火力逐点进行攻击的战术。每天均以一个多团兵力在猛烈炮火支援下,进行多梯队轮番冲击。即或是一个连甚至一个排的阵地,都要反复以飞机轰炸、炮击,随后以20~60辆坦克引导步兵反复冲击。最多的一日,发射炮弹竟达30000余发。

马良山阵地3天内5次得而复失,失而复得,双方均拼尽了全力。一方占尽火力优势,火力强度超过对方10倍以上,一方则只能凭借步兵火器和依托野战工事与之周旋。

既公平又不公正的较量!

这时,志愿军总部已决定采取带坚守性质的机动防御方针。

这种方针的要旨,是在前沿只以少量部队疏散配置,而在第二线保持强大的预备队,以连续的反冲击来挫败敌人,守住阵地。因为这一时期的中国军队,还不能进行真正意义上的坚守防御,只能采取节节阻击并不断进行反冲击的方法,尽可能充分地发挥步兵火器的作用,给敌以重大杀伤以阻止其攻击势头。这在没有强大火力和坚固工事为依托的情况下,对于以步兵武器为主的中朝军队来说,不失为一种没有办法的办法。

美国军方后来也承认,面对这样的防御,"情况往往是,美军攻占了作战目标之后,兵力不足以抵抗敌方随之而来的强大反冲击。"

这样的防守,代价虽然比运动战时期双方相互拉锯时小,但仍然相当严重,只能凭借中朝军队雄厚的后备兵员优势与敌人较量。

毋庸讳言,这从本质上来说,还是一种"人海战术"。而且战线仍然在缓慢北移,整个防御仍然呈不稳定状。总的态势仍然被动。

然而,正是在这种严酷的防御作战中,人们找到了新的战法。

第十九兵团部队将当年冀中平原的地道战搬到了朝鲜战场。这得益于他们在华北八年抗战这个特殊的成长历程,在马良山216.8高地的防御作战中,第一九一师第五七一团第七连在副连长阎志钢带领下,把"猫耳洞"挖通,形成马蹄形的防炮洞,成为坑道式掩蔽部的雏形。他们依托这样的工事,一天之内连续击退英联邦第一师的21次冲击,估计毙伤敌军700余名,而全连只伤亡26人。而此时此刻,杨得志司令员也正在为怎样在敌人强大火力下保存有生力量的问题而殚精竭虑。为此,他和李志民、郑维山等兵团首长来到在保卫开城作战中伤亡很大的第六十五军,想通过总结经验教训,寻找更有效的作战方法。

一见到杨得志等兵团首长,军长肖应棠一脸的惭愧:"杨司令,这两天打得不好,部队损失很大。"

"这个情况我们知道,我们就是为这个来的,看来咱们得想个 不让敌人打着,又能打着敌人的办法。"

杨得志首先让大家回顾了当年的石家庄战役。

那时,为在进攻中减少伤亡,攻城部队大都构筑了以屯兵洞和坑道为基干的进攻出发阵地,缩短了部队在敌人炮火下运动的距离,取得了很好的效果。

大家的思路一下子打开了,七嘴八舌议论起来,这种方法既可以用于进攻,也可以用于防御呀。

"这几天发现战士们为了防炮,在阵地背面挖了防炮洞,效果不错!"肖应棠说。

"走,看看去!"杨得志一听很感兴趣。

"这几天敌人炮击得很厉害,是不是等等再说。"肖应棠很担心。

"等停战再去就晚了!"杨得志抬腿就走。

这一看收获极大。杨得志等到了第一线的连队,发现战士们挖了许多防炮洞。

"每个洞能蹲一个人,有的两个洞连在一起,成了 V 形洞,可以多藏几个人。

敌人一打炮,我们就撤下来躲在这儿;炮一停,我们就进入阵地。"连长很得意地向首长们比比划划地介绍。

"能不能再挖深些?挖通它?再凿几个瞭望孔,挖几个射击孔,那不省得上下跑、来回跑了吗?"杨得志认认真真地跟连长商量道。

"那好,我们马上就干!"

连长双手一拍,欣然采纳了首长的建议。

"我们第六十五军是华北兵团的老底子,是打地道战的祖宗。"

军长肖应棠很是得意。

"这是一个创造!"

彭德怀在电话里听了杨得志的汇报很高兴:"其他部队现在也有类似的经验,你们要好好总结,完了给志司写个报告。"

后来在战斗实践中,坑道工事的构筑水平也不断地得到提炼和发展,由两个口的坑道发展成为"Y"型三洞口和"X"型四洞口坑道,还有"H"型和鸡爪型的坑道。坑道口也按照防弹、防毒、易排水等要求做了改进,顶部普遍加厚。在敌人火力强大,表面阵地难以久守的情况下,成为"保存自己,消灭敌人",保持防御稳定的重要手段。

这就叫"从战争中学习战争"。

在整个秋季攻势中,"联合国军"得到了467平方公里的土地。为此支付的代价是79000余人的伤亡,算上夏季攻势,"联合国军"夺取土地646平方公里,给中朝军队造成了91000余人的伤亡。而付出的是168000余人的伤亡代价。得到的土地,满打满算才是12000平方公里的一个零头。而付出的有生力量损失,却是他们难以承受的。

美国参谋长联席会议主席奥马尔·布雷德利不无辛酸地说:"用这种战法,李奇微至少要20年光景才能打到鸭绿江边。"

……

中朝军队历时两个多月的英勇顽强的防御作战,粉碎了"联合国军"气势汹汹的进攻,取得了伟大的胜利。

节选自《开国第一战》,双石著,中共党史出版社

结束语　如何提高创造力

如何提高创造力?了解我们所介绍的一些创新的方法是有益的。但这还远远不够。要使自己更有创造力,还有更多的事情要做。以下是一些具体的建议。

建议一:提高创造性需要勤奋的工作,个体不仅要有很多闪光的小点子,还需要知道如何整合它们。

建议二:锻炼将想法进行有效组合并进行整合的能力。

建议三:研究已经学过的内容。在其他人正在做的事情上处于领先地位。寻找能组合现有事物的新方法。

建议四:参加一些能锻炼自己发散思维和发现问题能力的活动。

建议五:选择一个适合自己的领域。

建议六:精通领域知识,愿意付出努力。

建议七:为了得到好的想法,多与人合作、与人交谈。

建议八:养成良好的工作习惯,比如抓住一点一滴的时间努力工作。

第三部分

英语能力

Unit 1 Greetings and Introductions

Part I Listening and Speaking

Dialogue 1

A：Hi, nice to meet you. I'm Jim.

B：Hi Jim, I think we've met somewhere before. I'm Mark.

A：Mark, yes, now I remember. Wow, long time no see! How have you been?

B：Very good, thanks. And How about you ?

A：Can't complain, I'm still alive!

Dialogue 2

Mike：Hi, Tony, I haven't seen you for ages.

Tony：Hello, Mike. I didn't expect to meet you here.

Mike：How are you doing?

Tony：Just fine, thanks. How about you?

Mike：Surviving. I'm told you've hoped to join a famous company. Is that true?

Tony：Yes, I was bored of working in a place where everyone eats out of the same pot. Now I work in Sinotruck.

Mike：Oh, that's terrific! Sinotruck, what an amazing place! What kind of job do you do?

Tony：I'm the Assistant Manager. You know it's in line with my field of specialization, and the most important, the management mechanism there is better. The employees are paid and promoted on the basis of their performance and contribution to the company.

Mike：Oh, I'm very glad to hear that. (Looking at his watch) I'm afraid I have to leave now. Here is my business car. Let's keep in touch. I hope to see you again soon.

Tony：Thank you, you too goodbye.

New words and useful expressions：

complain [kəm'pleɪn] vi. 抱怨，申诉

alive [ə'laɪv] adj. 活着的，活泼的

survive [sə'vaɪv] vt. 幸存，艰难度过

bored [bɔ:d] adj. 厌烦的

amazing [ə'meɪzɪŋ] adj. 令人惊异的

terrific [tə'rɪfɪk] adj. 极好的，非常的

specialization [speʃəlaɪ'zeɪʃn] n. 特别化，专门化

management ['mænɪdʒmənt] n. 管理人员，管理技巧

mechanism ['mekənɪzəm] n. 机制，机械结构

employee [im'plɔii:] n. 雇工，雇员

promote [prə'məut] vt. 促进，推进；提升，助长

performance [pə'fɔ:məns] n. 履行，表现

contribution [kɒntrɪbju:ʃn] n. 贡献，捐赠

Sinotruck 中国重汽集团

be in line with 跟……一致，符合；本着

keep in touch 保持联络

Notes：

1. Long time no see! 好久不见！

2. Can't complain, I am still alive. 马马虎虎，还凑合吧。

3. I didn't expect to meet you here. 没想到会在这儿见到你。

4. I was bored of working in a company where everyone eats out of the same bit pot. 我厌烦了在原来公司平庸的工作。

5. The employees are paid and promoted on the basis of their performance and contribution to the Compan. 员工按自己在公司工作的表现和对公司的付出拿薪和

接受提拔。

    6. I am afraid I have to leave now. 恐怕我得走了。

    7. Let's keep in touch. 保持联系。

Part II Reading

My story

My name is Sandy. I'm 12 years old. My birthday is on April 7. There are six people in my family. I have two elder sisters and one younger brother. My father is tall. My mother is good. My grandmother is old. She likes to water flowers. I am a student. I like to go to school because I have many friends there. I study Chinese, science, math, social science, etc. I like math and Chinese because my Chinese and math are very good. I want to be a doctor in the future because I want to help sick people. I want to go to New Zealand because the air is very fresh and there are many cute calves there! I will go there by airplane.

New words and useful expressions:

water[ˈwɔːtə(r)] n. 水;雨水; vt. 给…浇水;供以水

elementary [elɪˈmentri] adj. 基本的,初级的

social [ˈsəuʃl] adj. 社会的,社交的

science [ˈsaɪəns] n. 科学,技术

future [ˈfjuːtʃə(r)] n. 将来,未来

cute [kjuːt] adj. 漂亮的;娇小可爱的;机灵的,精明的

calves [kɑːvz] n. (calf 的复数) <俚语>笨拙的男子,牛犊

New Zealand 新西兰

Notes:

1. I want to be a doctor in the future because I want to help sick people.
将来我想当一名医生来帮助病人。

2. I want to go to New Zealand because the air is very fresh and there are many cute calves there! 我想去新西兰,因为那里的空气很清新,还有许多可爱的牛犊。

3. I will go there by airplane. 我将乘坐飞机去那里。

Part III Writing——Notes

便条就是一种简单的书信,内容简短,大多是临时性的留言、要求等。在有急事需要告诉别人而又不能面谈时,就可以写便条,如请假条、留言条等等,一般不写地址,与普通书信基本相同,具有用途广泛、形式简单、文字要求不严格的特点。常用的便条有请假条,约会条,电话留言条。

例1:请假条

请假条可由别人代写,也可由请假人自己写。无论采取何种形式,其内容必须包括请假事由和期限,必要时还需附上医生的诊断或是其他可以证明请假事由的书面材料。

July 20, 2007

Dear Mr. Pike,

I regret so much that I am unable to attend school this morning owing to a severe attack of illness. I enclose here a provement from the doctor who attends me, as he fears it will be several days before I shall be able to resume my study. I hope my enforced absence will not bothering you any serious inconvenience.

Sincerely yours

Jack

例2:电话留言条

电话留言(telephone message)便条是在别人打来电话时,该人不在场,别人替他或她接了电话后留给该人的字条。写这种便条时,首先要告诉对方是谁打来的电话,再把电话内容转告清楚。

Monday, January 10, 2010

Mr. Liu,

A friend of yours, Li Ning, made a long distance call from Tianjin this morning while you were out. He asked you to book an air ticket to Hebei flying at 3:20 a.m., February 9. I am sorry that I cannot pass the message to you in your presence because I need to do something urgently.

Zhang Ping

Part IV Practicing

I Complete the following dialogue.

How do you like living here?	I'm enjoying my stay here very much.
Say hello to your husband for me.	Are you out for a walk?
How do you do, Mr. Murphy?	Fine, thank you.

A: Good evening, Mrs. Green. It is a nice night out , isn't it?

B: Oh, hello , Mr. Phillips. Yes, it is. _____(1)_____

A: In a way. I'm showing Mr. Murphy, here, some sights of the city. Mrs. Green, let me introduce you to my friend. This is Mr. Murphy.

B: _____(2)_____ I hope you like our town.

C: Oh, yes. _____(3)_____

B: That's good. Well, I must go. Nice meeting you, Mr. Murphy.

C: I'm glad to have met you, Mrs. Green.

A: Goodbye, Mrs. Green. _____(4)_____

B: I will, Mr. Phillips. Bring Mr. Murphy to see us sometime.

II Read the dialogue and decide whether the following statements are True or False.

1. Tony has hoped to join a new company. (   )

2. Tony likes the place where everyone eats out of the same pot. (   )

3. The new job has nothing to do with Tony's specialization. (   )

4. The employees in sinotrack are paid on the basis of their performance to the company. (   )

5. Tony is a General Manager in the new company. (   )

III Match the words in column A and the meanings in column B.

      A   B

1 water   a 贡献

2 future   b 厌烦的

3 contribution　c 抱怨
4 survive　　　d 令人惊奇的
5 bored　　　　e 浇水
6 social　　　　f 将来,未来
7 complain　　 g 社会的
8 amazing　　　h 幸存

Part V Culture

Greeting and Parting

In China, when people greet their friends, they might say: "What are you going to do?" or "Have you eaten yet?" Americans usually say "Hi" or "Hello" instead. Therefore, if an English speaker doesn't know the difference, they will surely misunderstand what their Chinese friends say.

English speaking people believe that to visit someone is to show respect for them, so when they are going to leave, they always make some expressions like: "I am afraid I must go." or "I have to …", and so on. Usually in a dialogue, the ending will be like this: "Well, I do enjoy our talk and the lovely dinner, but I must be going now, hope we shall get together again before long". However, Chinese leaving talk is short and briefint most cases. They would like to say: "You are busy, so I will be off and won't togethe you." With these they would stand up from their seats and prepare to leave. However, English speaking people would think that it is abrupt and they have not prepared for it.

Unit 2 Interests and Hobbies

Part I Listening and Speaking

Dialogue 1

John: What do you do in your free time?

Mary: Well, I usually go shopping and I play badminton at the weekends.

John: Badminton?

Mary: Yes, I like badminton a lot. How about you? What do you like doing in your free time?

John: Well, I go to the cinema and the theatre. I enjoy reading books and I play guitar in a band as well.

Mary: Wow! You have a lot of hobbies.

John: Well, I really enjoy my free time.

Dialogue 2

A: Hello, Michel, what subject are you studying?

B: I am studying English.

A: I think it is difficult to learn English.

B: Well, English is my favorite subject, and it is not so difficult. What are you doing?

A: I am watching a film, < Rain Man >.

B: Really? I like the film too. I will watch it with you right away.

A: By the way, are you free this afternoon?

B: Yes.

A: Shall we play basketball?

B：Good idea. What time?

A：At 2：00pm.

B：Ok, see you then.

A：See you.

New words and useful expressions：

badminton [ˈbædmɪntən] n. 羽毛球

cinema [ˈsɪnəmə] n. 电影院, 电影

theater [ˈθɪətə] n. 剧场, 戏剧界

guitar [ɡɪˈtɑː(r)] n. 吉他

classical [ˈklæsɪkl] adj. 古典的; n. 古典音乐

actually [ˈæktʃuəli] adv. 实际上, 确实

subject[ˈsʌbdʒekt] n. 主题, 科目

Notes：

1. What do you do in your free time?
   你在空闲时间做什么?

2. I like badminton a lot.
   我很喜欢打羽毛球。

3. Wow, you have a lot of hobbies.
   哇, 你有这么多的业余爱好啊。

4. I really enjoy my free time.
   我喜欢享受业余时间。

Part II Reading

Michael Jackson

Michael Jackson was born in an American family in Indiana, USA on August 29, 1958. At an early age, Michael Jackson had shown his talent in music, singing and dancing. When he was 5 years old, his father let him and other 4 sons build a kid music band called "the Jackson 5". In 1970, Michael Jackson and his brothers got their first NO. 1 single "I want you back" in US charts. Two years later, the Jackson 5 went to Britain, and took the performing in Liverpool Royal Opera. Michael Jackson began his solo career in 1979, and since then he has started making songs and released many albums.

Michael is a great humanitarian and has devoted himself to those who are dying, poor and many others who need help. Michael has built 39 foundations. He has honored with a number of awards because of his efforts in this area.

New words and useful expressions:

hobby ['hɒbi] n. 兴趣, 爱好

surf [sɜ:f] n. 海浪, 冲浪

Indiana ['indi'ænə] 印第安纳州

talent ['tælənt] n. 天才, 天赋

band [bænd] n. 带, 乐队

chart [tʃɑ:t] n. 图表, 唱片

Liverpool Royal Opera 利物浦皇家歌剧院

release [rɪ'li:s] vt. 释放, 发行

humanitarian [hju:ˌmænɪ'teəriən] n. 慈善家

foundation [faun'deiʃn] n. 基金会

Notes：

1. At an early age, Michael Jackson had shown his talent in music, singing and dancing.

在很小的时候,迈克尔·杰克逊就展现出自己在音乐、唱歌和跳舞方面的天赋。

2. Michael Jackson began his solo career in 1979, and since then he has started making songs and released many albums.

1979 年,迈克尔·杰克逊开始了他的独唱生涯,从此开始制作歌曲并发行很多唱片。

3. Michael is a great humanitarian and has devoted himself to those who are dying, poor and many others who need help.

迈克尔·杰克逊是个伟大的慈善家,他把毕生都奉献给了那些穷苦垂死及其他需要帮助的人。

Part III Writing——Notice

书面通知是以布告、张贴的形式出现,常常是张贴在显眼的位置,以引起公众的注意。为了醒目,标题的每个字母常大写。

书面通知的格式:

1. 标题:在正文上面正中的地方写上 NOTICE .

2. 正文:包括具体的时间、地点、活动内容和注意事项。

3. 单位:发通知的单位一般写在正文的右下角。有时也放于标题之上,起强调作用。

4. 时间:一般写在左下角。

书面通知语言比较规范,切忌使用模糊语言和俚语、俗语。通知中一般无称呼语,常用第三人称,且被动语态使用较多。

例1:请根据所给条件写一篇简短的通知

明天早晨 8:00 ,二年级学生要在校门外集合。请穿上旧衣服,去农场劳动。

NOTICE

All of the students in Grade Two:we'll go to work on the farm tomorrow morning. Please meet at 8 o'clock outside the school gate. Don't forget to wear your old clothes.

June 25 , 1998

例2:

通知

由于近日连降大雨,我校原定本周六举行的运动会将做延期。同学们周六早晨照常到校上课,周六下午停课。如果天气允许的话,运动会将在下周六早晨举行。学校乒乓球队的队员们请本周六下午 4:30 到乒乓球大厅受训。北京的乒乓球健将们将为你们做专门指导。

校体育办公室
2009 年 4 月 10 日

NOTICE

The sports meeting which is to take place this Saturday has to be put off because of the heavy rain these days. All students showed come to school on Saturday morning as usual, but there will be no classes that afternoon. Weather permitting, the sports meeting will be held next Saturday morning. Members of the school's ping – parg team showed come to the Ping – parg Hall at 4:30 this Saturday afternoon. Ping – pong stars from Beijing will come and give special training and coaching then.

Office of Physical Education

10th ,April, 2009

Part IV Practicing

I. Complete the following dialogue.

More than four months.	What do you like to do?
How do you keep in shape?	How long does it take you?
How far do you usually jog each time?	

A: You look quite slim, Mary. _____

B: I like to take exercises.

A: _____

B: I like jogging around the central park. It does me a lot of good.

A: How long have you been persisting ?

B: _____

A: Do you jog every day?

B: No, I jog every morning except Saturday. Saturday is my free day.

A: _____

B: It's about 25 miles.

A: _____

B: Fifteen minutes.

II Fill in the blanks in the following sentences with the correct forms of the words or phrases in the box.

```
enjoy; crazy ; favorite; do well in; prefer…to…
be good at; be interested in;
```

1 The public will _____ the results of the research.

2 Tom _____ about popular music.

3 He _____ playing basketball _____ watching television.

4 I _____ jumping into a pool or going swimming in summer.

5 Boxing is my _____ form of stress relief.

6 Working hard, you will _____ the final exam.

7 You ought to learn to _____ communicating with others and expressing yourself.

III Read the passage and decide whether the following statements are True or False.

1 Michael Jackson was born in India. (   )

2 His father made a kid music band when he was five years old. (   )

3 In 1970, the Jackson 5 went to Britain and took the performing in Liverpool Royal Opera. (   )

4 Michael Jackson started making songs and released many albums since 1979. (   )

5 Michael Jackson has built 59 foundations. (   )

Part V Culture

Afro – American culture

Afro – American culture is one of the most important parts of American culture, and it, makes a great impact on the mainstream culture in America and even all over the world. Afro – American culture is endowed with unique charm by its African factors. Music and dance, the soul of Afro – American culture, is the leading fashion and play an important role in the international fashion circle. Jazz with a history of hundreds of years originated from the Afro – American. Now it has already become a kind of world music. Jazz gives People a deep spiritual experience through its unique musical language. Afro – Americans have inherent talent for music and dance. since they settled down in the new island, the bitter life has given them more inspiration to create more outstanding music and dance works, which are unique with Afro – American root instead of an appendage of the mainstream culture, and embody profoundly the history and social life of Afro – Americans.

Unit 3 Finding Ways

Part I Listening and Speaking

Dialogue 1

A：Excuse me, sir, do you know where the Baotu Spring is please?

B：It's just a couple of blocks away.

A：How can I get there?

B：Turn left at the second crossing. It's on the left. It's very lively in front of the Baotu Spring. You wont miss it.

A：Let me see. Mm, I think I know where it is. Thank you.

B：MY pleasure.

Notes：

1. Excuse me, sir, do you know where the Baotu Spring is please?
   先生,打扰一下,你知道趵突泉在哪儿吗?

2. It's just a couple of blocks away. 就两个街区远。

3. Turn left at the second crossing. 在第二个十字路口往左拐。

4. It's very lively in front of the Baotu Spring. 趵突泉门口很热闹。

Dialogue 2

A：Excuse me. Can you tell me which bus goes to Qilu Hospital?

B：Bus No. 18.

A：Is there a bus stop nearby?

B：Yes. Walk along that way. The bus stop is on the right, across from the supermarket.

A：Where should I get off?

B：At West Wenhua Street. The hospital is just near it.

A：Thank you very much.

B：You are welcome.

Notes：

1. Can you tell me which bus goes to Qilu Hospital?

   能告诉我哪趟公交车去齐鲁医院吗?

2. Is there a bus stop nearby? 附近有公交车站吗?

New words and useful expressions：

spring［spriŋ］n. 泉水

couple［ˈkʌpl］n. （一）对，（一）双，夫妇

block［blɔk］n. 街区

lively［ˈlaɪvli］adj. 充满活力的；活泼的

Part II Reading

Ways to finding information

Nowadays we're living in information times, when we cannot hold back but adapt ourselves to it. Living in information times, we find it harder and harder to live without information. For example, finding a job, opening a business, going abroad for education... It seems that everything has a relationship with information. You cannot imagine what your life will be if there is no information. Therefore, getting the ways to finding information appears more important in contemporary days. Now I will recommend some ways to finding information.

Firstly, as we know, media plays a very important role in our daily life. When you watch TV, listen to the radio, read newspapers or magazines, glance at the outdoor advertisement, you can get some information, though maybe you don't get interested in it. However, medium is still the major information offer, which tells you the news all around the world every day, and shows the newest high-tech products.

Besides, human is another way by which we usually deliver information. It includes your parents, your classmates, your teachers, your friends, and even strangers. Human is a kind of social animal which differs from other animals and this is why human is more superior than other animals. Human can get information from others, deal with it and then deliver it to others. As an old Chinese saying goes, "A repeated slander makes others believe." Though it is a derogatory idiom, it truly proves that human is also an important way to get information.

As a matter of fact, there are many ways to finding information as long as you are careful and good at observing the environment around you. Mastering the ways of finding information, you will have more advantages than others. In a word, try to pay attention to media and what others say. Though there is something which is useless, it still works most of the time.

New words and useful expressions:

nowadays [ˈnaʊədeɪz] adv. 现在,当今

information [ˌɪnfəˈmeɪʃn] n. 信息，数据；通知

adapt [əˈdæpt] vi. 适应于，适应不同情况（或环境）(to)

relationship [rɪˈleɪʃnʃɪp] n. 关系；联系

contemporary [kənˈtemprəri] adj. 当代的，现代的；n. 同代人

glance [glɑːns] vi. 一瞥；掠过 n. 浏览；一掠

advertisement [ədˈvɜːtɪsmənt] n. 广告，宣传

medium [ˈmiːdiəm] n. 媒介物，媒质

high-ˈtech [haɪˈtek] n. 高科技

deliver [dɪˈlɪvə(r)] vt. 发表；递送

superior [suːˈpɪəriə(r)] adj. (级别、地位)较高的

slander [ˈslɑːndə(r)] n. 诽谤；造谣中伤

derogatory? [dɪˈrɔgə tri] adj. 贬低的；贬义的

idiom [ˈɪdiəm] n. 习语，成语

observe [əbˈzɜːv] vt. & vi. 观察；研究

advantage [ədˈvɑːntɪdʒ] n. 有利条件；益处；优越(性)

useless [ˈjuːsləs] adj. 无用的，无效的；无价值的

go abroad 出国

play a role in 在…起作用

Notes：

1. We find it harder and harder to live without information.

   我们发现没有信息会生活得越来越艰难。

2. Media plays a very important role in our daily life.

   媒体在我们生活中发挥着重要的作用。

3. Human is a kind of social animal which differs from other animals and this is why human is more superior than other animals.

   人是不同于其他动物的一种社会动物，这就是人优越于其他动物的地方。

4. A repeated slander makes others believe. 三人成虎

   三人成虎原指三个人谎报集市里有老虎，听者就信以为真。比喻谣言多人重复述说，就能使人信以为真，可以掩盖真相。

5. As a matter of fact, there are many ways to finding information as long as you

are careful and good at observing the environment around you.

　　事实上,你只要仔细并善于观察周围的环境,你就会找到很多获取信息的途径。

Part III Writing

一、英文书信的书写

（一）英语书信结构、书写款式及要求：

1. 书信结构

1）信封（envelope），英语的信封和中文的一样，由三部分组成，即发信人地址、收信人地址和邮票。邮票所贴的位置（信封的右上角）和中文的一样，英语信封上发信人和收信人的地址和中文的大不一样。发信人的地址应写在信封的左上角，收信人的地址应写在信封偏中右偏下处，如下：

Liu Yanhua

Room 302, No. 48, Yanan Road（M）

Shanghai, 20040

　P. R. China

stamp

> Prof. John Hill
>
> 607 North Willington Avenue
>
> West Palm Beach, Florida 33404
>
> U. S. A.

2）信头（heading），即发信人的地址和日期（右上角）。

3）信内姓名地址（inside address），即收信人的姓名和地址（左上角）。

4）称呼（salutation），即写信人对收信人的尊称（一般用 Dear Mr. … Dear Madam；Helen；Dear Miss… Dear John；Dear Professor Smith 等）。称呼直接写在收信人地址的正下方，中间空一至二行。称呼后面的标点一般只能用逗号。信头、信内姓名和地址三部分的结构如下：

> Liu Yanhua
>
> Room 302, No. 48, Yanan Road（M）
>
> Shanghai, 20040
>
> P. R. China
>
> June 22, 2002

Prof. John Hill

607 North Willington Avenue

West Palm Beach，Florida 33404

U．S．A．

Dear Professor Hill，

_____

_____

_____

注:熟悉的朋友之间写信,信头和信内的地址常常省略。

5)正文（body）,即信件的主要内容。一般正文第一行句子和称呼之间空一至二行。

6)信尾客套语（complimentary close）,即写信人在信的右(或左)下角,写上表示自己对收信人一种礼貌客气的谦称。一般有 Sincerely；Sincerely yours；Yours sincerely；Friendly yours；Truly yours；Yours truly 等。

7)信尾签名（signature）,即亲笔签上写信人自己的姓名。

July 20，2002

Dear Mr．Henkel，

We acknowledge the receipt of your letter and its enclosure of February 10 about the supply of washing machines.

We regret that it is difficult for us to consider the purchases as our company does not need the item for the time being. We have recorded your quotation of our further use.

Thank you for your kind attention to this reply.

Yours faithfully

Li Xing

2．信件书写要求:

写英语信件一般可以使用打字机、电脑,朋友之间比较随便的信件也可以用钢笔、圆珠笔甚至彩色笔,但不宜用铅笔。不管用什么形式书写,重要的信件,签名处必须用深蓝色或黑色墨水笔签名。

二、电子邮件的格式

众所周知,电子邮件即 E – mail 是如今电子商务使用最普遍的一种联系手段。电子邮件使用方便,信息传递迅速高效,且节省成本。

通常 E – mail 的撰写风格比传统的信件、传真等稍加随便一点。但是,在谈论公事时,要采用正式严肃的风格。

收信 写信	删除	回复	转发	垃圾邮件	移动
文件夹	Amy in USA				
收件箱	发件人 ＊＊＊@ hotmail. com				
草稿	收件人 ＊＊＊@ yahoo. com. cn				
已发送邮件					
垃圾邮件					
已删除邮件					
Attachment（附件）					

Dear friends,

We miss you all so much! We wish we could celebrate Christmas and New Year with you in China!

Christmas is a very busy time for us. We get together with our friends, and we go to musical concerts, buy presents for our friends, decorate our homes, etc. How are you all doing? It is exciting to hear from so many of you. We were very glad to read your e-mails, especially those with your photos! Thanks!

God bless you in the year 2014.

Part IV Practicing

I. Complete the dialogue.

A

Two Chinese men, Zhou and Zhao, get lost in New York City, so they go to ask the policeman nearby for help.

Zhou: I'm confused. _____(我们现在在哪儿)?

Zhao: Oh, _____(我也不知道). We are completely lost.

Zhou: Here comes a police officer. Let's ask him.

Zhao: Excuse me, sir, _____(请问我们现在在哪儿?)

Police: Yes, you're right in the middle of the Broadway Avenue.

Zhou: I've got a map. Could you show us on the map?

Police: Of course. You're right here. _____(你们要去哪里?)

Zhou: We are going to the Civil Square.

Police: It's three blocks from here. _____(一直往前走).

Zhao: Thank you very much.

B

I'm new in town	Can I take a bus	How can I get there
Ok, thanks	Where's Luca's Bookstore	

A: Excuse me. _____?

B: It's on King Street across from People's Hospital.

A: I'm sorry, _____. Is it far? Do I need a taxi?

B: No, don't take a taxi. It's near here.

A: _____?

B: Well, go down Colin Street and turn right into Baker Street. Then go down Baker Street …

A: Baker Street? _____?

B: You can take the Bus No. 2.

A: _____.

B：You are welcome.

II. Fill in the blanks in the following sentences with the correct forms of the words or phrases in the box.

find；adapt；differ from；play；observe；saying；
superior；high－'tech；imagine；go

1. He is trying his best to _____ himself new school life.

2. He gave me some ways to _____ information.

3. Media _____ a very important role in our daily life.

4. His accent _____ Tom's.

5. You should be good at _____ the environment.

6. This bus _____ to the Baotu Spring.

7. You can _____ what you'll be in the future.

8. It's a _____ product.

9. Man is _____ than other animals.

10. Can you say some old Chinese _____?

III. Translate the following sentences into English.

1. 请尽快适应新的学校生活。

2. 越来越多的学生选了这个专业。

3. 英语和你的工作有很大的关系。

4. 手机在日常生活中起着重要的作用。

5. 这个软件不同于那一个。

IV. Complete the following sentences.

1. 我们明天去公园好吗？

_____ we _____ to the park tomorrow?

2. 超市在学校的右边。

The supermarket is _____ of the school.

3. 你有最新的地图吗？

Do you have the _____ map?

4. A：对不起，你能告诉我去图书馆的路吗？

Can you tell me _____ the library?

B：一直走，在第二个十字路口向右拐，你就会发现图书馆在你的左边。

Go straight and _____ right at the second _____, you'll find the library

_____.

5.一个穿红色衣服的女孩站在街道的拐角处。

A girl _____ is standing _____ the street.

Part V Culture

Giving Directions In Different Places

If you ask people from different countries "Could you tell me the way to the post office?", you will get different answers.

In Japan, people use landmarks instead of street names. For example, the Japanese will say to travelers, "Go straight down to the corner. Turn left at the big hotel and go past a fruit market. The post office is across from the bus stop."

In Kansas, America, there are no towns or buildings within miles. therefore, instead of landmarks, people will tell you directions and distance. For example, people will say, "Go north two miles. Turn east, and then go another mile."

People in Greece sometimes do not even try to give directions. They will often say, "Follow me." Then he or she will take you through the streets of the city to the post office.

Sometimes if a person doesn't know the answer to your question, he or she, like a New Yorker, might say, "Sorry, I have no idea." But in Yucatan, Mexico, no one answers "I don't know." People there think "I don't know" is not polite. They usually give an answer, but often it is a wrong one. A visitor can often get lost in Yucatan!

But one thing will help you everywhere. You might not understand a person's words, but maybe you can understand their body language. They will usually point to the correct direction. Go on in that direction and you may find the post office!

Unit 4 Shopping

Part I Listening and Speaking

Dialogue 1

A: Can I help you, sir?

B: Yes. I'd like a pack of gum and one of those ···

A: The groceries?

B: No. A pair of leather shoes.

A: What material do you like?

B: I am not sure. Can you give me some tips?

A: I think cowhide is strong.

B: Ok. I'll have that black pair. How much are they?

A: That comes to $87 all together.

B: OK. Where should I pay for them?

A: You should pay at the cashier's. It's over there.

B: Thank you very much. I will be back soon.

C: It adds up to $87, sir.

B: OK. Here is $90.

C: Here is your change and receipt, sir. Please keep them well. Thank you very much.

Dialogue 2

A: How do you do, Mr. Wang! It's my pleasure to meet you.

B: How do you do! The pleasure is mine.

A: Well, we've got some new models. If you come this way, I'll show them to you.

B: Could you tell me something about them?

A: Well, the toys on the right are machine toys, electronic toys and intellectual toys, suitable for children from the age of five upwards. The toys on the left are bamboo wooden toys, plastic toys and plush toys, suitable for children under five. They are all available in stock.

B: Quite interesting.

A: Yeah, they've only been on the market for a few months, but they are already very popular.

B: How about the price?

A: The recommended retail can be found on the price list. Here is the price list, sir.

B: I'd also like to get some information about the discount. Can you give me a good discount on a larger order?

A: All right. If you place an order now, you'll get 10% off the original price.

B: Agreed.

A: I'm glad that we've come to the agreement on the price.

B: Thank you. What about delivery time?

A: We can deliver the goods within ten days upon receipt of your order.

B: OK! I hope to keep a good business relationship with you!

A: Of course. Wish we cooperate the delectation!

New words and useful expressions:

gum [gʌm] n. 口香糖
grocery ['grəusəri] n. 食品杂货店;食品杂货业
material [mə'tɪəriəl] n. 材料,原料
tip [tɪp] n. 小建议,小窍门
cowhide ['kauhaɪd] n. 牛皮
leather ['leðə(r)] n. 皮,皮革;adj. 皮的,皮革的
cashier [kæ'ʃɪə(r)] n. 出纳员
change [tʃeɪndʒ] n. 零钱,找头
receipt [rɪ'siːt] n. 收据,发票

model［ˈmɒdl］n. 模型；模特儿

machine［məˈʃiːn］n. 机器，机械

electronic［ɪlekˈtrɒnɪk］adj. 电子的

intellectual［ɪntəˈlektʃuəl］adj. 智力的

suitable［ˈsuːtəbl］adj. 合适的，适当的

upwards［ˈʌpwədz］adv. 向上地，上升地

bamboo［ˌbæmˈbuː］n. 竹子

wooden［ˈwʊdn］adj. 木制的；木头的

plastic［ˈplæstɪk］n. 塑料制品 adj. 塑料［塑胶］的

plush［plʌʃ］n.（丝或棉的）长毛绒

available［əˈveɪləbl］adj. 可用的

stock［stɒk］n. 库存；adj.（商店里）常备的，通常有的

recommended［rekəˈmendɪd］adj. 被推荐的

retail［ˈriːteɪl］n. 零售

discount［ˈdɪskaʊnt］n. 折扣

order［ˈɔːdə(r)］n. 订单

original［əˈrɪdʒənl］adj. 原始的；最初的

agree［əˈgriː］vt. 同意，赞同

deliver［dɪˈlɪvə(r)］vt. vi. 发表；递送

relationship［rɪˈleɪʃnʃɪp］n. 关系；联系

cooperate［kəʊˈɒpəreɪt］vi. 合作，配合

delectation［ˌdiːlekˈteɪʃn］n. 享受，欢娱

come to 共计

add up to 合计达；合计，总计；

Part II Reading

Smart Supermarket Shopping

Today more and more people like to shop in supermarkets. When you go through the aisles in a supermarket, you can listen to soft, slow music. This makes you relax, and you may spend a lot of money on the groceries.

Many people go to a supermarket in order to buy food. Before you push a shopping cart, you should check out these tips for smart supermarket shopping.

Choosing a time and a place for shopping can help you shop more smartly. Here are some thoughts on when and where to shop: Don't shop when you're hungry; pick the best supermarket for you; shop during off – peak time.

There are thousands of foods to choose from in a supermarket, so it's easy to forget something you really need. It can save you time if you make a list in the store. By making a list, you will:

    * have a plan of what you are going to buy

    * avoid going back to the supermarket for something forgotten

    * avoid buying something on impulse

    * not buy food that isn't on the list

But even with a list, you need to make some decisions at the supermarket.

New words and useful expressions：

supermarket ［ˈsuːpəmɑːkɪt］ n. 超级市场

aisle ［aɪl］ n. 过道,通道

soft ［sɒft］ adj. 柔软的；温和的

smart ［smɑːt］ adj. 聪明的；敏捷的

thought ［θɔːt］ n. 思想；想法

off – peak ［ˈɔːfˈpiːk］ adj. 非高峰的

list ［lɪst］ n. 清单,目录；vt. 列出

avoid ［əˈvɔɪd］ vt. 避开,避免,预防

impulse ［ˈɪmpʌls］ n. 凭冲动行事

in order to 为了……

check out 检查

Notes：

1. Before you push a shopping cart, you should check out these tips for smart supermarket shopping.

购物前,你应该核对一下这些建议,以便能进行理智的购物。

2. Shop during off – peak time. 购物要避开高峰期。

3. Avoid buying something on impulse. 避免冲动购物。

Part III Writing——cards

在商务活动中,交换名片是一项很流行也很重要的活动。在对外交流中,英文名片上的英文写法要规范,顺序要符合英语规则。

名片上的信息一般可分为七个部分:

1 公司名称(the name of company) 2 本人姓名(person's name) 3 职位、职称、头衔(position title) 4 公司地址(the address of company) 5 电话号码(telephone number) 6 传真号码(fax number) 7 电子邮箱(E - mail address)	说明: 1. 对于地名,一般遵循从小地名到大地名的写法。一般顺序为:室号→门牌号→ 街道名→ 城市名→ 省(州)→邮编→ 国家,与汉语地址的习惯写法正好相反(Room＊＊ No. ＊＊＊＊＊ Road(Street) ＊＊＊ City ＊＊＊＊ Province ＊＊ ＊＊＊ Zip Code ＊＊＊＊＊ Country)。 2. 地址在名片上应该保持一定的完整性。门牌号与街道名不可分开,必须在同一行,不可断行。名字名称不可断开。 3. 姓 last name/family name, 名 first name/given name 英语名字名在前姓在后,中文名字姓在前名在后。

Sample:

广东省广州市齐燕机电贸易有限公司	
刘小东	
出口部副经理	
地址:广东省广州市白云区机场路 999 号	电话:020 - 22288888
邮编:5100600	传真:020 - 22266666
电子邮箱:goods@ qybiz. com	
手机:13800138000	

Xiaodong Liu	
Deputy Manager	
Export Department	
Qiyan Mechanical & Electronic Products Trading Co. Ltd.	
No. 999 Jichang Rd.	Tel：020 – 22288888
Baiyun District, Guangzhou	Fax：020 – 22266666
Guangdong Province	Email：good@ qybiz. com
510800 China	Mobile：:13800138000

Part IV Practicing

I. Complete the dialogue.

Dialogue 1 询问价格

A：_____

B：Yes. I'd like a pack of gums. _____

A：It's 9.8 yuan.

B：Thank you.

Dialogue 2 询问颜色

A：_____

B：I'm looking for a leather jacket.

A：_____

B：I like red best.

Dialogue 3 询问尺寸

A：_____

B：I want to buy a pair of leather shoes.

A：_____

B：Size 42.

II. Match the words in column A and the meanings in column B.

A	B
1. department store	a. 百货公司
2. mail order	b. 超市
3. Internet shopping	c. 网络购物
4. TV shopping	d. 购物中心
5. chain store	e. 电视购物
6. shopping mall	f. 连锁商店
7. supermarket	g. 邮购

III. Complete the sentences according to the Chinese.

1. I am going to buy for my mother on _____（母亲）Day

2. My brother likes eating _____（草莓）.

3. There's a _____（降价）on today.

4. Everything is half _____ (价格).

5. What _____ (别的) would you like?

IV. Complete the following sentences according to "Smart Supermarket Shopping".

1. Most of the people go to supermarkets _____ food.

2. There are thousands of foods _____ in a supermarket.

3. This makes you _____.

4. It can save your time _____ a list in the store.

5. You need _____ some decisions at the supermarket.

Part V Culture

Get a Good Buy

First of all, it should be pointed out that shops in the western countries are somehow different from those in China. Basically, they are divided into three types: the large – scaled, well – decorated shopping malls and chain shops, the supermarkets and medium or small sized groceries, and those that exclusively deal with one area, such as books, household appliances, cosmetics, clothes, furniture, shoes, etc. Besides, there are also many dime shops that sell discounted goods.

It should be noted that in the United States, there is a kind of shops that are run by the church Communites who sell various types of goods at the lowest prices. These shops are called the Salvation Army or Good Will Retailer Store. The merchandise here are mostly beneficence, which are marked "used". Frequent customers to these shops are poor people who can't afford expensive goods.

The main channel through which customers get merchandise information is advertisements or commercials, and nowadays advertisements are almost everywhere, newspapers, TVs, radios, etc., where the sales information is the most attractive. In the United States, there are two kinds of nationwide sales, the spring sale and summer sale. Besides, there is also the white sale, when you can find whatever you need for bedding.

So if you've decided where to buy, you also need to make sure when to buy. The prices of the same goods vary at different seasons in a year and we recommend that you pay attention to the useful commercials, especially those about seasonal sales and discount ads. These will save you a great deal of money.

Generally, most shops enjoy good reputation and credibility, and they provide excellent service to the customers. In most circumstances, goods can be exchanged or even refunded after being sold. Of course, they mustn't be used or damaged.

In North American countries, package bags are provided in every shopping mall, super market and grocery Therefore, you don't need to carry a bag when you go shopping. If you do take one, you'll probably make the shop assistants feel unease, and they might be doubtful of your intentions.

Unit 5　Travel

Part Ⅰ　Listening and Speaking

Dialogue 1

A: Where should we go sightseeing today?

B: I think that some things might best be done in the morning and others in the afternoon.

A: I would like to go to the beach this morning.

B: That would be a good place to start our sightseeing. We an have breakfast there.

A: I've heard that there is a very nice natural history museum there.

B: Yes, it would be nice to check that out since we are so close by.

A: Where should we go in the afternoon?

B: I would like to go to the amusement park. It's supposed to be quite good.

A: At the end of the day, I would love to take in the sunset at the restaurant by the park.

B: That sounds like a great idea! Let's go to get a map.

Dialogue 2

A: Hi, I need help planning my vacation.

B: Sure, where would you like to go?

A: I haven't decided where to go yet.

B: Do you enjoy warm or cold climates?

A: I am thinking that I might enjoy a tropical climate.

B: I have some brochures here which you might like to have a look at.

A：These look great!

B：Do you know how much you want to spend on this vacation?

A：I have about a thousand dollars to spend on this trip.

B：Well, take these brochures and get back to me when you want to make your reservations.

New words and useful expressions：

sightseeing ['saɪtsiːŋ] n. 观光, 游览

amusement [ə'mjuːzmənt] n. 娱乐, 消遣；文娱活动

sunset ['sʌnset] n. 日落, 日没；傍晚

vacation [və'keɪʃn] n. 休假, 假期

climate ['klaɪmət] n. 气候；室内气候环境

tropical ['trɒpɪkl] adj. 热带的；位于热带的

brochure ['brəʊʃə(r)] n. 小册子, 说明书

reservation [ˌrezə'veɪʃn] n. 保留；保留地

history museum 历史博物馆

check out 调查 核实

amusement park 游乐园

Notes：

1. It would be nice to check that out since we are so close by.
   离我们这么近要是能找到就太好了。
2. It's supposed to be quite good. 那应该很好。
3. I would love to take in the sunset at the restaurant by the park.
   我很想在夕阳里到公园旁边的餐馆里就餐。
4. I am thinking that I might enjoy a tropical climate.
   我想我可能喜欢热带气候。
5. I have some brochures here which you might like to have a look at.
   我这里有一些宣传册, 你可以看看。

Part Ⅱ　Reading

Seven reasons to travel

Traveling around the world and exploring new places can change your life. It exposes you to new cultures and can help shape your mindset. Without further ado, seven ways being a traveler can make you lead a happier and healthier life.

1. Improve Your Social Skills

Meeting new people is one of the great upsides of traveling. Whether it's chatting up your hostel roommate, making small talk with your seat – mate on a train or having a lively discussion at a local bar, you will be forced to improve your social skills (especially if you're traveling solo). If new situations tend to make you anxious, traveling is a sure way to take steps toward reducing that anxiety.

2. Reduce Stress

Taking time off is an obvious way to recharge and reduce stress levels. But while staying at home and resting is a worthy use of your time off, traveling removes you from your everyday life and lets you truly escape. Traveling lets you put aside your daily responsibilities and focus on yourself for a moment. When you return home you'll feel refreshed and have the motivation you felt drained of before you left.

3. Accomplish Goals

Having a travel "to – do" list and slowly crossing things off that list keeps you motivated and positive. That list can include things like visiting certain locations or accomplishing a feat such as climbing a mountain or becoming conversational in the language of your next destination. Achieving those goals also increases confidence and gives a sense of success.

4. Stay Fit

Once you catch the adventure travel bug, you'll never be the same. Let's say while traveling you get lured into taking a hike with beautiful panoramic views. You go, it's not too strenuous and the experience takes your breath away. Now you want more — harder hikes with even better pay off. being at While home, you take exercise and prepare for more challenging hikes. You're healthier and fitter than ever and you get to look forward to accomplishing new goals.

5. Become More Flexible

Sometimes things don't go according to plan while traveling. Maybe your flight is cancelled or it rains the day you're scheduled to go on an epic outdoor adventure. It's okay — there are other flights to take (or trains, or buses) and maybe on that rainy day you'll discover a hidden bookstore to explore or an adorable cafe to experience. Traveling helps you be more flexible and open – minded, making you more zen in your everyday life.

6. Become More Patient

Travel can involve a lot of waiting. You'll wait in lines. You'll wait for flights. You'll wait at restaurants. Learning how to cope with those waits, how to make conversation with those you're waiting with and how to stay calm in frustratingly slow situations will teach you how to remain patient and calm in all situations.

7. Have Better Relationships

Surveys have shown that couples who travel together report moreintimate relationships. While travel can't make you have a good relationship, it can strengthen it. Being free of responsibilities like doingthe dishes and walking the dog helps you relax together and focus on each other.

New words and useful expressions：

ado [ə'duː] n. 忙乱,纷扰；麻烦

hostel ['hɔstl] n. 青年招待所

solo ['səuləu] n. 独唱；独奏；单独行动

recharge [riː'tʃɑːdʒ] v. 反击；再猛攻；再充电

responsibility [rɪˌspɔnsə'bɪləti] n. 责任；责任心；责任感

motivation [ˌməutiʹveiʃən] n. 引起的动机；激发起来的积极性

drain [dreɪn] vt. （通过过滤）慢慢地排出，放出

accomplish [ə'kʌmplɪʃ] vt. 达到(目的)；完成

panoramic [ˌpænəʹræmɪk] adj. 全景的

epic ['epɪk] n. 史诗；叙事诗

adorable [ə'dɔːrəbl] adj. 可爱的,讨人喜欢的

zen [zen] n. 【佛教】禅

intimate ['intimət] adj. 亲密的,亲切的;友好的

focus on 集中注意力于,把…集中于…上:

cope with 处理

get lured into 吸引进入

Notes：

1. It exposes you to new cultures and can help shape your mindset.

它使你有机会接触新文化,而且有助于你的思维模式的形成。

2. Taking time off is an obvious way to recharge and reduce stress levels.

恢复活力、降低压力水平的显著方法是抽出时间来放松。

3. When you return home you'll feel refreshed and have the motivation you felt drained of before you left.

返回家中,你会精神抖擞,重新找回逝去的生活激情。

4. Let's say while traveling you get lured into taking a hike with beautiful panoramic views.

比如说,旅行时,沿途的美景使你不忍驻足。

5. …maybe on that rainy day you'll discover a hidden bookstore to explore or an adorable cafe to experience.

或许在那个下雨天,你意外发现一家值得光顾的隐蔽书店或一家惬意的咖啡馆。

6. …how to stay calm in frustratingly slow situations will teach you how to remain patient and calm in all situations.

学会在慢得让人灰心的情形中保持平和心态,这些将教会你在各种情形中保持耐性、遇事不惊。

7. Being free of responsibilities like doing the dishes and walking the dog helps you relax together and focus on each other.

不操心洗盘子、遛狗等家庭琐事,会使你们一同享受轻松时刻,眼里只有对方。

Part Ⅲ　Writing——Tours Guide Words

一篇完整的导游词,一般包括习惯用语、概括介绍、重点讲解三个部分。

1. 习惯用语

习惯用语又分为两个部分:见面时的开头语和离别时的告别语。

开头语包括问候语、欢迎语、介绍语、游览注意事项和对游客的希望五个方面,放在导游词的最前面。

a. 开头语:介绍自己或旅行社;介绍司机、车型和车号;介绍旅游时间、地点和行程安排;表示欢迎。

b. 告别语:总结旅游情况;感谢游客配合;希望提出意见;表示依依惜别。

2. 概括介绍

概括介绍是用概述法介绍旅游景点的位置、范围、地位、意义、历史、现状和发展前景等,目的是帮助旅游者对景点有个总体了解,引起游览兴趣,犹如"未成曲调先有情"。概括介绍应根据时间和游客情况,可长可短,可详可略。

3. 重点讲解

重点讲解是对旅游线路上的重点景观从景点成因、历史传说、文化背景、审美功能等方面进行详细的讲解,使旅游者对旅游目的地有一个全面、正确的了解,同时要提醒旅游者注意自己携带的东西,保管好自己随身的物品,这是导游词最重要的组成部分。

趵突泉英文导游词:

Ladies and gentlemen,

Welcome to Baotu Spring Park. My name is Miao Meng. I am very pleased to serve as your tour guide today.

In order to give you a general impression, let me make a brief introduction of the park. Featured as a gushing spring garden, the park is located in the downtown area of the city, with Mt. Thousand Buddha to the south, Quancheng Square to the east and Daming Lake to the north. It occupies about 26 acres in land area. There are altogether 34 springs in the park. Of course the main and most beautiful one is the Baotu Spring, which you will be seeing in a moment. It will take you about 2 hours to make the tour around the park. The park has two main gates, the east gate and the south gate. Today we'll enter from the south gate. Ok, this way please.

Part Ⅳ Practicing

Ⅰ. Complete the following dialogue in English.

A：Hi, Zhou Wei. Where are you going to spend your _____（暑假）this year?

B：_____（我打算和家人一起去云南）

A：How are you going to get there?

B：We're going to get there _____（坐飞机）

A：_____（你们什么时候出发？）

B：Next Monday.

A：_____（祝你们玩得愉快。）

B：Thanks.

Ⅱ. Fill in the blanks in the following sentences with the correct forms of the phrases in the box.

check out；go sightseeing；focus on；cope with；put aside

1. My eyes cannot _____ distant objects.

2. Mary _____ her toy and picked up the cat.

3. Her story _____.

4. He'll _____ all the work.

5. Where did you _____ last summer holidays?

Ⅲ. Translate the following sentences into Chinese.

1. Traveling around the world and exploring new places can change your life.

2. Meeting new people is one of the great upsides of traveling.

3. Traveling lets you put aside your daily responsibilities and focus on yourself for a moment.

4. While travel can't make you have a good relationship, it can strengthen it.

5. Travel can involve a lot of waiting. You'll wait in lines. You'll wait for flights. You'll wait at restaurants.

Ⅳ. Read the passage and decide whether the following statements are True or False.

1. Meeting new people is the great upside of traveling. （　）
2. Traveling removes you from your everyday life and lets you truly escape. （　）
3. Achieving those goals also increases confidence and gives a sense of success. （　）
4. Things always go according to plan while traveling. （　）
5. While travel can't make you have a good relationship, it can strengthen it. （　）

Part V Culture

Taboo in different countries

Cultural practices, cultural differences, local manners, and more: traveling around the globe can be a behavioral minefield even when you have the best intentions. Everything from greeting to eating can be an opportunity to do the wrong thing, and not only embarrasses yourself, but offends your host countrymen. Look out for the following cultural mistakes and try to avoid them while going abroad.

Touching Someone

Where It's Offensive: Korea, Thailand, China, Europe, the Middle East.

What's Offensive: Personal space varies as you travel around the globe. In Mediterranean countries, if you refrain from touching someone's arm while talking to them or if you don't greet them with kisses or a warm embrace, you'll be considered too be cold. But backslap someone who isn't a family member or a good friend in Korea will make them uncomfortable. In Thailand, the head is considered sacred—never even pat a child on the head.

Blowing Your Nose

Where It's Offensive: Japan, China, Saudi Arabia, France.

What's Offensive: Some cultures find it disgusting to blow your nose in public—especially at the table. The Japanese and Chinese are also repelled by the idea of a handkerchief.

Talking Over Dinner

Where It's Offensive: Africa, Japan, Thailand, China, Finland.

What's Offensive: In some countries, like China, Japan, and some African nations, the food is the thing, so don't start chatting about your day's adventures while everyone else is digging into dinner. You are likely to be met with silence—not because your group is unfriendly, but because mealtimes are for eating, not talking. Also avoid conversations in places a country might consider sacred or reflective—churches in Europe, temples in Thailand, and saunas in Finland.

Once you are on the ground of a different country, remain highly sensitive to native behavior. Never be completely surprised by anything; try to take it in stride, and don't feel offended if something seems offensive—like queue jumping. After all, this is a global village, and we are all very different.

Unit 6 Eating out

Part Ⅰ Listening and Speaking

Dialogue 1

A: Good afternoon, "Ginger's Restaurant". May I help you?

B: Yes. I'd like to book a table for Friday evening, please.

A: Certainly. For how many people?

B: There will be eight or nine people. Could we book a private room?

A: I'll just check. At what time on Friday evening?

B: About 7:30.

A: Yes. That's fine. We can book you a private room for up to ten people at that time. Could you give me your name, please?

B: My name is Jenkins. My phone number is 75397382. That's confirmed then. 7:30 on Friday.

A: Yes. Do you intend to order a carte or will you be having our seafood buffet?

B: Oh, we'd like the buffet, please. We've heard it's very good.

Dialogue 2

Anna: Excuse me, I'd like to try some Chinese food.

Waiter: We serve excellent Chinese food. Which style do you prefer?

Anna: I know nothing about Chinese food. Could you give me some suggestions?

Waiter: It's divided into 8 big cuisines such as Cantonese food, Shandong food, Sichuan food etc.

Anna: Is there any difference?

Waiter: Yes, Cantonese food is lighter while Shandong food is heavier and spicy.

Anna：How about Sichuan food?

Waiter：Most Sichuan dishes are spicy and hot. They taste differently.

Anna：Oh, really. I like hot food. So what is your recommendation for me?

Waiter：I think Mapo bean curd and shredded meat in chili sauce are quite special and delicious. We have a Sichuan food dining room. May I suggest you to go there? It's on the third floor.

Anna：Thank you.

Waiter：It's my pleasure.

New words and useful expressions：

private [ˈpraɪvət] adj. 私人的,个人的；私有的

confirm [kənˈfɜːm] vt. 确证，证实；肯定

carte [kɑːt] n. [法语]菜单

buffet [ˈbʌfɪt] n. 自助餐

cuisine [kwɪˈziːn] n. 烹饪；烹饪术,烹调法

spicy [ˈspaɪsi] adj. 加有香料的；香的；辣的

recommendation [ˌrekəmenˈdeɪʃn] n. 推荐；介绍

shred [ʃˈred] v. 切掉 撕碎

chili [ˈtʃɪli] n. 辣椒

up to 多达

divide into 分为

Notes：

1. Could we book a private room?

   我们可以定个单间吗?

2. That's confirmed then. 7：30 on Friday.

   那就这么定了,周五7：30。

3. Do you intend to order a carte or will you be having our seafood buffet?

   你们是要点餐还是吃海鲜自助餐?

4. It's divided into 8 big cuisines such as Cantonese food, Shandong food, Sichuan food, etc.

中国菜分为八大菜系,如粤菜、鲁菜和川菜等等。

5. Most Sichuan dishes are spicy and hot.

川菜大都麻辣浓香。

6. I think Mapo bean curd and shredded meat in chili sauce are quite special and delicious.

我觉得麻婆豆腐和鱼香肉丝味道不错。

Part Ⅱ Reading

How to Mind Your Manners at an English – speaking Dinner?

Eating in a foreign country is not only about understanding the menu! Good table etiquette means knowing both what to say and how to behave. Read on to make sure you're behaving properly at an English – speaking dinner table!

In an English – speaking country, cutlery refers to knives, forks and spoons (eating utensils). Everyone gets confused from time to time about which utensil to use. The basic rule is to start from the outside and work inwards (towards your plate).

During the meal, if you need to leave the table to go to the bathroom, simply say "Please excuse me for a moment." You should also do this if you need to answer a phone call. While you can leave your cell phone on silent mode, it is more polite to turn it off.

Slurping (making a 'slurp' sound with your mouth) is something you should avoid at all costs! Be especially careful not to slurp w hen you are having soup or noodles!

Even if you have eaten a lot, your host will often try to encourage you to eat more. If you've really had enough, say "Thank you, but I really couldn't eat another bite" or "I'm stuffed!", which is an informal way of saying 'very full'.

Indicate you have finished eating by 'closing' your knife and fork, (putting them together on your plate). You can say "What a delicious meal! Thank you so much." to show your appreciation. Wait for everyone to finish before leaving the table.

It is considered rude to reach across the

table. If you need salt, or would like a dish that is not in your immediate area, you can say "Please pass the . . . ".

Finally, don't worry about every small detail. Nowadays, etiquette is more about displaying graciousness and poise. if you are in doubt, just look to your neighbor for clues!

New words and useful expressions：

etiquette ['etɪket] n. 礼仪

cutlery ['kʌtləri] n. [总称]餐具；刀剪，刀具

utensils [juːˈtensl] n. 器皿，用具

slurp [slɜːp] vt. , vi. 出声地吃(或喝)

stuff [stʌf] v. 塞满；吃得过多

indicate ['ɪndɪkeɪt] vt. 指示，指出；标示：

poise [pɔɪz] n. 平衡；均衡；平稳

clue [kluː] n. 线索；提示；暗示；迹象

Notes：

1. Everyone gets confused from time to time about which utensil to use.

人们经常会搞不清到底该用哪种餐具来吃哪道菜。

2. While you can leave your cell phone on silent mode, it is more polite to turn it off.

你可以将你的电话设置成静音模式，如果能关机的话会更为礼貌。

3. at all costs 无论如何，不惜任何代价

4. It is considered rude to reach across the table.

探过身子伸到桌子的另一边够东西是非常不礼貌的。

5. Etiquette is more about displaying graciousness and poise.

现代礼仪传达更多的是个人的优雅和姿态。

Part Ⅲ Writing——Thank – you Letter

感谢信的写作主要分以下三个部分。首先开头要明确对对方提供的帮助或赠送的礼品表示谢意。主体部分则需列举对方提供的帮助,说明该帮助所起的作用,或表达对所受礼品的喜爱以及以后如何使用及收藏等。结尾部分需再次表达诚挚的谢意并问候对方。

范文:

(Directions: Your delegation has just returned from a visit to a university in Great Britain. And you were warmly treated there by Professor Herthwell. Please write a letter to express your thanks to him for his hospitality and hope for further cooperation. 说明:您的代表团刚刚造访了英国一所大学。您受到了 Herthwell 教授的热烈欢迎。请写一封信来表达您对他盛情款待的感谢以及希望进一步合作的愿望。)

Dear Prof. Herthwell,

Many thanks for your kind hospitality and the honor you showed me during our delegation's recent visit to your university. It was nice of you to introduce me to so many famous professors and celebrated scholars at your university. We had a safe and sound trip home. Now we have resumed our work.

Meanwhile, I hope you will someday pay a short visit to our university and give us some lectures on "Modern Western Economics".

Please have no hesitation in writing to me if you want me to do something for you in China.

Best wishes,

Li Dong

以下是感谢信写作中的几句常用语:

Thank you very much /indeed for…

非常感谢……

I am obliged to you for your assistance during…

我很感谢你在……时的帮助。

Thank you very much for the gift you sent me. It is one of the most wonderful gifts I got on my birthday.

非常感谢你送给我的礼物。这是我生日收到最美妙的礼物之一。

Thanks for your effort, we had our most successful…

感谢你的努力,我们有我们最成功的……

Please accept my sincere thanks for your help, which I will never forget.

请接受我真诚的感谢,我将永远不会忘记你的帮助。

Again, I would like to express my warm thanks to you.

我想再次表达我对你衷心的感谢。

Part Ⅳ Practicing

I. Complete the following dialogue in English.

W：Sir,_____(需要我为你效劳吗?)

C：I'd like to have a table around corner, quiet.

W: Ok, please follow me.

C：_____? (我可以看看菜单吗?)

W：Sure,_____.（给你）

C：I'd like to order a bottle of wine, oh, I nearly forget I'll drive. Please just a cup of coffee, two pieces of cake.

W：_____（就这么多吗?）

C：Well, the biscuit on the menu looks very nice and a piece of this one.

W：Please _____（稍等一会儿。）

II. Fill in the blanks in the following sentences with the correct forms of the phrases in the box.

up to; divide into; at all costs; from time to time; worry about

1. Let's _____ the cake _____ three.

2. He _____ himself _____ his future.

3. _____ 10 thousand people are still without jobs.

4. We should promote the project _____.

5. He gets sick from overwork _____.

Ⅲ. Translate the following sentences into Chinese.

1. Good table etiquette means knowing both what to say and how to behave.

2. The basic rule is to start from the outside and work inwards (towards your plate).

3. While you can leave your cell phone on silent mode, it is more polite to turn it off.

4. Even if you have eaten a lot, your host will often try to encourage you to eat more.

5. It is considered rude to reach across the table.

Ⅳ. Complete the following sentences according to the text.

1. During the meal, if you need to leave the table to go to the bathroom, simply say ＿＿＿＿＿＿＿＿＿＿.

2. If you've really had enough, say ＿＿＿＿＿＿＿＿＿＿ or ＿＿＿＿＿＿＿＿＿＿, which is an informal way of saying "very full".

3. You can say ＿＿＿＿＿＿＿＿＿＿ to show your appreciation.

4. If you would like a dish that is not in your immediate area, you can say ＿＿＿＿＿＿＿＿＿＿.

Part V Culture

British restaurant culture

Eating out is more popular in Britain today than it has ever been. It is reported that British people spend more eating out than cooking for themselves and eating at home. It seems that many British people are becoming more and more interested in how good their food tastes, and also how healthy it is.

However, eating out can also be expensive, so British people do not eat out every night. When having a date with friends, or having a birthday, many people like to go to a restaurant, and people also eat in a restaurant before going to the cinema or the theater.

As in all cultures, there are many rules of manners about eating. The knife and fork should be used in the correct way. It is also impolite to speak with your mouth full when you are eating.

Most British cities have a large collection of food as well as British food, from the very cheap to the very expensive: French, Italian, Indian, Chinese, Thai, Japanese and many, many more.

When people are too tired to cook after work, they often get a "takeaway". This means that they order from a take – out restaurant by telephone, and then go to get it. Many take – out restaurants also send it to your house. All you have to do is to open the door, pay and eat!

Unit 7 Festivals

Part I Listening and Speaking

Dialogue 1

Li Mei is telling a Chinese traditional festival——the Moon Festival to her American friend Mike.

Mike: Hi, Li Mei, What traditional festivals do you have?

Li Mei: We have Lantern Festival, Tomb sueeping Day, Dragon Boat Festival and Mid Autumn Festival, etc.

Mike: I heard that the Mid Autumn Festival is coming.

Li Mei: Yes. It is on the 15th of August in the Chinese lunar month. The moon that night is believed to be at its brightest and roundest. It's a tradition for Chinese people to eat mooncakes during this festival.

Mike: Why are the mooncakes so round?

Li Mei: It stands for family getting together again. Every family enjoys a beautiful full moon and it's a very happy period.

Mike: What is the story of this tradition?

Li Mei: In the Yuan Dynasty, the common people were treated badly by the rulers and they planned to fight against them. Messages to give notice of the start of the fight against the rulers were hidden in the cakes.

Mike: Oh, I see. It's very interesting.

Dialogue 2

Beth: What's your favorite festival?

Adam: I really like Halloween. I just love getting dressed up in a costume and trying to scare people!

Beth：What were you for Halloween last year?

Adam：I was a headless horseman.

Beth：What did you do with your head?

Adam：I can't tell you. It's a secret.

Beth：What are you going to be for Halloween this year?

Adam：I'm not sure yet. I might go as a werewolf.

Beth：I don't really like dressing up for Halloween.

Adam：Why not?

Beth：My costumes never look like what they're supposed to look like.

Adam：Do you want me to help you? I'm pretty good at putting costumes together.

Beth：That would be great! What do you think I should go as?

Adam：You could go as something sweet. How about a bunny?

Beth：Do you have a bunny costume?

Adam：Sure. You just need to prepare some white clothes to wear. I've got the rest.

New words and useful expressions：

traditional [trə'dɪʃənl] adj. 传统的；习俗的；惯例的

festival ['festɪvl] n. 节日；节期

lunar ['luːnə(r)] adj. 月的，月球的；阴历的

mooncake ['muːnkeik] n. 月饼

dynasty ['dinəsti] n. 王朝；朝代

treat [triːt] vt. 处理；探讨；对待

ruler ['ruːlə(r)] n. 尺；直尺；统治者

fight [fait] vt. 战斗；斗争；打架

hide [haid] vt. 隐藏；隐匿

Halloween [ˌhæləʊ'iːn] n. 万圣节前夕

costume ['kɒstjuːm] n. (戏剧或电影的)演出服；服装

scare [skeə(r)] vt. 使惊恐；使害怕；把…吓跑

werewolf ['weəwʊlf] n. (故事中)变成狼的人，狼人

bunny ['bʌni] n. 兔子;可爱的女郎

dress up（为演戏,参加化装舞会等）着特殊服装

Lantern Festival 元宵节

Tombsweeping Day 清明节

Dragon Boat Festival 端午节

Mid Autumn Festival 中秋节

Part II Reading

How Mother's Day Started

Festivals that started in the modern times have clearer beginnings, for example, Mother's Day. This is how this special day started.

On May 9th, 1906, a certain Miss Anna Jarvis of Philadelphia lost her mother. Next year on that day she , invited a friend to keep the anniversary with her and explained the plan she had made. She wanted to make the entire American people honor their mothers on a certain day. Her friend thought it would be very difficult, but Miss Jarvis was determined. She stayted a national campaign, writing or talking to people all across the United States, including members of Congress. The idea soon spread, and the very next year, on the second anniversary of Miss Jarvis's mother's death, Philadelphia announced the day as a public holiday. Then Miss Jarvis made greater efforts. Interviews were carried out about the day and thousands of letters were written. Soon Pennsylvania State accepted the day as a state holiday. On May 10th, 1913, the Congress of the USA officially announced the second Sunday of May as Mother's Day.

In American today, Mother's Day is often celebrated by giving mothers a "day off". Other family members take the mother out to dinner or cook dinner for her. Churches honor mothers in their Sunday morning services. Millions of people sendtheir mothers cards and flowers or telephone them to express their good wishes. Carnations are the flowers that are worn on Mother's Day. People wear red carnations to honor living mothers; people whose mothers have died wear white carnations.

New words and useful expressions:

anniversary [ˌænɪˈvɜːsəri] n. 周年纪念日

entire [ɪnˈtaɪə(r)] adj. 全部的；全体的

honor [ˈɒnə(r)] n. 尊敬；敬意；荣誉；光荣

determine [dɪˈtɜːmɪn] v. (使)下决心，(使)做出决定

campaign [kæm'peɪn] n. 运动;战役

congress ['kɒŋgres] n. 国会;代表大会

spread [spred] v. (使)传播;(使)散布

announce [ə'naʊns] vt. 宣布;声称

effort ['efət] n. 努力,尝试

interview['ɪntəvjuː]n. 接见;采访; v. 面试

officially [ə'fɪʃəli] adv. 官方地;正式地

church [tʃɜːtʃ]n. [宗]教堂

carnation [kɑː'neɪʃn]n. 康乃馨

make efforts 作出努力;奋发图强

carry out 执行;进行;完成

Notes:

1. to keep the anniversary 过/庆祝周年纪念日
2. Philadelphia [ˌfɪlə'delfjə] n. 费城(美国宾夕法尼亚州东南部港市)
3. morning service 教堂举行的早礼拜
4. 中西方传统节日:
Spring Festival 春节

Lantern Festival 元宵节

Tomb Sweeping Day 清明节

Dragon Boat Festival 端午节

Mid – Autumn Festival 中秋节

St. Valentine's Day 情人节(圣·瓦伦丁节)

Easter 复活节

Halloween 万圣节

Thanksgiving Day 感恩节

Christmas 圣诞节

Part III Writing —— Greeting Card

　　贺卡是人们在特定的日子里,如生日、节日、结婚、周年纪念等向亲朋好友表示祝贺时常常采用的一种方式。写贺卡时首先要写清楚是送给谁的;贺卡的内容应贴切、真诚;最后还要写明赠送人是谁。

　　贺卡一般由三部分组成:

　　1. 称呼:祝贺人对受贺人的称谓。一般写在贺卡的左上方。

　　如:To dear Mary;To my dearest mom and dad;To Mr. and Mrs. Smith 等,to 可以省略。

　　2. 贺词:通常写一些固定的贺卡用语,也可以根据实际情况表达感谢、祝福等情感。注意不宜用过多的句子,用词要简练,常用祈使句和祝贺用语。

　　3. 签名:在卡片的右下方签上祝贺人的名字。

新年贺卡常用句子:

Good luck and great success in the coming New Year.

祝来年好运,并取得更大的成就。

I wish you a most happy and prosperous New Year.

谨祝新年快乐幸福,大吉大利。

Best wishes for the holidays and happiness throughout the New Year.

恭贺新禧,万事如意。

Good health, good luck and much happiness throughout the year.

恭祝健康、幸运,新年快乐。

May the joy and happiness around you today and always.

愿快乐幸福永伴你左右。

> Read the following greeting cards and think about in what kind of situations they can be used.

To Frank

Merry Christmas

A Happy New Year

Good Luck with You!

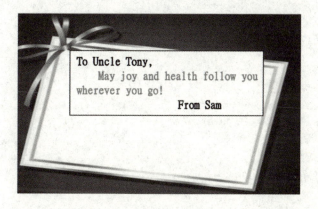

To Uncle Tony,
　　May joy and health follow you
wherever you go!
　　　　　　　From Sam

Part Ⅳ Practicing

I. Complete the following dialogue.

A. —We will _____ (举行生日聚会) for Mondy tonight.

—Does she know about it?

—No, _____ (给她一个惊喜)。

B. — Christmas is coming, _____ (你打算怎么庆祝)?

—With my friends, we plan to camp out at the foot of the mountain.

II. Fill in the blanks in the following sentences with the correct forms of the words or phrases in the box.

traditional; dress up; treat; honor; determine; make efforts; carry out; scare; spread; festival

1. He won the best actor prize in the Cannes International Film _____.

2. We have not _____ where we will go this holiday.

3. I like _____ Chinese music best.

4. The children _____ themselves _____ as witches.

5. Don't _____ him as a child.

6. It's my great _____ to participate with you in the game.

7. Micro – blog is speeding up the _____ of information.

8. Looking for a good job, we must first _____ to study hard.

9. They have their own lab where they _____ about 30 water tests an hour.

10. More than half of the interviewees _____ safety.

III. Read the passage and decide whether the following statements are True or False.

1. People have no doubt how Mother's Day started. (   )

2. Miss Jarvis wanted other people to honor her mother. (   )

3. Miss Jarvis won a lot of support for her campaign. (   )

4. On Mother's Day, mothers do not go to work. (   )

5. The color of carnations doesn't matter on Mother's Day. (   )

Part Ⅴ Culture

The Most Wonderful Day of the Year

For millions of Americans, the most wonderful day of the year is December 25 — Christmas.

For one thing, it marks the end of the busiest time of a year. Many people need a rest after weeks of buying gifts, going to parties, organizing travel and getting their homes ready for the holiday.

With all this, it is often said that Christmas has lost its meaning as the birthday of Jesus Christ. Some churches in the United States have cancelled Christmas Day services, so people can spend the day with their families.

These churches still offer Christmas Eve services, though. Many Christians still go to church on Christmas Day or the night before. They consider it an important part of celebrating the holiday. Another important part of the Christmas season is music. Among traditional carols, one of the most popular is "Silent Night."

Most Americans identify themselves as Christians, even if they are not very religious. But the freedom to choose any religion, or no religion at all, is guaranteed by the Constitution. The Constitution separates religion and government.

It is hard to think of anyone that Christmas is more special for than children. Of course, this has a lot to do with the tradition of a kindly old man with a big belly and a bright red suit. Children know Santa Claus as the one who leaves gifts under the tree on Christmas Eve, but only if they are good little children and go to sleep.

Stores crowded with holiday gift buyers may be good for the economy. but some people celebrate Christmas in less material ways. For example, they volunteer to serve meals at shelters for the homeless or visit old people in nursing homes. To them, this is honoring the true spirit of Christmas.

A big Christmas dinner is a tradition in many families. and so are special treats like Christmas cookies covered in powdered sugar.

Many people travel long distances to be home with their families at Christmas, but not everyone is able to be with loved ones. For some, Christmas can be a lonely time.

Most businesses and public places are closed for the holiday, but some restaurants stay open and serve Christmas dinner.

Unit 8 Jobs

Part I Listening and Speaking

Dialogue 1

A: Good morning, Mrs. Ridge. I've come for an interview. My name is Lin Di.

B: Please sit down, Miss Lin. Nice to meet you. Well, I think you probably have a good understanding about the job you've applied for.

A: Yes, I do. It was clearly explained in the advertisement for applicants.

B: I see from your letter of application that you've had quite a lot of experience as a secretary already.

A: You are right. I worked with my last company for over six years.

B: Tell me, why did you leave?

A: Actually I didn't leave. The company closed down.

Dialogue 2

Carrie: Did you get the job?

David: Yes, I will be working in the development department.

Carrie: Did you meet your boss?

David: Just briefly. She seemed nice.

Carrie: Will you have to work overtime?

David: Sometimes. They said I should expect to work overtime once or twice a month.

Carrie: Is it paid or unpaid?

David: It's unpaid, but I can then take an extra day off. So, if I work an extra 8 hours on a Thursday night, I can take Friday off.

Carrie：That's all right. It might be tiring, but then you can at least have a three
- day holiday.

David：I think it's great.

New words and useful expressions：

interview ['ɪntəvjuː] n. 接见，会见

apply [ə'plaɪ] vt. 申请，应用

advertisement [əd'vɜːtɪsmənt] n. 广告

applicant ['æplɪkənt] n. 申请者，请求者

application[ˌæplɪ'keɪʃn] n. 申请，请求

secretary ['sekrətri] n. 秘书，书记

department [dɪ'pɑːtmənt] n. 部门，部

briefly ['briːfli] adv. 短暂地；简单地

overtime ['əʊvətaɪm] n. 超时地；加班地

Notes：

1. I've come for an interview. 我是来面试的。

2. Well, I think you probably have a good understanding about the job you've applied for. 嗯，我认为你可能对应聘的职位有所了解。

3. I see from your letter of application that you've had quite a lot of experience as a secretary already. 从求职信上看出你做秘书的经验很丰富。

4. Is it paid or unpaid? 有偿的还是无偿的？

Part II Reading

My Dream

Everyone has a dream, so do I. I never dream of becoming beautiful because I know beauty is something I won't have. My dream is simple, which is becoming a typist. I came from a poor family of several children and the best thing that my parents could give us was a good education. I hoped I could master the typewriter which would bring me a good job in the office. But of course it was hard to find a job even though you could really master that machine.

But I still decided to take a course in typing given by the government. I filled in the form and wrote down typing as my training course. When I handed over the form to the interviewer, she looked at me and after a while she advised me to change my choice. "Why don't you take up dress – making or that kind of course so that the competition is not so hot? You know you can't compete with college students," she said, "Officers prefer to hire neatly dressed, pretty girls with beautiful hands." she added.

I knew that, but I gave her my choice, "I will be a really good typist." She accepted me at last.

After five months' training, I was chosen as one of the five students in my class to do some copy typing for the department. I knew it was my chance. When I worked hard on the typewriter, I took every care to be neat and fast. I finished half of the work given to all of us while my other classmates spent their time talking and reading.

More work came to me after this test. I was taken on as one of the typists in one office immediately after my graduation. Having achieved one dream, I set out to achieve others. Dreamers should keep reaching for their dreams, no matter what the pains are.

New words and useful expressions:

beauty ['bju:ti] n. 美丽,美貌
typist ['taipist] n. 打字员

education[ˌedʒuˈkeɪʃn]n. 教育,培训

master [ˈmɑːstə(r)]vt. 精通,熟练;掌握,控制

typewriter [ˈtaɪpraɪtə(r)]n. 打字机

government [ˈgʌvənmənt] n. 政府;内阁

advise [ədˈvaɪz] vt. 提议,建议

choice [tʃɔɪs] n. 选择,抉择

competition [ˌkɒmpəˈtɪʃn] n. 竞争,比赛

compete [kəmˈpiːt] vi. 竞赛;竞争

hire [ˈhaɪə(r)] vt. 聘用;录用;雇用

neatly [ˈniːtlɪ] adv. 整洁地;干净地;灵巧地

pretty [ˈprɪti] adj. 漂亮的;机灵的,聪明的

add [æd] vt. 增加;补充;附带说明

chance [tʃɑːns] n. 机会,机遇

graduation [ˌgrædʒuˈeɪʃn] n. 毕业

achieve [əˈtʃiːv] vt. 取得;获得;实现

pain [peɪn] n. 痛苦;身体某部分的疼痛

Part III Writing——Resume(个人简历)

求职信的后面,一般应附上求职者的个人简历。个人简历可以是表格的形式,也可以是其他形式。个人简历一般应包括以下几方面的内容:

1. 个人情况 (personal information):主要包括姓名、性别、出生年月、籍贯、婚姻状况、身体状况、兴趣、爱好、性格等。

2. 教育情况 (education):主要包括就读学校、所学专业、深造经历等。

3. 工作经历 (working experience):一般按照从现在到过去的顺序来写。

4. 推荐人或证明人 (references)。

Sample

Resume

Personal Information

Age : 28	Date of Birth:March 1st, 1976
Gender:Male	Citizenship:China
Major:English Linguistics	Height:172cm
Degree:M. A.	Health:Excellent
Telephone:135 × × × × × × ×	Marital Status : Married

Education

2003—2005   Sun Yat – Sen University

Major:English Linguistics

Degree:M. A.

1994—1998   Xi'an Foreign Language University

Major:English Language and Literature

Degree:B. A.

1992—1994   No. l Middle School, Beijing

Courses of Special Interest : English, History

Working Experience

1998—present   21St Century

Worked as an assistant editor, responsible

for edition of articles of Economy Page,

also in charge of administrative affairs

1994—1998　　　Barron Co. Ltd.

Part – time translator, responsible for the translation of English commercial documents

Hobbies

Sports, Photography, Music

References

Mr. Wang Li	Professor of English Department
	Xi'an Foreign Language University
	Tel: 029 – 5339 × × × ×
Mr. Zhou Fangling	General Editor 21stCentury
	l24 Huanshi Road
	Guangzhou, 510050
	Tel:020 – 3380 × × × ×
Mr. Barron	General Manager
	Barmn Enterprises, Engineering Division
	142 Dongfengdong Road,
	Guangzhou,　　510052
	Tel:020 – 3546 × × × ×

Part Ⅳ Practicing

I. Complete the following dialogue.

A：—You look so concerned. Mike, what's on your mind?

　　—_____(我担心明天的面试)。It's so important to me.

B：—Ann, _____(你喜欢你的工作吗)?

　　—Why not? Teaching has a lot of fun.

　　—What did you learn through teaching?

　　—_____(我学会了如何与人交谈)。

II. Fill in the blanks in the following sentences with the correct forms of the words or phrases in the box.

> apply; overtime; briefly; interview; hire; compete; advise; chance;
> choice; add;

1. When I went for my first _____ for this job I arrived extremely early.

2. This is a good _____. Don't throw it away.

3. I don't have the desire to _____ to join the organization.

4. The doctor _____ him to have a complete rest.

5. To do the job well, he would work _____ without any pay.

6. She _____: "I always tell people not to put too much pressure on themselves."

7. Please describe your problems and obstacles _____.

8. We have advantages to _____ with other countries in trade.

9. In that situation, he had no any other _____.

10. This year the company will _____ about 9 new graduates.

III. Answer the following questions according to the reading.

1. What was the writer's dream?

2. Why was it difficult for the writer to become a typist?

3. What did the writer do to achieve her dream?

4. Did the writer become a typist?

5. What can we learn from the text?

Part V Culture

Secrets of 'Intern Queen'

Lauren Berger started out as a clueless college freshman at University of Central Florida. Her only work experience was waitressing at a seafood restaurant. However, the 27 – year – old woman has become an authority on landing internships. In her recently published book *All Work*, *No Pay*, the "Intern Queen" shares her hard – earned knowledge and insider advice on how to become an intern and get the most out of every internship opportunity.

1. Cold calling can work.

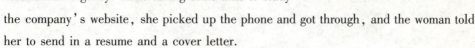

In the spring of her freshman year, Berger headed to Florida State's career office where she was told that they had nothing for her. "They said, 'There is one company in town called the Zimmerman Agency, but they only accept seniors.'", she recalled in her book.

She went back to her dorm and researched the Zimmerman Agency. After taking some time to study the company's website, she picked up the phone and got through, and the woman told her to send in a resume and a cover letter.

2. Take immediate action when you get a lead.

Berger e – mailed her materials to the company's internship coordinator that evening. She wanted the coordinator to know that this internship was a priority and didn't want the woman to forget their phone conversation. The next morning, her phone rang at 8 am. The coordinator was so impressed by Berger's promptness. As a result she offered her an interview.

3. Make yourself available.

The internship coordinator from Zimmerman wanted to know if she was available to come into the office the following day. "At the beginning of your career, it's important to do everything you can to make yourself available," writes Berger in the book. She made herself available on the day and at the time the coordinator requested.

4. Prepare for the interview.

Before each interview, Berger would do further researches about the company, including the firm's mission statement and executive biographies.

"Look for things you have in common with the people who run the company," she advises. Berger recommends incorporating buzzwords from the mission statement into your interview.

5. Say you're ready to start immediately.

Sometimes, employers tell applicants they can take time to think about whether they want the job. Berger says you should break in and say, "I know I want this." Berger's eagerness and persistence came through and she got the Zimmerman internship.

6. Work hard and send handwritten thank – you notes after your internship concludes.

After each internship concluded, Berger wrote to her employers by hand, thanking them for the experience. She kept copious notes of all her colleagues and superiors, and sent snail mail notes to each one, three times a year. Since she started as an intern back in 2002, Berger has built a network of thousands of contacts.

参考文献

1. 张大松主编:《科学思维的艺术科学思维方法论导论》,北京:科学出版社2008年版。

2. 王雁主编:《普通心理学》,北京:人民教育出版社2002年版。

3. 王传友、王国洪编著:《创新思维与创新技法》,北京:人民交通出版社2006年版。

4. 〔美〕R. S. 费尔德曼著:《POWER 学习法》,刘蓉华译,海口:海南出版社2002年版。

5. 王素娟、张媛媛主编:《全国英语等级考试教材》(第二级),北京:外文出版社2006年版。

6. 〔美〕John A Gordon 主编、〔美〕Carol Rueckert 编著:《英语情景口语100 主题入门篇》,北京:高等教育出版社2008年版。

7. 张道真、邱立志总主编:《21 世纪实用英语第二册》(第二版),北京:中国人民大学出版社2007年版。

8. 蒋秉章总主编:《当代实用英语》,上海:华东师范大学出版社2006年版。

9. 李丹溪:《如何为自己读书》,北京:经济科学出版社2012年版。

10. 兰涛:《做自己最好的人生规划师》,北京:中国华侨出版社2012年版。

11. 和云峰:《发现我的学习模式》,北京:清华大学出版社2013年版。

12. 郭强:《创新能力培训全案》,北京:人民邮电出版社2011年版。

13. 张俊娟:《问题解决能力培训全案》,北京:人民邮电出版社2011年版。

14. 陈博:《思路决定出路》,长春:吉林出版有限责任公司2011年版。

15. 胡飞雪:《创新思维训练与方法》,北京:机械工业出版社2009年版。

图书在版编目（CIP）数据

学习、创新、外语应用能力训练 / 杜喜亮主编
济南 ：山东人民出版社，2014.8（2020.2重印）
ISBN 978-7-209-08402-4

Ⅰ．①学… Ⅱ．①杜… Ⅲ．①外语—语言学 Ⅳ.
①H3

中国版本图书馆CIP数据核字(2014)第178521号

责任编辑:常纪栋

学习、创新、外语应用能力训练
杜喜亮　主编

————————————————————————

山东出版传媒股份有限公司
山东人民出版社出版发行
社　　址:济南市英雄山路165号　　邮　编:250002
网　　址:http://www.sd-book.com.cn
发行部:(0531)82098027 82098028
新华书店经销
济南新科印务有限公司印装

规　格　16开（169mm×239mm）
印　张　19.5
字　数　360千字
版　次　2014年8月第1版
印　次　2020年2月第2次
ISBN 978-7-209-08402-4
定　价　36.00元
————————————————————————
如有质量问题，请与印刷厂调换。电话:(0531)82992328